U0530742

# 中哈合作 30 年

China-Kazakhstan Cooperation has
Lasted for 30 Years

中国社会科学院俄罗斯东欧中亚研究所
中国石油中亚俄罗斯公司
哈萨克斯坦哈德石油合资有限责任公司
西北大学

联合课题组　著

中国社会科学出版社

## 图书在版编目（CIP）数据

中哈合作30年/中国社会科学院俄罗斯东欧中亚研究所等联合课题组著. —北京：中国社会科学出版社，2023.6
ISBN 978-7-5227-1970-2

Ⅰ.①中… Ⅱ.①中… Ⅲ.①国际合作—经济合作—研究—中国、哈萨克 Ⅳ.①F125.536.1

中国国家版本馆 CIP 数据核字（2023）第 113738 号

| 出 版 人 | 赵剑英 |
|---|---|
| 责任编辑 | 范晨星 |
| 责任校对 | 杨　林 |
| 责任印制 | 王　超 |

| 出　　版 | 中国社会科学出版社 |
|---|---|
| 社　　址 | 北京鼓楼西大街甲 158 号 |
| 邮　　编 | 100720 |
| 网　　址 | http://www.csspw.cn |
| 发 行 部 | 010-84083685 |
| 门 市 部 | 010-84029450 |
| 经　　销 | 新华书店及其他书店 |

| 印刷装订 | 北京君升印刷有限公司 |
|---|---|
| 版　　次 | 2023 年 6 月第 1 版 |
| 印　　次 | 2023 年 6 月第 1 次印刷 |

| 开　　本 | 787×1092　1/16 |
|---|---|
| 印　　张 | 20.25 |
| 字　　数 | 282 千字 |
| 定　　价 | 139.00 元 |

凡购买中国社会科学出版社图书，如有质量问题请与本社营销中心联系调换
电话：010-84083683
**版权所有　侵权必究**

开发油田的同时重视当地环境保护

中国石油（哈萨克斯坦）CS4 压气站全景

中国石油（哈萨克斯坦）阿克纠宾公司让那若尔油田第三油气处理厂液化气罐全景图

中国石油（哈萨克斯坦）的油田储油罐

中国石油（哈萨克斯坦）齐姆肯特炼油厂完成现代化改造后的夜景

中国石油（哈萨克斯坦）PK 公司油田现场

中国石油（哈萨克斯坦）投资建设的现代化温室蔬菜大棚，丰富了当地居民的"菜篮子"

中国石油（哈萨克斯坦）兴建的恩巴铁路

雪山下建设天然气管道

SINOOIL 加油站

哈德石油公司阿克沙布拉克油田联合站局部夜景

# 主 编

张　宁　胡红民　耿长波　蔡艳彬

## 编委会

（按中文姓氏笔画排序）

王　浩　王海燕　卢山冰　曲方圆　伍鸿锦
伊兹穆汉别特·里纳特·努尔戈饶雷　刘　畅
刘绍友　李　刚　李自国　张　杰　宋国华
胡培瑶　徐向梅　高际香　景晓玉

# 前　言

## 一

中国与哈萨克斯坦是永久全面战略伙伴。两国自1992年1月3日正式建立大使级外交关系至今已整整30年。在这30年时间里，中哈两国始终秉持相互理解、信任、互利、共赢的友好合作精神，相互尊重彼此的主权、独立、领土完整和发展道路，尊重各自的核心利益，不断开拓进取，取得累累硕果，实现了跨越式发展，经受住了时间和国际风云变幻的考验，政治和安全互信达到前所未有的高度，"永久和平、世代友好"的理念深入人心，传统友谊日益巩固和发展，战略性合作项目不断落地，成为国家间睦邻友好、互利合作的典范。

从过去30年合作历程与成果中可知，中哈友好合作实现了"跨越式发展"，摆脱了历史包袱，合作的层次、内容、规模增幅大，合作的理念模式不断推陈出新，总能找到适合时代和国际环境的合作方式方法，合作的情感在共渡难关时升华，互信互助加深。双方关系不仅有良好的感情基础，更有实实在在的成果支撑，让两国及两国人民得以真正享受到合作的益处，各领域由此形成"合作—受益—扩大合作"的螺旋式扩大和上升进程，从而"将政治关系的优势，地缘比邻的优势，经济互补的优势，转化为务实合作的优势，持续增长的优势"。在长期合作过程中，双方还探索出边界划分与边界安全、边界合作同行、对接、共商共建共享、工业园区、产能合作、合作基金、中欧班列等合作模式。这些方法内容都是最早在中哈合作进程中应用实践。

2022年1月3日中哈两国领导人就建交30周年互致贺电时，中国国家主席习近平在贺电中指出，"建交30年来，两国关系始终保持高水平运行，政治互信不断深化，各层级交流日益密切，共建"一带一路"合作成果丰硕，给两国人民带来实实在在的好处。"哈萨克斯坦总统托卡耶夫在贺电中表示，"建交30年来，哈中为国际社会发展国家间关系树立了典范，成为欧亚地区稳定繁荣的重要因素。双方彻底解决了历史遗留的边界问题，将两国共同边界打造成哈中友谊与团结的桥梁。"两国领导人均表示愿以建交30周年为契机，巩固中哈传统友好，深化两国战略对接，推动哈中各领域合作取得更大发展，推动中哈永久全面战略伙伴关系再上新台阶，造福两国和两国人民。

## 二

为了总结中哈友好合作30年的成就与经验，中国社会科学院俄罗斯东欧中亚研究所联合国内研究哈萨克斯坦国际问题的研究单位和智库机构，从政治互信、民间交往、边界划分、能源合作、经贸投资、安全保障、人文合作、共渡难关等八个方面，全面介绍中哈两国在30年时间里的友好合作历程与合作成果。

各部分撰写者分别是：

第一章"政治互信"——李自国（中国国际问题研究院欧亚所所长）

第二章"民间友好"——景晓玉（中国国际问题研究院欧亚所助理研究员）

第三章"边界划分与合作——信任的起点"——张宁（中国社会科学院俄罗斯东欧中亚研究所中亚研究室主任）、蔡艳彬（西北大学丝绸之路研究院副院长）

第四章"能源合作"——张宁、高际香（中国社会科学院俄罗斯东欧中亚研究所俄罗斯经济研究室副主任）

第五章"经济合作：历程与前景"——王海燕（华东师范大学俄罗斯与欧亚研究院副院长）

第六章"安全保障"——张杰（中国人民公安大学国际警务执法学院教授）

第七章"人文合作——民心相通"——徐向梅（中国社会科学院俄罗斯东欧中亚研究所《欧亚经济》杂志编审）

第八章"与邻为善 共渡难关"——刘畅（中国社会科学院俄罗斯东欧中亚研究所中亚研究室助理研究员）

本书在写作过程中，得到了马天峻、欣奕丞、李昊祥、张晋如四位同学的大力支持，他们为课题组收集整理了大量资料。

本书在编辑、校对和出版过程中得到了中国社会科学出版社的大力支持，他们让本书文字更流畅，内容更严谨。

## 三

本研究成果得到中国石油中亚俄罗斯公司和哈萨克斯坦哈德石油合资有限责任公司的大力资助。作为最早进入哈萨克斯坦市场的中国能源企业，中国石油是中哈友好合作的实践者、亲历者、推动者和见证者。中哈能源合作的累累硕果，正是两国友好合作的结晶。

吸引中国能源企业进入哈萨克斯坦，同时开发中国能源市场，是中哈两国的国家能源战略的组成部分之一。中国石油在哈萨克斯坦的顺利发展，离不开哈萨克斯坦政府和人民的支持。而中国石油今天在哈萨克斯坦取得的成就，也极大提高了哈萨克斯坦的能源出口多元性，验证了中哈两国决策的英明。

多年来，中国石油始终秉承"奉献能源，创造和谐"的宗旨，坚持"互利双赢、共同发展"的合作理念，与哈萨克斯坦合作伙伴一起创新技术、培养人才、提高效率，目前业务涉及石油天然气勘探开发、炼油化工、管道运输、销售贸易和工程技术服务等多个领域。

# 目　录

## 第一章　政治互信 ……………………………………………（1）
### 第一节　建交 ……………………………………………（1）
一　纳扎尔巴耶夫首次访华 …………………………（2）
二　中国承认哈萨克斯坦独立 ………………………（4）
三　建交 ………………………………………………（5）
四　互设使馆 …………………………………………（10）
五　明确中亚政策 ……………………………………（11）

### 第二节　夯实伙伴关系 …………………………………（12）
一　睦邻友好关系确立和巩固 ………………………（18）
二　从睦邻友好合作关系到全面战略伙伴关系 ……（21）
三　从全面战略伙伴关系到命运与共的永久全面战略
伙伴关系 …………………………………………（24）
四　相互支持，命运与共 ……………………………（27）

### 第三节　元首外交 ………………………………………（30）
一　奠基和初步发展期的元首外交 …………………（33）
二　务实合作快速推进时期的元首外交 ……………（37）
三　全面快速推进，提质升级时期的元首外交 ……（41）
四　多边互动平台 ……………………………………（49）

## 第二章　民间友好 ……………………………………………（52）
### 第一节　地方合作 ………………………………………（56）

一　友好省州和友好城市 …………………………………… (57)
　　二　地方合作机制：中国—哈萨克斯坦地方合作论坛 …… (63)
　　三　地方经贸合作 ………………………………………… (64)
第二节　民间社团 ………………………………………………… (66)
　　一　青年交流 ……………………………………………… (70)
　　二　友好协会 ……………………………………………… (72)
　　三　妇女联合会 …………………………………………… (75)
　　四　工会 …………………………………………………… (77)
　　五　贸易促进机构 ………………………………………… (79)
　　六　哈萨克斯坦人民大会 ………………………………… (79)
第三节　跨境民族 ………………………………………………… (81)
　　一　哈萨克斯坦对跨境民族的政策 ……………………… (81)
　　二　中国的少数民族政策 ………………………………… (84)
　　三　中国在哈萨克斯坦的华人华侨 ……………………… (85)
第四节　党际交流 ………………………………………………… (88)
　　一　哈萨克斯坦的主要政党 ……………………………… (89)
　　二　中哈党际交流 ………………………………………… (90)

## 第三章　边界划分与合作——信任的起点 ………………… (94)
第一节　边界划分 ………………………………………………… (95)
　　一　边界划分谈判 ………………………………………… (95)
　　二　边界划分的意义 ……………………………………… (100)
第二节　边界安全 ………………………………………………… (101)
　　一　军事互信和裁减军事力量 …………………………… (103)
　　二　边境联合巡逻 ………………………………………… (105)
第三节　边境合作 ………………………………………………… (106)
　　一　边境口岸 ……………………………………………… (108)
　　二　边境经济合作开发区 ………………………………… (110)

三　跨国边境合作区 …………………………………… (113)

## 第四章　能源合作 …………………………………… (117)
### 第一节　油气合作 …………………………………… (120)
　　一　石油和天然气开采 ………………………………… (121)
　　二　油气加工 …………………………………………… (128)
　　三　油气管道 …………………………………………… (135)
### 第二节　核铀合作 …………………………………… (143)
　　一　哈铀矿丰富 ………………………………………… (143)
　　二　核领域合作 ………………………………………… (147)
　　三　中亚无核区与"无核世界"理念 ………………… (149)
### 第三节　可再生能源合作 …………………………… (151)
　　一　哈萨克斯坦的可再生能源 ………………………… (153)
　　二　中哈可再生能源合作 ……………………………… (156)

## 第五章　经济合作：历程与前景 …………………… (162)
### 第一节　贸易合作 …………………………………… (164)
　　一　贸易发展历程 ……………………………………… (165)
　　二　贸易结构 …………………………………………… (167)
　　三　案例分析 …………………………………………… (173)
### 第二节　投资合作 …………………………………… (179)
　　一　投资合作历程 ……………………………………… (180)
　　二　中国对哈投资地区和行业 ………………………… (187)
　　三　投资模式创新 ……………………………………… (190)
　　四　案例分析 …………………………………………… (194)
### 第三节　经济合作前景广阔 ………………………… (200)
　　一　发展战略有诸多共同性 …………………………… (201)
　　二　经济互补性强 ……………………………………… (204)

三　贸易和投资环境不断改善 …………………………（208）

## 第六章　安全保障 …………………………………………（211）
### 第一节　执法安全合作 …………………………………（215）
　　一　反恐合作 ……………………………………………（216）
　　二　禁毒合作 ……………………………………………（218）
　　三　网络安全 ……………………………………………（219）
### 第二节　防务合作 ………………………………………（222）
　　一　军事国防战略 ………………………………………（223）
　　二　联合军演 ……………………………………………（225）
　　三　军工军技合作 ………………………………………（227）
### 第三节　司法合作 ………………………………………（229）
　　一　反洗钱合作 …………………………………………（230）
　　二　司法协助与引渡合作 ………………………………（231）
　　三　反腐败 ………………………………………………（235）
### 第四节　安全战略磋商 …………………………………（236）
　　一　国家安全观 …………………………………………（236）
　　二　共同的立场和看法 …………………………………（239）

## 第七章　人文合作——民心相通 …………………………（244）
### 第一节　文化交流与合作 ………………………………（246）
　　一　文化合作 ……………………………………………（248）
　　二　旅游合作 ……………………………………………（255）
　　三　体育交流与合作 ……………………………………（258）
### 第二节　教育合作 ………………………………………（261）
　　一　汉语教学和孔子学院 ………………………………（263）
　　二　互设国别研究中心 …………………………………（264）
　　三　留学生教育 …………………………………………（266）

四　区域组织框架内的教育一体化进程 …………………… (268)

第三节　科技合作 …………………………………………………… (271)
　　一　农业科技交流与合作 …………………………………… (274)
　　二　资源开发领域的科技合作 ……………………………… (279)
　　三　创新科技领域的交流与合作 …………………………… (280)

**第八章　与邻为善,共渡难关** ………………………………………… (284)

第一节　战胜自然灾害 ……………………………………………… (285)
　　一　饱受自然灾害和全球问题之苦的中哈两国 …………… (285)
　　二　中哈紧急情况合作 ……………………………………… (289)
　　三　2008年千里驰援汶川地震 ……………………………… (291)

第二节　共克时艰:反经济危机合作 ……………………………… (294)
　　一　2008年国际金融危机冲击下的中哈两国 ……………… (295)
　　二　中哈合作应对2008年国际金融危机 …………………… (297)

第三节　合作抗疫 …………………………………………………… (301)
　　一　哈萨克斯坦雪中送炭 …………………………………… (302)
　　二　中国驰援哈萨克斯坦 …………………………………… (305)
　　三　后疫情时代中哈友谊新蓝图 …………………………… (309)

# 第一章 政治互信

1991年至2021年这30年来，中哈关系从建交到确立睦邻友好关系，再到永久全面战略伙伴关系，实现了跨越式发展，不断登上新台阶。中哈关系经受住时间和国际风云变幻的考验，政治和安全互信达到前所未有的高度，"永久和平、世代友好"的理念深入人心，传统友谊日益巩固和发展，战略性合作项目不断落地，经济利益捆绑愈发紧密，形成你中有我、我中有你的利益共同体和命运共同体，成为国家间睦邻友好、互利合作的典范。两国高层互动频繁，建立了元首互访机制和总理定期会晤机制，顶层设计对两国关系的持续健康发展起着无可替代的作用。

## 第一节 建交

从国际关系来看，两国官方关系通常可以分为结盟、外交关系（大使级、公使级、代办级）、断交、无外交关系、战争等多种状态。国家是国际社会最主要的行为主体，建立外交关系是两国之间正式交往的标志。虽然有些国家之间在没有建立外交关系的情况下也互有往来，但国际社会更常见的现象则是，没有建立外交关系的国家间基本没有交流。建立外交关系后，两国交往就拥有了法律保障，也更有章可循。通常，建立外交关系需要经过相互承认、谈判、缔约、互派使节四个环节。建交之后，两国从官方到民间、从中央到地方的各领域合作才能够顺利进行。

中国与哈萨克斯坦的交往历史悠久，丝绸之路是两国千年交往的历史见证。在《史记·大宛列传》中，司马迁记载了古丝绸之路沿线国家人员往来的繁华景象："使者相望于道，商旅不绝于途。"

20世纪90年代初，苏联解体，哈萨克斯坦独立。新独立的哈萨克斯坦百废待兴，而中国的改革开放进程则如火如荼，经济快速发展，双方都需要良好的外部发展环境。中哈关系的新起点就是在这样一个历史节点上。1992年1月3日，双方在短短24小时内闪电般地完成建交谈判，次日发表建交公报，宣布自1992年1月3日起正式建立大使级外交关系。中国成为最早承认哈萨克斯坦独立并与之建立外交关系的国家之一。

## 一 纳扎尔巴耶夫首次访华

1991年7月，哈萨克斯坦尚未宣布主权独立，但苏联已经处于风雨飘摇之中。意识到苏联面临解体危险的纳扎尔巴耶夫决定访华，寻求与中国这个重要邻国的发展关系，这是他从政生涯中的首次外访。当时《人民日报》对他的介绍是"苏共中央政治局委员、苏联哈萨克苏维埃社会主义共和国总统"。除北京外，纳扎尔巴耶夫还访问了新疆、上海、广东，走访了中国的经济特区，亲身体会了中国的改革开放。

纳扎尔巴耶夫在专著《站在21世纪的门槛上》一书中回忆道："这次访问彻底改变了我对中国的看法，使我从'纸老虎'等中苏对抗时期的定式思维中走出来，我发现整个中国已经进入改革的大潮。"[1] 纳扎尔巴耶夫在与中国领导人和普通老百姓的接触中发现，从领导层到普通民众，所表达的愿望都是一致的，就是希望国内团结

---

[1] Н. А. Назарбаев：《На пороге XXI века》, Алматы, издательство Атамура, 2003, стр. 199 – 200.

稳定，外部和谐和睦，所见所闻与苏联媒体之前的描述完全不同，而这些恰恰符合哈萨克斯坦谋和平、求发展的诉求。纳扎尔巴耶夫非常感慨地表示，苏中关系经历过"热恋"，也有过"绝交"，哈萨克斯坦曾经处在两个大国角力的最前沿，但时代在变，每一代人有每一代人的视角，需要根据形势变化重新确定本国的利益。哈萨克斯坦自然也要重新确定与中国的关系，需要摆脱当年中苏两党意识形态的分歧。"世界上很多国家都将发展与中国的关系视为本国外交的重要方向，对哈萨克斯坦来说，与中国这个前景广阔且发展迅速的国家发展关系至关重要"，"中哈关系发展得非常顺利，在我首次访华后，所有贸易通道都打通了，在半年的时间内双边的贸易额增长了十余倍"。纳扎尔巴耶夫对中国的改革开放印象非常深刻："在访问中国以及在与中方领导人的会晤中，我不止一次冒出这样一个想法，如果苏联也走中国的改革之路，结果可能截然相反，虽然历史不能假设。"纳扎尔巴耶夫总结了中国的改革开放之路，认为中国的改革之所以不同于苏联，主要有三点：一是中国的改革是在保留共产党领导的情况下进行的；二是国家严格调控国有经济的私有化进程，逐步提高私有经济的比重，不是一下子放开；三是根据中国国情，改革试点从沿海地区开始，吸引外国资本和技术，然后逐渐向中部和西部地区拓展。

这次访问以及对中国的重新认识，为苏联解体后的中哈迅速建立外交关系发挥了积极作用。正是在这次访华后，纳扎尔巴耶夫向当时的苏联总统戈尔巴乔夫建议，恢复中断了20年的中苏铁路（德鲁日巴—阿拉山口，即现在的多斯特克—阿拉山口）。中苏两国随即进行了相关谈判，并约定在1991年年底恢复通车。显然，纳扎尔巴耶夫当时就开始为后来发展中哈关系进行准备和铺垫，访华和恢复铁路联系显示了他的高瞻远瞩。1991年11月，时任哈萨克加盟共和国部长会议主席的捷列先科率领哈国政府代表团乘坐火车专列到达阿拉山口，中方为哈方代表团举行了盛大的欢迎仪式。捷列先科后来成为中国的常客。他风趣地回忆道,"这次访问后,我知道了什么是中国的'干杯'"。

## 二 中国承认哈萨克斯坦独立

1991年"8·19"事件后,尽管一部分苏联加盟共和国已宣布独立并更改了国名,但并未得到国际社会承认,苏联仍旧被认为是国际法主体,戈尔巴乔夫名义上仍是苏联总统。为了最后摧毁苏联,1991年12月8日,俄罗斯、乌克兰和白俄罗斯三国领导人在戈尔巴乔夫缺席的情况下于白俄罗斯首都明斯克郊区的别洛韦日会晤并发表公报(又称《别洛韦日协议》),宣布成立"独立国家联合体"(独联体)取代苏联,称"苏联作为国际法的一个主体和一种地缘政治现实已不复存在"。据纳扎尔巴耶夫回忆,此前叶利钦曾邀请他赴会,但被他拒绝。公报发表后,中亚五国(哈萨克斯坦、吉尔吉斯斯坦、塔吉克斯坦、土库曼斯坦和乌兹别克斯坦)领导人均感突然,被迫面临艰难抉择。12月12日,五国领导人在土库曼斯坦首都阿什哈巴德商讨对策。土库曼斯坦领导人尼亚佐夫建议组建中亚五国联盟,以"突厥联盟"对抗"斯拉夫联盟"。此举遭到纳扎尔巴耶夫和乌兹别克斯坦领导人卡里莫夫的反对。经研究,五国最后决定以创始国身份加入独联体。

1991年12月10日(《别洛韦日协议》发表后第三天、苏联解体前半个月),哈萨克最高苏维埃通过更改国名决议,将"哈萨克苏维埃社会主义共和国"改为"哈萨克斯坦共和国"(简称"哈萨克斯坦")。一周后(1991年12月16日),哈萨克斯坦最高苏维埃通过了《哈萨克斯坦共和国独立法》,宣布"哈萨克斯坦是独立、民主和法制国家,享有本国领土上全部政权,有权独立自主地决定和处理国内国际事务"。这一天距离苏联解体只有9天,后被定为哈萨克斯坦的"独立日"。

1991年12月21日,苏联11个加盟共和国(波罗的海三国和格鲁吉亚除外）的领导人在哈萨克斯坦首都阿拉木图举行会议并发表联合公报（又称《阿拉木图宣言》），宣布组建"独立国家联合体"，取代苏联。为履行终止苏联存在的法律手续，1991年12月23日，苏联最高苏维埃联盟院举行最后一次会议，决定终止活动，今后不再举行任何会议。12月25日，苏联总统戈尔巴乔夫签署最后一项总统令，宣布辞去苏联武装力量最高统帅的职务，并将武装部队和"核按钮"控制权移交给俄联邦总统叶利钦。当天晚上19时，戈尔巴乔夫在总统办公室向全国和全世界发表辞职讲话。19时20分，戈尔巴乔夫将"核按钮"通过"独联体"武装力量临时总司令沙波什尼科夫移交给叶利钦。19时38分，克里姆林宫降下印有镰刀和斧头图案的苏联国旗，换上俄联邦白、蓝、红三色旗。12月26日，苏联最高苏维埃共和国院举行最后一次会议，宣布"随着独立国家联合体的建立，苏联作为一个国家和国际法主体停止其存在"，苏联最高苏维埃从此解散。至此，苏联彻底成为历史。随着苏联解体，国际社会开始迅速承认包括哈萨克斯坦在内的新独立国家，哈萨克斯坦从此真正成为国际社会的一员。

1991年12月27日（苏联正式解体的第二天），中国政府发表声明表示，本着"不干涉他国内政、尊重各国人民选择"的原则，愿同各国保持和发展睦邻友好关系。时任国务委员兼外长的钱其琛致电哈萨克斯坦外长苏列依曼诺夫，宣布承认哈萨克斯坦独立，并准备与哈商谈有关建交事宜。①

## 三 建交

在现代国际社会，是否建交，对两国关系的发展具有重要意义。如果两个国家未建立外交关系，那么通常是由于某些政治原因不适合

---

① 《钱外长致电宣布中国政府承认俄罗斯联邦政府，同时承认乌克兰等11国独立》，《人民日报》1991年12月28日。

建交。在已经建立外交关系的情况下，还存在即使建立了大使级外交关系，也不设大使馆的情况，由本国驻某国的大使馆兼管（如哈萨克斯坦驻朝鲜和越南的大使便由驻华大使兼任）。如果建立了大使级外交关系后，出现召回大使、降低外交规格，或者驱逐外交官甚至断交等情况，则说明两国关系出现棘手问题，趋于恶化甚至走向敌对。

1992年1月2—7日，时任中国对外经贸部部长的李岚清和外交部副部长田增佩率代表团访问中亚五国，分别与五国建立外交关系。哈萨克斯坦是第二站。1992年1月3日，中国政府代表团从乌兹别克斯坦首都塔什干飞抵哈萨克斯坦首都阿拉木图。由于谈判建交时间只有1天，时间异常紧张。当天下午中国代表团抵达哈萨克斯坦当时的首都阿拉木图后，直接前往哈萨克斯坦外交部，商谈建交事宜，签署《建交公报》，同意建立大使级外交关系。中国由此成为最早与哈萨克斯坦建交的国家之一。

当时担任中国外交部苏欧司处长的周晓沛随团参与并见证了建交过程，他在《我们和你们——中国与哈萨克斯坦》一书中回忆了当时建交谈判的一些细节：

> 田增佩副外长向哈萨克斯坦外交部简要阐述了来意，哈方对中国政府"首批外交承认"表示衷心感谢，认为这是对新独立国家的最大支持。但哈方没有自己的建交文本，总体接受中方提出的文本草案。显然，哈方也没有想到中哈建交来得这么快。但在研究文本时提出了两点修改意见。
>
> 一是哈方表示，支持中国政府关于一个中国的原则立场，但希望加上"可同台湾方面发展经贸联系"，中方原则上表示同意，最后落实在建交公报的文本是"哈萨克斯坦共和国政府确认不和台湾建立任何形式的官方关系"。
>
> 二是对于悬而未决的边界问题，哈方提出增加一句"现有边界不可更改"。田增佩只好向哈方解释"维持边界现状"与

"现有边界不可更改"两个概念的区别,如果是"边界不可改变"就没有谈判的必要了。田增佩提出,中苏双方通过谈判已经达成的协议继续有效,剩下的将通过两国友好协商来解决。由于一时之间无法在概念上达成一致,最后双方决定暂时搁置。

关于建交公报的文本语言,由于苏联刚刚解体,中方人员都不懂哈萨克文,最后决定使用俄文和中文,具有同等法律效力。当时没有手提电脑,联合公报的文本是代表团连夜用钢笔手工书写的。签署公报的中方代表是田增佩,哈方代表是苏列伊曼诺夫。

1992年1月4日,纳扎尔巴耶夫会见前来哈萨克斯坦谈判
中哈建交事宜的中国政府代表团

1992年1月4日上午,《中华人民共和国和哈萨克斯坦共和国建交联合公报》公开发布,见诸报端。《建交公报》文字不多(正文总共285个字),明确表示以"和平共处五项原则"为基础发展两国关系。[1] 公报发表后,哈萨克斯坦总统纳扎尔巴耶夫会见了中国政府代

---

[1] 《中华人民共和国和哈萨克斯坦共和国联合建交公报》,1992年2月12日,中国政府网站,http://www.gov.cn/gongbao/shuju/1992/gwyb199201.pdf。

表团成员。纳扎尔巴耶夫询问有关建交谈判的情况，时任哈外长的苏列依曼诺夫和中国政府代表团团长李岚清分别作了汇报。期间，纳扎尔巴耶夫回顾了他不久前访问中国的所见所闻，高度评价中国改革开放的成就，并对发展中哈睦邻友好关系充满期待。纳扎尔巴耶夫总统非常富有远见，当时就预见到未来的世界属于中国。他表示："21世纪人类的发展，在很大程度上将取决于中国。"① 这次会见也是周晓沛大使与纳扎尔巴耶夫的初次会见。他回忆道："纳扎尔巴耶夫总统给我留下了深刻印象。这位原苏共中央政治局委员说一口流利的俄语，目光炯炯有神，待人亲切随和，反应十分敏锐，显得精明老道。"②

## 中华人民共和国和哈萨克斯坦共和国建交联合公报

中华人民共和国政府和哈萨克斯坦共和国政府根据两国人民的利益和愿望，决定两国自一九九二年一月三日起建立大使级外交关系。

两国政府同意，在相互尊重主权和领土完整、互不侵犯、互不干涉内政、平等互利、和平共处的原则基础上，发展两国之间的友好合作关系。

哈萨克斯坦共和国政府承认中华人民共和国政府是中国的唯一合法政府，台湾是中国领土不可分割的一部分。哈萨克斯坦共和国政府确认不和台湾建立任何形式的官方关系。

中华人民共和国政府支持哈萨克斯坦共和国政府维护民族独立、发展经济所做的努力。

两国政府同意，在平等互利的基础上，根据国际惯例，互相

---

① Н. А. Назарбаев:《На пороге XXI века》, Алматы, издательство Атамура, 2003, стр. 199 – 200.
② 周晓沛:《我所知道的哈萨克斯坦首任总统》, 2020 年 7 月 2 日, 人民网, http://world.people.com.cn/n1/2020/0702/c1002 – 31768437.html。

为对方在其外交代表履行职务方面提供一切必要的协助。

中华人民共和国政府代表　　哈萨克斯坦共和国政府代表
　　　　田曾佩　　　　　　　　　苏列依曼诺夫
　　　　　　　　　一九九二年一月三日于阿拉木图

中哈建立大使级外交关系，开启了两国睦邻友好合作的历史新进程，既有重要的政治意义，也有巨大的现实意义。从政治层面看，中哈建交意味着，哈萨克斯坦独立伊始就获得联合国"五常"之一的中国承认。中方明确支持哈方为维护民族独立、发展经济所做的努力。哈萨克斯坦政府则承认中华人民共和国政府是中国唯一的合法政府，台湾是中国领土不可分割的一部分，粉碎了台湾地方当局浑水摸鱼的企图。建交确认了两国关系以"和平共处五项原则"为基础、以睦邻友好为目标的发展方向，开启了两国政治互信、经贸互利、文化互鉴的新时代，并最终使中哈关系发展成为邻国关系的典范。

建交后，中哈双方的军事安全互信开始建立，并很快通过和平友好谈判方式解决了历史遗留的边界问题，使曾经陈兵百万、剑拔弩张的边境地区变成和平与合作之地。建交也大大促进了中哈的经贸互利合作。两国签署的首批文件中，大部分与经贸和人员往来相关，如关于公民相互往来的协定、关于开放口岸的协定、关于鼓励和保护相互投资的协定等，两国从苏联某段时期的"老死不相往来"迅速成为重要经贸合作伙伴。到2021年，中国已成为哈萨克斯坦第二大贸易伙伴国，哈萨克斯坦是中国能源的重要进口来源地之一。两国贸易额从建交之时的3.7亿美元增至2021年的252.5亿美元，增长近67倍。民众相互认知也从曾经的"充满敌意"快速转变为好邻居、好伙伴、好朋友。

中国与哈萨克斯坦等中亚国家建交，开启了地区和平稳定与繁荣发展之路。建交后不久，包括中哈在内的地区国家成立了"上海五国"机制,这一机制最终发展成为世界上覆盖地区最广、人口最多的地区性组织——上海合作组织。哈萨克斯坦发起成立亚洲相互信任和措施会议(亚信),中国成为重要参与者并担任轮值主席国。中方在亚信峰会上提出的"共同、综合、合作、可持续"的新安全观,成为国际和地区安全合作的重要原则。

**四 互设使馆**

建立外交关系后,中哈开始互设大使馆,双方的沟通渠道更加畅通。1992年2月,中国驻哈萨克斯坦大使馆建设工程启动。由于当时没有自己的馆舍,使馆临时安置在一家名为"哈萨克斯坦"的宾馆内。1992年4月,刚刚从中国驻美国大使馆回国的张德广被任命为首任中国驻哈萨克斯坦大使。张大使到任后不久就向纳扎尔巴耶夫总统递交了国书,也因此成为世界上第二位向哈萨克斯坦总统递交国书的大使。纳扎尔巴耶夫在会见张大使时表示:"与中国发展真诚友好的合作对建设独立自主的新哈萨克斯坦至关重要,欢迎中国领导人尽早来访。"[1]

曾任哈萨克斯坦外交部长的托卡耶夫回忆道:"那些年里,国家礼宾制度刚刚建立,递交国书的仪式极度简单。总统办公官邸和总理办公室全都在一座大楼里面,大使在总统办公厅主任和副外长的陪同下走进蓝色的大厅。仪式本身不超过10分钟,也没有任何隆重的程序。"[2]

1992年12月,哈萨克斯坦驻中国大使馆启动运作,首任驻华大使是阿乌艾佐夫,最初也没有独立的馆舍,只能在外交公寓办公。当时,不少独联体国家的驻华使馆都没有自己的独立馆舍,有的驻华大使馆甚至只有大使一人。

---

[1] 周晓沛主编:《我们和你们:中国和哈萨克斯坦的故事》,五洲传播出版社2016年版,第13页。
[2] [哈]卡西姆若马尔特·托卡耶夫:《光与影》,弓为东译,世界知识出版社2010年版,第80页。

建交之初，哈萨克斯坦百废待兴，其外交部刚刚组建，当地民众，甚至有些官员也缺乏独立国家和外交的意识，发生了有一些有趣的事情。中国首任驻哈大使张德广回忆道，大使出行的轿车上插着中国国旗，由于中国和苏联的国旗颜色都是红色，常有哈萨克斯坦人感到不解：苏联都没有了，怎么还插这样的旗帜？使馆人员只得一遍遍解释，这是中国国旗，不是苏联国旗。

在双方一线外交人员的努力下，两国在政治、安全、经贸、人文、国际事务等领域的协作逐渐加强，相互认知和互信水平得到提升，即使是在出现分歧的情况下也能及时沟通、协调和解决。2001年12月21日，纳扎尔巴耶夫总统决定授予张德广一级友谊勋章，以表彰其在担任中国驻哈首任大使及外交部副部长期间，对哈中关系的建立与发展及全面解决哈中边界问题所做的贡献。张德广大使在《结缘哈萨克斯坦》一文中回忆起这件事时非常感慨："哈方给我授勋这件事使我对外交工作有了一层新的感悟：外交是政治，也是人情，因为国家的外交是由人与人之间的交往构成的。"[①] 2003年哈萨克斯坦授予时任中国驻哈大使姚培生二级友谊勋章，2012年又授予时任中国驻哈大使周晓沛"哈萨克斯坦独立20周年"奖章。这都是对中国外交官为发展两国关系辛勤工作的肯定。

## 五 明确中亚政策

一般认为，中国对中亚地区外交政策的系统形成始于1994年4月，时任中国政府总理的李鹏对乌兹别克斯坦、土库曼斯坦、吉尔吉斯斯坦和哈萨克斯坦中亚四国进行正式访问，首次正式并明确宣布中国的中亚政策。他在塔什干阐述了中国中亚政策四项原则：第一，坚持睦邻友好，和平相处；第二，开展互利合作，促进共同繁荣；第三，尊重各国人民的选择，不干涉别国内政；第四，尊重独立主

---

[①] 周晓沛主编：《我们和你们：中国和哈萨克斯坦的故事》，五洲传播出版社2016年版，第13页。

权，促进地区稳定。他在4月25—28日访问哈萨克斯坦期间，在阿拉木图就发展同中亚国家的经贸关系提出六点主张：第一，坚持平等互利原则，按经济规律办事；第二，合作形式要多样化；第三，从实际出发，充分利用当地资源；第四，改善交通运输条件，建设新的丝绸之路；第五，中国向中亚国家提供少量经济援助是一种友谊的表示；第六，发展多边合作，促进共同发展。上述"四项原则"和"六点主张"是中国与新独立中亚国家交往与合作的基础。[①]

## 第二节 夯实伙伴关系

伙伴关系是冷战结束后国际关系中最常见的现象之一。该术语最早来源于企业管理，指企业间的供应链和销售网络，建立了伙伴关系的企业之间拥有更稳定和可靠的合作关系。苏联解体和冷战结束后，伙伴关系被国际关系学界借用，用来指代与结盟关系不同的国家间关系。也就是说，国际关系中的"伙伴关系"理念是相对于"结盟关系"而出现的，于冷战结束后开始广为使用。

冷战时期，结盟关系（如资本主义阵营和社会主义阵营、北约和华约组织）和不结盟运动盛行。美苏各自拉着自己的盟友建立庞大的相互对抗阵营，形成两个平行的、交流很少的国际市场。而广大的亚非拉发展中国家则坚持不结盟运动，尽量不参与两大阵营的对抗。由于世界处于割裂状态，发达国家与发展中国家的交流规模受限，使得整个世界和各个国家的发展也都深受其害。冷战时期的实践

---

[①]《中亚关系四项基本政策和六点主张》，2003年2月19日，新华网，http://news.xinhuanet.com/ziliao/2003-02/19/content_735901.htm。

证明，单纯的结盟和不结盟都有弊端，都不利于国家发展和国家间合作，也难以适应全球化时代的国际关系新格局和国际合作需求。于是，伙伴关系应运而生。西方发达国家最先应用，如北约和平伙伴关系、欧盟的伙伴关系战略等，将那些有合作意愿但尚不具备加入条件（成为正式成员）的国家纳入"伙伴关系"范畴，与之建立既紧密联系又无须过多承担义务的合作关系。中国从1996年开始在对外活动中也越来越多地使用伙伴关系，以扩大自己的外交范围。

在古汉语中，"同火者称为火（伙）伴"，具有一定的情感色彩，强调相互信任。伙伴之间的合作主要依靠信用，而不是单纯的合同契约。从这一点看，国际关系中的"伙伴关系"与中国文化精神相契合，这也是伙伴关系被中国外交广泛使用的原因之一。中国外交的伙伴关系强调相互尊重、求同存异、互利共赢、开放包容等民主和平思想，体现"结伴不结盟"的主张，有助于维护世界和平、促进共同发展、弘扬多元文明、加强全球治理。实践中，中国与伙伴国之间总是尽量寻找和发掘彼此的共性和共同关心的问题，尽可能搁置争议，不纠缠于差异、矛盾和冲突。正如习近平主席在2014年APEC工商领导人峰会上提出，"志同道合，是伙伴。求同存异，也是伙伴"[①]。另外，中国的伙伴关系不是搞小圈子，更不是经营势力范围。与中国建立伙伴关系，并不影响该国与其他国家的交往。

实践中，与中国建交的国家大体分为三大类：一是单纯的外交关系，即签署了建交公报，建立了外交关系，但各领域合作内容并不多，甚至都没有馆舍（由驻其他国家的使馆代管）。这样的国家多是规模小或战乱地区。二是友好关系，即在单纯外交关系基础上，进一步表明两国的友好以及合作意愿。也就是说，不仅是认识，还想做朋友。通常表现为发布友好合作的《联合声明》。三是伙伴关系，即在友好关系基础上再进一步，成为伙伴。也就是说，不仅想做朋友，还

---

① 习近平：《谋求持久发展 共筑亚太梦想》，《人民日报》2014年11月10日。

要做好朋友。通常表现为签署《友好合作条约》或发表有关建立×××伙伴关系的《联合声明》。实践中,依照合作的内容、范围与深度,中国的伙伴关系网络还可进一步划分为友好合作伙伴和战略伙伴两个层次。为了表达两国伙伴关系不断进步,每过一段时间就会在"伙伴关系"前面或后面加上若干定语,如全面战略伙伴、进一步深化全面战略伙伴、全面战略伙伴关系新阶段、永久全面战略伙伴等。截至2021年初,中国已与世界180个国家建交,与其中约90个国家建立了各种伙伴关系。

> 中国将高举和平、发展、合作、共赢的旗帜,恪守维护世界和平、促进共同发展的外交政策宗旨,坚定不移在和平共处五项原则基础上发展同各国的友好合作,推动建设相互尊重、公平正义、合作共赢的新型国际关系。
> ……
> 我们生活的世界充满希望,也充满挑战。我们不能因现实复杂而放弃梦想,不能因理想遥远而放弃追求。没有哪个国家能够独自应对人类面临的各种挑战,也没有哪个国家能够退回到自我封闭的孤岛。
> 我们呼吁,各国人民同心协力,构建人类命运共同体,建设持久和平、普遍安全、共同繁荣、开放包容、清洁美丽的世界。要相互尊重、平等协商,坚决摒弃冷战思维和强权政治,走对话而不对抗、结伴而不结盟的国与国交往新路。要坚持以对话解决争端、以协商化解分歧,统筹应对传统和非传统安全威胁,反对一切形式的恐怖主义。要同舟共济,促进贸易和投资自由化便利化,推动经济全球化朝着更加开放、包容、普惠、平衡、共赢的方向发展。要尊重世界文明多样性,以文明交流超越文明隔阂、文明互鉴超越文明冲突、文明共存超越文明优越。要坚持环境友好,合作应对气候变化,保护好人类赖以生存的地球家园。

......

中国积极发展全球伙伴关系，扩大同各国的利益交汇点，推进大国协调和合作，构建总体稳定、均衡发展的大国关系框架，按照亲诚惠容理念和与邻为善、以邻为伴周边外交方针深化同周边国家关系，秉持正确义利观和真实亲诚理念加强同发展中国家团结合作。加强同各国政党和政治组织的交流合作，推进人大、政协、军队、地方、人民团体等的对外交往。

——摘自党的十九大报告，"十二、坚持和平发展道路，推动构建人类命运共同体"

哈萨克斯坦独立后，大约每五年或十年就会发布一版《国家安全战略》和《对外政策构想》，详细规划各时期的国家安全政策和外交政策。如1999—2005年、2006—2010年、2011—2015年、2016—2020年、2021—2025年的《国家安全战略》，以及1995年、2001年、2014年和2020年发布的《对外政策构想》。这些文件确定了哈萨克斯坦对外政策的总任务是"为国内改革、稳定和发展提供良好的外部国际环境"。为维护国家利益，提升国际威望，巩固国家、地区和全球的安全，哈从独立开始就实行"积极、实用、平衡"的对外政策。"积极"就是主动参与（不是被动接受）国际关系新秩序建设，开展区域合作，推动集体安全；"实用"就是国家利益至上原则，一切从国家利益出发，一切以国家利益为归宿，国家利益是决定国家外交政策和对外行为的根本因素；"平衡"就是奉行全方位外交政策，与所有国家保持和发展友好合作关系。与很多独联体国家选择"欧洲化"的发展战略不同，尽管哈萨克斯坦重视和赞赏西方，但并未把"与欧洲一体化，加入欧洲大家庭"作为国家的发展战略，而是融合东西方传统，建设具有自己特色的发展模式。正因如此，哈萨克斯坦比较重视大国外交、周边外交、多边外交和能源外交。在《2020—2030年哈萨克斯坦共和国对外政策构想》中，哈确定2030

年前的外交方针是"进一步发展与俄罗斯的联盟关系，与中国的永久全面战略伙伴关系，与美国的扩大战略伙伴关系，与中亚国家的战略协作，与欧盟及其成员国的扩大伙伴关系和合作，在《欧亚经济联盟条约》框架内与联盟其他成员国保持密切合作，与独联体国家开展多边和双边合作"[①]。

哈萨克斯坦所建议的安全保障模式包含什么内容呢？

第一，我们认为，在国际关系的建设中，安全的地区属性应具有优先的意义。只有在地区内各国一致并符合其利益的情况下，才会允许吸收第三国和国际组织参加解决该地区问题。此外，在全面互相理解利益的条件下，才可以在加强区域合作的同时最充分地解决自身的民族任务。可以说，地区主义是全球化的反面——如果存在国家的相互依赖，那么它首先表现在区域水平上。

第二，所有国家（即国际关系的主体，不论其经济、军事和政治实力如何）之间的真正法律平等是安全的坚决原则和必要条件。以"兄弟""超级大国""地缘政治极地"等论点的形式经常表现在国际关系中的殖民主义心理返祖现象，是国际关系中最危险的破坏稳定的因素之一，应予根除。历史经验和一般的健全理念告诉我们，扶植关于自己特殊或自己优越的思想，不论以何种形式进行，公开的或隐蔽的，都是通往自我毁灭的最短的道路。

第三，互相尊重主权、维护领土完整的权利、不干涉各国内政，是保障国际安全的主要原则之一。不同国家的民族特点、传统、文化和价值观的多样性，经常被理解为使彼此相互疏远的因

---

① Указ Президента Республики Казахстан от 6 марта 2020 года №280 《Концепция внешней политики Республики Казахстан на 2020 – 2030 годы》, 09 марта 2020 года, https：//www. akorda. kz/ru/legal_acts/decrees/o-koncepcii-vneshnei-politiki-respubliki-kazakhstan-na – 2020 – 2030 – gody.

素，现在应该把这种多样性理解为互相充实和发展的珍贵条件。

第四，国家间的任何争端只能以和平方式解决。武装力量只能用于防御的目的。共同监督武器应是实现这一准则的机制。

第五，增加国家间的信任，是保障国际安全的最重要方面。信任原则应该取代在冲突地区至今仍占统治地位的军事遏制原则。我们所说的安全保障模式指的是军事—政治方面，以及社会—经济方面的有机结合。尤其明显的是，军事信任以后会完全合乎逻辑地扩展到经济关系上。安全和稳定是经济发展的前提，而互利的经济发展又是地区安全的长期保证。

——努尔苏丹·纳扎尔巴耶夫：《和平的震中》（中译本），阿拉木图2001年版，第48—49页。原文出处：Нурсултан Абишевич Назарбаев：Эпицентр мира. Издательство Елорда，2001，глава 1：Казахстан к безъядерному будущему. С，99－101。

从中哈两国的对外政策文件和领导人讲话可知，两国均致力于与周边邻国发展睦邻友好合作，在维护自身国家利益的同时努力建设地区乃至全球的和平与发展，均对建立和发展伙伴关系非常感兴趣。正如哈萨克斯坦总统托卡耶夫所言："中哈有着1700公里长的漫长边界。与中国合作对哈萨克斯坦具有生死攸关的重要意义。我们希望两国睦邻友好关系能够保持稳定和可预见性。"[①]

鉴于已经建立的友谊以及作为西出国门第一站的地理位置，包括哈萨克斯坦在内的中亚国家自然成为中国周边外交的重要方向。这也是习近平主席在哈萨克斯坦提出"丝绸之路经济带"倡议的重要原因之一。而哈萨克斯坦在中国外交中的地位上升，最直观的表现就是中国宣布其为对外政策优先方向，不断升级为"伙伴关系"。尽管哈萨克斯坦不是中国最早的"伙伴关系"对象，却是最能体现"伙伴

---

① ［哈］卡西姆若马尔特·托卡耶夫：《光与影》，弓为东译，世界知识出版社2010年版，第130页。

关系"内涵的合作方之一。

自1992年建交以来，中哈关系稳步发展。最初十年是打基础的时期，初步建立了政治安全互信，解决了边界问题，形成了睦邻友好关系。2002年，两国签署睦邻友好合作条约，成为友好合作伙伴，双边关系进入快速稳定发展期。此后，中哈两国于2005年建立战略伙伴关系，2011年建立全面战略伙伴关系，2019年建立永久全面战略伙伴关系。

## 一　睦邻友好关系确立和巩固

1992—2001年是中哈关系的第一个十年，是两国睦邻友好关系建立和巩固时期。这一时期，双方签署了多份基础性文件。1993年11月，两国签署《关于中华人民共和国和哈萨克斯坦共和国友好关系基础的联合声明》，明确了两国是"友好邻邦"，确定了两国关系的基本原则和大方向。1995年9月，两国签署《中华人民共和国和哈萨克斯坦共和国关于进一步发展和加深两国友好关系的联合声明》，该文件是1993年文件精神的延伸和发展，提出要面向21世纪，将两国关系提高到崭新水平。文件强调双方将保持经常和多方面、多层次的对话；尽快开启勘界工作，尽早解决历史遗留的边界问题；充分挖掘地缘相近和经济互补的优势，在能源、冶金、化工、交通、纺织等领域开展合作。同时，该文件首次清晰地阐述了两国对国际关系的共同立场，即国际秩序应建立在"和平共处五项原则"的基础之上，所有国家，不分大小、强弱、贫富，一律平等合作，反对霸权主义和强权政治。

这一时期，多边地区合作机制——"上海五国"开始成为中哈沟通交流的新渠道。1996年4月，中国与哈、吉、俄、塔共同签署《中华人民共和国和哈萨克斯坦共和国、吉尔吉斯共和国、俄罗斯联邦、塔吉克斯坦共和国关于在边境地区加强军事领域信任的协定》，1997年4月又签署了《中华人民共和国和哈萨克斯坦共和国、吉尔吉斯共和国、俄罗斯联邦、塔吉克斯坦共和国关于在边境地区相互裁减军事力量的协定》，包括中哈在内的地区军事安全互信水平明显提高，互信谋安全以及合作促安全的新理念逐渐形成。

随着中哈边界问题的彻底解决，扫除了两国关系中的隐患，为中哈关系发展揭开了新的一页。在睦邻友好关系确立和发展的同时，双边经贸合作成为巩固两国关系的新纽带。在1992年1月的建交之行中，两国就签署了发展经济关系的会谈纪要，并就互设商务处代表进行了换文。

1992年2月，时任哈萨克斯坦总理捷列先科访华，两国签署了关于建立中哈政府间经贸和科技合作委员会的协定、关于在哈萨克斯坦境内开设中国商店的协定和关于中国向哈萨克斯坦提供设备和商品贷款的协定等。

1993年，中哈政府间经贸和科技合作委员会召开首次会议，时任中国对外贸易经济合作部副部长石广生与时任哈萨克斯坦经济部副部长阿比塔耶夫举行会谈，中哈经贸和科技合作开始走向机制化。但这一时期仅建立副部长级的会晤机制。最初两国的贸易形式比较单一，以易货贸易为主。

1996年中哈两国元首会谈时，中方认为两国当时的合作规模和水平与两国的潜力还有很大差距，应逐步向符合国际规范的经济关系过渡，按照国际贸易惯例发展现汇贸易。此时，在经历了独立之初的商品严重短缺后，哈萨克斯坦经济渐渐走向正轨，也需要解决贸易正规化问题，"倒爷"贸易开始没落，正规贸易逐渐占据主流。

1999年11月，在即将迈入21世纪之际，中哈发表了《中华人民共和国和哈萨克斯坦共和国关于在二十一世纪继续加强全面合作的联合声明》，主要内容是推进经贸合作。《声明》提出，能源合作对两国具有重要的战略意义，要加紧完成中哈石油管道项目经济技术论证工作；充分发挥两国的地缘优势，开展国际交通运输合作，为复兴古丝绸之路而共同努力。①

在发展经济合作的同时，中哈在核安全领域也达成诸多共识。1995 年 2 月 8 日中国政府发表向哈萨克斯坦提供安全保证的《声明》，提出"中国完全理解哈萨克斯坦希望得到安全保证的要求。中国政府的一贯立场是，无条件不对无核国家和无核区使用或威胁使用核武器。这一原则立场适用于哈萨克斯坦。中国政府呼吁所有核国家作出同样的保证，以增进包括哈萨克斯坦在内的所有无核武器国家的安全"②。中方高度赞赏哈萨克斯坦以无核武器国家身份加入《不扩散核武器条约》，"主张全面禁止和彻底销毁核武器，主张在这个范畴内实现全面禁止核试验，并呼吁早日谈判缔结全面禁止核武器条约"。哈方则强调，中国政府向哈萨克斯坦提供安全保证的声明具有重要的历史意义。

时任哈萨克斯坦外交部长托卡耶夫在其专著《光与影》中回忆道："那个时候，中国领导人会见纳扎尔巴耶夫时，会提醒他不必害怕中国，强调中国这个国家关注的是和平的周边环境以及与哈萨克斯坦发展睦邻合作。中国知道自己是一条巨龙，它的任何一丝轻微动静都会让整个大陆感到震颤。因此，中国的行动安静而低调，关注自身内部发展问题，不会干涉其他国家的事务……很难不同意北京的说法。不要忘记，中国是拥有 13 亿人口的国家，中国领导人不厌其烦地解释说，这个国家的稳定是外部世界的福音，否则将引发全球破坏性的灾难……很少有人会想到，独立的哈萨克斯坦会成为中国这样大国的平等伙伴。由于地缘政治的缘故，这一状况得以实现。"③ 对于第一个十年，哈首任总统纳扎尔巴耶夫也表示，10 年来，哈中关系发展得很好，取得了巨大成就，双方彻底解决了历史遗留的边界问

---

① 《中华人民共和国和哈萨克斯坦共和国关于在二十一世纪继续加强全面合作的联合声明》，中国政府网，http：//www.gov.cn/gongbao/content/2000/content_70097.htm。

② 《中国政府关于向哈萨克斯坦提供安全保证的声明》，中国政府网，http：//www.gov.cn/gongbao/shuju/1995/gwyb199502.pdf。

③ ［哈］卡西姆若马尔特·托卡耶夫：《光与影》，弓为东译，世界知识出版社 2010 年版，第 59—61 页。

题，哈中边界正在成为相互信任的纽带。哈中经贸关系发展迅速，两国安全和国防等部门合作密切。哈方对哈中关系的发展成果感到满意。

## 二　从睦邻友好合作关系到全面战略伙伴关系

2002—2012年是中哈关系的第二个十年，两国伙伴关系稳步提升，从睦邻友好伙伴升级为战略伙伴，后来又提升到全面战略伙伴。名称改变的背后，是两国合作的深度和广度的扩大，也是友谊的加深。

2002年是中哈建交10周年。这一年的12月，两国签署了《中华人民共和国和哈萨克斯坦共和国睦邻友好合作条约》，为中哈关系进一步发展奠定了法律基础。该文件总结并肯定了两国过去10年睦邻友好关系及其合作成果，明确了双边关系未来发展的基本方向，是承前启后的战略性文件。《条约》明确中哈关系是"睦邻友好与互利合作关系"，并将在毗邻地区保持永久和平和世代友好。《条约》规定，缔约一方不得允许第三国利用其领土损害缔约另一方的国家主权、安全和领土完整，不得允许在本国领土上成立损害缔约另一方主权、安全和领土完整的组织和团伙，并禁止其活动。一旦国际和地区出现复杂局势或爆发危机，有可能对缔约一方的和平或安全利益构成威胁，缔约双方将立即进行接触，协商制定防止威胁的措施。尽管《条约》的一些内容在之前的文件中也都有所体现，但这次是以法律文件形式再次确定的，对两国具有重要的历史和现实意义。《条约》有效期为20年，在双方同意的情况下可以顺延，每次延期5年。

随着高层往来的日益频繁，中哈政治与安全互信不断加深，经贸、能源、交通、科技、人文等领域合作日益深化，于是两国决定再次提升双边关系的水平，将"睦邻友好关系"提升为"战略伙伴关系"。2005年7月，两国签署了《中华人民共和国和哈萨克斯坦共和国关于建立和发展战略伙伴关系的联合声明》，宣布进入战略伙伴关系阶段。哈萨克斯坦成为第一个与中国建立战略伙伴关系的中亚国家。2006年,两国又发表了《中华人民共和国和哈萨克斯坦共和国21世纪合作战略》,对战略伙伴关系进行更加详细的梳理和解读。

对于什么是战略伙伴关系,2005年的联合声明作出了明确解释,即"加强政治互信,深化安全合作,共同维护地区安全稳定;促进经济合作,谋求共同发展繁荣;扩大人文合作和民间交往,增进两国人民的传统友谊"。在此基础上,2006年的《21世纪合作战略》又作出进一步解读,即"这一关系体现为,两国政治互信进一步增强,维护地区安全与稳定方面的合作不断深化,经贸互利合作不断扩大和深化,双方致力于实现共同发展和繁荣,增进人文领域合作,加强人员交往,巩固两国人民的传统友谊"。

《中华人民共和国和哈萨克斯坦共和国21世纪合作战略》内容之丰富前所未有,不仅总结了中哈两国过去15年的合作成就,还详细阐述了政治、经济、科技、人文、安全和环境保护、国际六大领域的合作方向:在政治领域,明确提出两国领导人将进行定期互访。在经济领域,在经贸多样化的基础上,首次提出"力争使双边贸易额在2010年达到100亿美元,在2015年达到150亿美元"的目标,并提出要加强非原材料领域的合作。在科技领域,双方提出开设联合科技合作中心,并在对等基础上共建科技园区。在国际领域,双方对联合国的作用和改革方向、地区热点问题发表了共同看法,提出国际社会应尊重中亚各国人民根据本国国情自主选择的发展道路。该文件是对战略伙伴关系内涵的一次重要补充和提升。

随着合作内容和规模扩大,两国认为在政治协作、战略合作、务实合作和人文交往等方面均达到前所未有的高水平,于是决定在已有的战略伙伴关系基础上发展全面战略伙伴关系。2011年6月13日,中哈发表《中华人民共和国和哈萨克斯坦共和国关于发展全面战略伙伴关系的联合声明》,宣布进入全面战略伙伴关系阶段。

与战略伙伴相比,全面战略伙伴的"全面"体现在:一是领导人保持密切交往,及时就双边关系和国际及地区重大问题交换意见;二是政府、立法机构、政党、社会团体、企业和金融机构等开展广泛交流与合作,全方位增进相互理解和信任;三是建立和启动总理定期会晤机制,全面提升务实合作水平;四是全面加强在国际事务中的协调与合作。正如原哈萨克斯坦驻华大使努雷舍夫所说:"全面战略伙伴关系不仅包括政治合作,也包括经济合作,不仅在双边基础上,也在多边基础上。"

与友好伙伴相比,中哈双方都以实际行动诠释两国关系的战略性。

一是非传统安全合作得到加强,安全伙伴关系得到提升。2002年12月,中哈签署《中华人民共和国和哈萨克斯坦共和国关于打击恐怖主义、分裂主义和极端主义的合作协定》,将上合组织框架内的《打击恐怖主义、分裂主义和极端主义上海公约》进行细化,使之更加具有可操作性,如非常详细地描述了情报交换的范围,使中哈在打击"三股势力"方面的合作更加明晰。此后,双方又明确将威胁中国新疆地区稳定的"东突厥斯坦伊斯兰运动"等"东突"组织列入将要严厉打击的恐怖组织名单。

二是经贸合作机制实现"两级跳",经贸伙伴关系更加巩固。2004年5月,中哈政府间合作委员会成立,级别从过去的副部级直接提升为副总理级,下设经贸、交通、口岸、科技、金融、能源、地矿、人文、安全9个分委会,成为统筹、协调和指导两国合作的政府间机制,对推动两国关系和各领域合作发挥着重要作用。根据两国领导人的共识,2012年又启动中哈总理定期会晤机制,每两年举行一次,在两国轮流举行。由此,中哈两国的政府间合作机制发展为总理定期会晤+副总理级别的中哈合作委员会(包括下设的9个分委会)。

三是相互给予对方坚定的政治支持,政治伙伴关系得到印证。对于哈萨克斯坦历次修改和补充宪法,中方均予以坚定支持,认为

"宪法改革是哈萨克斯坦及中哈关系进一步稳定发展的重要因素"。2005年3月，中国通过《反国家分裂法》，向世界宣示反对"台独"分裂、促进国家统一的坚定决心和意志。当日，哈外交部发表声明支持中国。2006年3月，哈外交部就台湾地方当局终止"国统会"和"国统纲领"发表声明，重申支持中国在台湾问题上的立场。2009年7月5日，中国新疆的乌鲁木齐等地发生打砸抢烧的严重暴力犯罪事件，哈萨克斯坦支持中国政府所采取的妥善处理措施，认为这不仅有利于维护中国新疆地区的稳定，还有利于保持哈萨克斯坦的稳定。①

## 三 从全面战略伙伴关系到命运与共的永久全面战略伙伴关系

2013—2021年是中哈关系的第三个十年，在过去20年的合作成果和经验基础上，两国战略伙伴关系出现质的跨越。2013年是中哈关系发展的重要节点。2013年9月习近平主席访哈期间，中哈签署《中华人民共和国和哈萨克斯坦共和国关于进一步深化全面战略伙伴关系的联合宣言》，掀开两国合作新篇章。两国领导人总结了两国关系并达成重要共识，认为中哈全面战略伙伴关系是睦邻友好、互利合作的典范，全面战略伙伴关系的实质是在涉及对方核心利益和重大关切问题上坚定地相互支持。双方强调，"将一如既往地加强政治互信、推动互利合作、巩固睦邻友好，深化全面战略伙伴关系，造福两国和两国人民，为维护地区的和平与持久发展作出新的贡献"。②

在这次访问中，习近平主席阐述了发展与中亚国家关系的"三大方向"和"三不"原则。三大方向是坚持世代友好，做和谐和睦的好邻居；坚定相互支持，做真诚互信的好朋友；加强务实合作，做互利共赢的好伙伴。"三不原则"是绝不干涉中亚国家内政、不谋求地区事务主导权、不经营势力范围。2013年9月7日，习近平主席在

---

① 《国家主席胡锦涛同哈萨克斯坦总统纳扎尔巴耶夫举行会谈》，《人民日报》2011年6月4日。
② 《中哈关于进一步深化全面战略伙伴关系的联合宣言》，2013年9月8日，外交部网站，https://www.fmprc.gov.cn/web/gjhdq_676201/gj_676203/yz_676205/1206_676500/1207_676512/t1110804.shtml。

与纳扎尔巴耶夫会谈时又提出"三个坚定支持",即中方乐见一个稳定、强大、繁荣的哈萨克斯坦,将坚定支持哈萨克斯坦走符合本国国情的发展道路;坚定支持哈方维护国家主权独立、促进经济社会发展;坚定支持哈方在国际和地区事务中发挥建设性作用。这既表明了中国新领导人对中哈关系的立场,也为中哈关系升级换代奠定基础。

哈萨克斯坦是"丝绸之路经济带"的首倡之地,"丝绸之路经济带"向西延伸的第一站就是哈萨克斯坦,中哈在共建"丝绸之路经济带"方面走在前头。2014年年底,中哈签署《中华人民共和国国家发展和改革委员会与哈萨克斯坦共和国国民经济部关于共同推进"丝绸之路经济带"建设的谅解备忘录》,哈萨克斯坦是首批与中国签署共建"丝绸之路经济带"合作备忘录的国家。2015年8月,两国签署《关于加强产能与投资合作的框架协议》,这是中国与沿线国家签署的第一份产能合作协议。2016年9月,中哈签署《"丝绸之路经济带"建设与"光明之路"新经济政策对接合作规划》,这也是中国与"丝绸之路经济带"沿线国家签署的第一个战略对接合作路线图。随着双方利益日益融合,2015年3月习近平主席在会见马西莫夫总理时,前瞻性地提出了打造中哈利益和命运共同体主张。他强调,"中哈都处在发展振兴的关键阶段,产能合作将给两国加深利益融合带来新机遇,双方要扎实开局,充分发挥各自优势,培育新的合作增长点,打造中哈利益和命运共同体"。2017年6月,习近平主席第三次访问哈萨克斯坦,两国领导人一致同意加快推进"丝绸之路经济带"倡议与"光明之路"新经济政策对接,实现两国发展战略深度融合;启动"数字丝绸之路"倡议同"数字化的哈萨克斯坦"战略对接。这些合作文件和战略对接行动显示,中哈经济利益共同体和命运共同体正逐渐形成。

2019年4月和9月,哈萨克斯坦首任总统纳扎尔巴耶夫、现任总统托卡耶夫先后访华,体现了中哈关系的继承性、稳定性和可预测性。在托卡耶夫总统访华期间,双方签署联合声明,将两国关系提升为永久全面战略伙伴关系。增加"永久"二字，表明中哈战略伙伴关系的稳固，是由两国根本利益决定的战略性选择。新提法有两个重要的历史背景：一是哈方完成独立以来首次权力交接，托卡耶夫作为国家元首首次访华。永久全面战略伙伴关系不仅是对中哈关系的继承和发展，更表明两国将坚定不移地继续推进中哈关系向前发展的强烈意愿。二是新中国即将迎来成立70周年，哈萨克斯坦将迎来现代化发展30周年，两国都进入"国家发展、民族复兴和深化两国关系的关键阶段"。

对中哈永久全面战略伙伴关系，两国都进行了官方解读。2019年9月13日，哈外交部长阿塔姆库洛夫在接受媒体采访时表示，"永久"意味着哈中是友好邻居，共同命运和地理位置决定两国开展相互协作。哈中两国人民数千年毗邻而居，这些都已载入史册，未来两国还将继续发展睦邻友好关系；"全面"则表示哈中建交27年来，两国关系已具备广泛和平衡的特点，双方开展建设性政治对话，在所有经济领域密切联系，人文合作不断发展，几乎没有未涉及的领域。[1] 2019年9月21日，中国驻哈萨克斯坦大使张霄指出，"永久"二字既是时间概念，也是意志表达，表明两国关系不会因一时一事的变化而变化，彰显中哈永做好邻居、好伙伴、好朋友的坚定决心。中哈永久全面战略伙伴关系意味着双方不再仅仅满足于合作领域的全面性、合作意义的战略性，还要追求合作时间的永久性。[2]

从双方签署的文件看，中哈永久全面战略伙伴关系增加了不少新内涵。其一，相互支持对方的国家发展理念与指导思想，站位更高。哈方支持中国走中国特色社会主义道路，"认为习近平新时代中国特色社会主义思想为中国未来发展指明了方向，具有划时代的重大意

---

[1] 《哈外长谈"中哈永久全面战略伙伴关系"》，2019年9月17日，中国驻哈萨克斯坦大使馆商务参赞处网站，http://kz.mofcom.gov.cn/article/jmxw/201909/20190902899679.shtml。

[2] 《专访：充实中哈永久全面战略伙伴关系内涵，为两国关系未来发展注入新动力——访中国驻哈萨克斯坦大使张霄》，2019年9月21日，新华网，http://www.xinhuanet.com/world/2019-09/21/c_1125023508.htm。

义"。中方支持哈方政权平稳交接，认为哈萨克斯坦在首任总统纳扎尔巴耶夫的领导下取得了辉煌成就，中国将继续"支持托卡耶夫总统带领哈萨克斯坦实现新发展"。其二，将发展战略的对接上升到发展理念的对接，中国提出新发展理念和"两个一百年"奋斗目标，哈萨克斯坦提出的第四次工业革命条件下发展理念，这些理念对中哈各自发展具有重要指导意义，双方愿通过深化合作实现共同发展和繁荣。其三，明确两国将加强在治国理政方面的经验交流。而之前的文件只是表示在完善政府部门职能领域的经验交流，前者显然比后者的内涵更加宽泛。其四，在国际格局持续演变、全球治理体系深刻重塑的背景下，亮明了两国在国际政治和经济秩序上的共同立场，增加了"维护以世贸组织为核心的多边贸易体制，坚决反对单边主义和保护主义"等内容。其五，哈方明确支持习近平主席提出的构建新型国际关系、构建人类命运共同体的主张，并认为该主张"为完善全球治理贡献了中国智慧"，中方明确支持哈方提出的"全球倡议"，认为该倡议"为应对国际政治、经济危机提供了有益平台"。[①] 这部分内容是全新的，在以前的文件中从未出现。

30年来，在两国元首的战略引领下，中哈关系始终蓬勃向前。高层互动推动中哈关系不断迈上新的台阶，从确立睦邻友好关系、解决边界问题，到建立战略伙伴关系，再到永久全面战略伙伴关系和命运共同体。30年里，中哈成为高度互信的政治伙伴、共谋发展的经济伙伴、安危与共的安全伙伴、相互支持的国际合作伙伴，为两国人民带来福祉，也为地区和世界的和平与发展做出贡献。

## 四 相互支持，命运与共

中哈在国际、地区和双边层面保持密切协作，相互支持，"共同

---

[①] 《中哈联合声明》，2019年9月12日，外交部官网，https://www.fmprc.gov.cn/web/gjhdq_676201/gj_676203/yz_676205/1206_676500/1207_676512/t1697207.shtml。

合作打击'三股势力',维护地区安全稳定,共同维护国际正义,推动经济全球化,支持多边贸易机制,努力确保国际秩序和国际体系朝着更加公平合理的方向发展"。

中国切实支持哈方在国际事务中发挥积极作用。2017年、2018年,哈萨克斯坦成为联合国安理会非常任理事国,成为第一个担任安理会非常任理事国的中亚国家。中方对哈方担任非常任理事国以及在担任安理会轮值主席期间的工作都给予了大力支持和高度评价,认为哈方为维护国际和平与安全发挥了积极作用。2018年1月,时任中国驻哈大使张汉晖表示,"哈萨克斯坦成为联合国安理会轮值主席,展现了自身在国际舞台和地区事务当中的重要地位。我们高度评价哈萨克斯坦在国际和平和经济发展中的贡献,哈萨克斯坦在国际社会上的作用是不可忽视的"[1]。哈萨克斯坦方面对中方在联合国秉持正义也给予高度评价,"作为联合国安理会常任理事国,中国致力于维护联合国的权威。中国在联合国拥有重要的地位和影响力。中国一直负责任地、合理地利用其在联合国的崇高国际地位。例如,中国坚持让中小国家在联合国安理会这一重要机构中拥有公正的地位"。

在地区层面,中哈始终保持密切的协调与配合。中哈两国均是上合组织的发起国,按照俄文字母排序,哈萨克斯坦比中国早一年担任上合组织的轮值主席国。为办好上合组织峰会,双方相互配合,支持对方接任主席国后发起的各项活动。两国在上合组织框架内就打击"三股势力"、维护地区安全、扩大经贸合作、推动共同发展等问题的立场保持高度一致性。两国都支持成立上合组织开发银行,也是地区交通物流、数字经济、电子商务、信息安全、粮食安全、能源安全等领域合作的积极推动者。

对地区热点问题,中哈两国的立场高度吻合,相互支持。中方高

---

[1] 中国驻哈大使张汉晖:《中方高度评价哈萨克斯坦在联合国安理会的工作》,2018年1月19日,哈萨克斯坦通讯社网站,https://www.inform.kz/cn/article_a3127063https://www.inform.kz/cn/article_a3127063。

度评价哈萨克斯坦为调解叙利亚危机所做的努力，认为叙利亚问题阿斯塔纳对话会是推进冲突和解进程的重要平台。哈方赞赏中方一直以来为推动叙利亚问题政治解决发挥的积极和建设性作用。对阿富汗问题，双方一致认为，应在尊重阿富汗独立、主权、统一和领土完整的基础上，为阿富汗政府和平重建与"阿人主导、阿人所有"的和解进程提供帮助。

随着国际秩序进入百年未有之大变局，美国不断借"一带一路"和新疆教培中心等话题遏制中国发展，中哈关系也一度受到影响。在外部势力的挑唆下，哈国内出现一些反华噪音。但哈萨克斯坦两任总统及高层对中哈关系都有清醒的认识，发展中哈关系的意志从未动摇。纳扎尔巴耶夫多次公开驳斥所谓的"中国威胁论"。在出席2018年11月第四届"阿斯塔纳俱乐部"活动时，纳扎尔巴耶夫表示："哈萨克斯坦是中国的邻国，两国有1700公里共同边界，我们没有感到任何侵略、任何压力、任何大国家长作风。我多次与习近平主席会面，我们开诚布公地谈论这些话题。中国没有任何扩张和侵占他国领土的意图。相反地，他们需要的是发展，平静的生活，做好自己国内的事情，实现科技进步。"[1]

在涉疆问题上，托卡耶夫态度明确。2019年12月4日，在出访德国前夕，他接受德国之声电台采访时表示："在新疆生活的是中华人民共和国的公民。某些国际人权组织提供的信息并不属实，是在蓄意炒作涉哈族人问题。我们非常清楚，这是地缘政治的一部分，因为中美在贸易摩擦中相互碰撞，是否取消针对中国的制裁，时间会证明一切，但哈不应成为所谓'全球反华统一战线'的一部分。"[2] 2019年9月6日，托卡耶夫亲自出面澄清关于中国将老旧企业搬迁到哈萨

---

[1] 《纳扎尔巴耶夫总统驳斥所谓"中国威胁论"》，中国驻哈萨克斯坦大使馆，http://kz.china-embassy.org/zhgx/201811/t20181116_1232550.htm。Назарбаев，《Никакой мысли об экспансии у Китая нет》，2018.10.13，https://regnum.ru/news/polit/2518440.html。

[2] 《外交部：高度赞赏哈萨克斯坦总统就涉疆问题作出客观公正表态》，2019年12月10日，新华网，http://www.xinhuanet.com/2019-12/10/c_1125330923.htm。

克斯坦的谣言。他表示:"近期出现的一些谣言,如将 55 个外国旧工厂搬迁到哈萨克斯坦、引进数千名外国劳工等,都是别有用心者试图操控民众的爱国热情,破坏国家的稳定。"2020 年 6 月 3 日,哈萨克斯坦总统托卡耶夫接受采访时表示,"丝绸之路经济带"倡议使一些有意义的项目在中亚落地,哈萨克斯坦与中国发展经贸和投资合作是互利互惠的,所谓的"中国扩张论"与事实不符。①

## 第三节 元首外交

元首外交在两国关系中有着特殊的地位。国务委员兼外长王毅在 2018 年 3 月"两会"答记者问时,对元首外交的意义进行过阐述。他表示:"元首外交是国际交往的最高形态,有着其他交往无法替代的重要作用和战略价值。……这些重大外交活动,不仅极大增进了国际社会对中国的了解,有效提升了中国的国际地位和影响,也为解决当今许多全球性问题指明了方向。"② 时任哈议会上院议长的托卡耶夫在为《我们和你们——中国和哈萨克斯坦的故事》一书作序时表示,"哈中两国领导人之间进行的信任对话,对加强两国间合作发挥了关键作用"。

中哈建交后的 30 年时间里,高层互动非常频繁,大体可以分为奠基磨合、拓展升级、提质淬炼等三个时期。③ 通过高层互动,中哈关系提升了政治安全互信水平,解决了历史遗留的边界问题,引领了

---

① 《哈萨克斯坦总统托卡耶夫谈中哈关系》,中国商务部网站,http://www.mofcom.gov.cn/article/i/jyjl/e/202006/20200602970645.shtml。
② 《王毅谈元首外交:习近平主席亲力亲为提升中国国际地位和影响》,2018 年 3 月 8 日,人民网,http://world.people.com.cn/n1/2018/0308/c1002-29855926.html。
③ 《张霄大使出席"'一带一路'背景下的中哈合作"国际学术研讨会》,2021 年 5 月 29 日,中国驻哈萨克斯坦大使馆网站,https://www.fmprc.gov.cn/ce/ceka/chn/dszc/dshd/t1879650.htm。

两国经贸合作的战略方向,深化了在国际和地区舞台的合作,对两国关系发展起着引航定向作用。"哈萨克斯坦已成为同中国双边合作机制最健全的中亚国家,两国领导人像走亲戚一样常来常往。"[①]

实践证明,中哈两国高层交往密切,特别是元首外交的作用重大,为两国关系发展注入不竭动力,表现在四个方面:

一是深化政治互信,提升两国关系。每次重要访问,中哈双方都会签署联合声明,明确两国关系的性质和合作方向,并根据国际形势和双边交往情况重新定位两国关系,使之不断得到提升和发展。例如,1993年10月哈首任总统纳扎尔巴耶夫访华时,双方一致认定对方是"友好邻邦",认为以睦邻友好的精神进一步发展两国关系符合两国人民的根本利益。2002年12月纳扎尔巴耶夫访华,中哈签署睦邻友好合作条约,将两国关系正式界定为"睦邻友好"伙伴。2005年7月,时任中国国家主席的胡锦涛赴哈进行国事访问期间,两国元首一致决定将中哈关系提升为"战略伙伴关系"。2011年6月胡锦涛在哈进行国事访问期间,两国签署关于发展全面战略伙伴关系的联合声明,将两国关系进一步提升到"全面战略伙伴"的高度。2019年9月托卡耶夫总统访华,习近平主席与托卡耶夫总统一致决定,本着同舟共济与合作共赢的精神,发展中哈"永久全面战略伙伴关系"。中哈关系的每一次新定位、每上一个新台阶,既源于两国战略利益的交融,也离不开元首的战略决断。

二是加强政策沟通,增信释疑。元首互动是最高水平的政策沟通,很多无法解决的重大问题都需要由元首沟通和决定。特别是在涉及国家重大利益的战略性项目上,元首外交具有关键性作用。

例如,在解决中哈边界问题上,两国高层进行了一系列密切沟通,既有严肃的会谈,也有轻松氛围下的沟通,最终消除了这一横亘

---

① 李克强:《让中哈合作驰骋在希望的田野上》,2014年12月13日,中国驻哈萨克斯坦大使馆网站,http://kz.chineseembassy.org/chn/zhgx/zxdt/t1218915.htm。

在两国之间、影响两国战略互信的大难题。纳扎尔巴耶夫的回忆录印证了元首沟通的重要性。他表示："边界问题是中哈之间的首要问题，是两国睦邻友好关系进一步发展的基础。在与江泽民主席进行过几次深入会谈后，这一问题的解决有了眉目。"①

在中哈原油和天然气管线建设中，胡锦涛主席与纳扎尔巴耶夫总统共同作出决定，要以原油管线项目为重点，实现能源合作的新突破。2006 年中哈原油管线建成，为确保输油量，中国石油决定收购加拿大控股的哈萨克斯坦 PK 石油公司，但遇到一些阻力，最终还是纳扎尔巴耶夫总统拍板定案，支持中方收购 PK 石油公司，使问题得到解决。

很多经贸合作的重大倡议也都是在高层互动中提出的，如举世瞩目的"丝绸之路经济带"倡议就是 2013 年习近平主席访哈时在纳扎尔巴耶夫大学演讲时提出的。

三是相互支持，守望相助。每个国家都有自己的重大活动和倡议，需要伙伴国的支持。能够体现最大政治支持的则是元首出席相关活动。例如，2002 年亚信会议举行首次元首峰会，时任中国国家主席江泽民出席会议并发表讲话，提升了该机制的影响力。2017 年，哈萨克斯坦举办专项世博会，习近平主席出席开幕式。2017 年、2019 年，中方举办"一带一路"国际合作高峰论坛，哈萨克斯坦总统纳扎尔巴耶夫两次出席峰会并讲话，对中方倡议给予高度评价，认为"一带一路"超出了一般意义的综合性经济合作，反映了全球 120 多个国家对安全、经贸和繁荣的共同诉求。②

四是影响民众，加强认知。毫无疑问，高层特别是元首的一言一行会对两国关系产生重大影响。如美国总统拜登称俄罗斯总统普京为

---

① Н. А. Назарбаев:《На пороге XXI века》, Алматы, издательство Атамура, 2003, стр. 204.
② Выступление Первого Президента РК-Елбасы Н. А. Назарбаева на открытии второго Форума международного сотрудничества《Один пояс, один путь》, https://www.akorda.kz/ru/speeches/external_political_affairs/ext_speeches_and_addresses/vystuplenie-pervogo-prezidenta-rk-elbasy-na-nazarbaeva-na-otkrytii-vtorogo-foruma-mezhdunarodnogo-sotrudnichestva-odin-poyas-odin-put.

"杀手",立即引起俄罗斯媒体和民众的一片愤慨和痛批。俄罗斯人民友谊大学战略研究和预测研究所副所长达纽克表示,在拜登说出这些话之后,很难再相信俄美关系能够恢复或有所好转。反过来,元首对两国关系的肯定和赞扬,也会在很大程度上影响民众的看法。2017年7月,习近平主席在《哈萨克斯坦真理报》发表题为《为中哈关系插上梦想的翅膀》的署名文章,回顾和总结了中哈关系25年来取得的伟大成就,提出了加快战略对接、打造合作新增长点、提升科技和创新合作水平等建议。同时,文中表达了对哈萨克斯坦举办2017年阿斯塔纳专项世博会的支持,介绍参加展会的中国馆的特色。习近平主席的文章引起哈萨克斯坦社会的广泛关注和高度评价,推动了民心相通。2019年9月10日,托卡耶夫接受中国中央电视台采访时,其流利的中文也激发了中国民众对哈萨克斯坦的兴趣和好感。

## 一 奠基和初步发展期的元首外交

哈萨克斯坦独立后不久,既需要国际社会的承认,也亟须发展与邻国的关系,为陷入困境的经济寻找出路。纳扎尔巴耶夫在1991年访华时就已经认定"与中国建立正常的友好关系,是哈萨克斯坦通向世界的另一条路径"[①]。

这一时期,中哈高层互访的一个重要特点是逗留时间长,平均每次访问都在4天左右。说明两国刚开始交往,需要更多的交流和沟通,以增进相互了解与信任。纳扎尔巴耶夫承认,由于苏联时期的宣传,他对中国领导层有一定误解,认为可能不容易打交道,但"我再次领会到什么叫'百闻不如一见',与中国领导层的会晤一下子改变了我的看法"[②]。这一时期的另一个特点是制定了大量规范各领域交往的基础性文件,解决了历史遗留的边界问题,奠定了两国关系进

---

① Н. А. Назарбаев,《На пороге XXI века》, Алматы, издательство Атамура, 2003, стр. 199 – 200.
② Н. А. Назарбаев,《На пороге XXI века》, Алматы, издательство Атамура, 2003, стр. 203.

一步发展的基础。

哈萨克斯坦独立初期，各政府部门还在筹建中，哈外交部的职责不仅包括外交事务，还包括对外交通、商贸等事务。在中哈建交的第一年，两国在人员往来、经贸、科技、文化、交通等领域签署了合作文件，很快就从苏联时期的对抗状态走上合作之路。1992年2月24—28日，时任哈萨克斯坦总理捷列先科率政府代表团访问中国。时任国家主席杨尚昆、中共中央总书记江泽民、政府总理李鹏分别与其举行了会谈。中哈两国于2月26日发表联合公报，同时签署了《中华人民共和国政府和哈萨克斯坦共和国政府关于公民相互往来的协定》和《中华人民共和国政府和哈萨克斯坦共和国政府关于建立经贸与科技合作委员会协定》等文件。捷列先科是哈萨克斯坦独立后第一位访问中国的总理，这次访问成为中哈建交后高层交往的起点。在捷列先科访华期间，《人民日报》连续刊登了《哈萨克斯坦总理捷列先科今起对我国进行访问》《哈萨克斯坦》《哈萨克斯坦总理结束访华》等多篇文章，介绍哈萨克斯坦国情及捷列先科访华情况，足见对其访华的重视。在这次访问中，捷列先科总理向李鹏总理面交了纳扎尔巴耶夫总统致李鹏的亲笔信，正式邀请李鹏访问哈萨克斯坦。杨尚昆在会见捷列先科时，介绍了中国改革开放和经济发展的情况，捷列先科表示哈萨克斯坦正致力于经济建设，对中国的改革开放经验很感兴趣。

1992年8月7—10日，时任哈萨克斯坦外长苏列伊曼诺夫访华，双方签署了《中华人民共和国和哈萨克斯坦共和国领事条约》《中华人民共和国政府和哈萨克斯坦共和国政府文化合作协定》《中华人民共和国政府和哈萨克斯坦共和国政府关于开放边境口岸的协定》《中华人民共和国政府和哈萨克斯坦共和国政府关于鼓励和保护相互投资的协定》《中华人民共和国铁道部和哈萨克斯坦共和国交通部过境铁路协定》等文件。同年11月22日，时任中国国务委员兼外长钱其琛回访，表示将继续巩固睦邻友好关系，提升经贸合作水平。

1993年10月18—21日，纳扎尔巴耶夫对中国进行国事访问，这也是哈萨克斯坦独立后，国家元首第一次访华。两国签署了被视为建交初期两国关系发展基石的《关于中华人民共和国和哈萨克斯坦共和国友好关系基础的联合声明》，明确中哈是友好邻邦，提出将以睦邻友好的精神为指导，进一步发展两国关系。这份文件的特殊之处在于，文件规定了生效日期和失效条件："本联合声明自签字之日起长期有效，如任何一方通过外交途径书面通知另一方要求终止本联合声明，则本联合声明自上述通知之日起六个月后失效。"联合声明中明确生效日期和失效方式是非常少见的现象，因此这份联合声明被认为是"不足以称之为条约的条约"。《联合声明》表明，两国都摒弃了意识形态因素，致力于发展睦邻友好关系。纳扎尔巴耶夫表示，哈萨克斯坦作为一个年轻国家，其发展前景取决于是否能同邻国，特别是同中国建立密切友好的关系。

1995年9月11—13日，纳扎尔巴耶夫总统再次来华进行国事访问。双方领导人提出，要从政治互信、经贸合作、军事安全、人文交流和国际关系五大领域深化合作，面向21世纪，把两国关系提高到崭新水平。值得注意的是，哈萨克斯坦总统和总理在华逗留时间都比较长，说明哈方希望加深对中国的了解。9月12日，纳扎尔巴耶夫在钓鱼台国宾馆举行记者招待会，表示与中方进行了"非常开诚布公、友好、相互信任的会谈"，"圆满地完成了所有任务"。[①] 这次访问期间，两国签署了一份对哈萨克斯坦来说非常重要的政府间文件，即《中华人民共和国政府和哈萨克斯坦共和国政府关于利用连云港装卸和运输哈萨克斯坦过境货物的协定》，为内陆国哈萨克斯坦打开了新的出海通道。纳扎尔巴耶夫对这份文件非常重视，多次在回忆录中提到，这也是后来的中哈（连云港）国际物流合作基地的"奠基石"。

1996年7月4—6日，江泽民主席应邀访哈，这是中国国家元首

---

① 《哈总统举行记者招待会指出访华为哈中友好关系奠定了新的基础》，《人民日报》1995年9月13日。

第一次访问哈萨克斯坦。在与纳扎尔巴耶夫会谈时,江泽民提出处理两国关系要坚持"三个面向":一是面向未来,站在 21 世纪的高度,从两国关系的大局着眼;二是面向人民,不断增进两国人民之间的传统友谊、相互理解与信任,使两国人民世世代代友好下去;三是面向地区和世界,中哈作为亚洲地区有重要影响的国家,处理好相互关系将是亚洲地区保持和平与稳定的重要因素,对世界和平也具有重要的积极意义。江泽民还在哈萨克斯坦议会下院(马日利斯)发表题为《共创中国与中亚友好合作的美好未来》的演讲,系统阐述中国的中亚政策,表示希望彼此真诚相待,友好相处,永远做好邻居、好朋友、好伙伴。为了聆听讲演,哈议会专门将议员的休假时间推迟了一周。

这一时期,中哈关系中最重要的成果是解决了历史遗留的边界问题。1999 年 11 月纳扎尔巴耶夫访华时,中哈两国签署了《中华人民共和国和哈萨克斯坦共和国关于两国边界问题获得全面解决的联合公报》,宣布"根据两国 1994 年 4 月 26 日签署的中哈国界协定及 1997 年 9 月 24 日签署的中哈国界补充协定和 1998 年 7 月 4 日签署的中哈国界补充协定的规定,中哈边界问题得到了全面彻底的解决,这在两国关系中具有历史意义,有助于中哈睦邻友好关系的进一步发展,也有利于维护本地区的安宁与稳定"。[①] 2002 年 5 月,两国签署勘界议定书,为中哈边界问题画上了一个圆满的句号。尽管谈判和勘界过程曲折,但本着睦邻友好的精神,通过和平谈判方式彻底解决了边界问题,哈萨克斯坦成为第一个与中国解决边界问题的国家,对边境地区的稳定、对两国的长治久安、对两国人民世代友好相处,都具有重大的历史意义,对国与国之间解决历史遗留的复杂问题具有示范作用。

2004 年 5 月,纳扎尔巴耶夫访华。江泽民在会见纳扎尔巴耶夫时表示,自 1991 年起已经与纳扎尔巴耶夫总统会晤了 11 次,在共同推动中哈睦邻友好合作关系的过程中建立了深厚的友谊。1999 年 11 月 19

---

[①]《中哈签署关于两国边界问题获得全面解决的联合公报》,《人民日报》1999 年 11 月 24 日。

日，纳扎尔巴耶夫总统签署命令，授予江泽民主席"金鹰"勋章，以表彰其对发展中哈关系的贡献。纳扎尔巴耶夫在其《独立时代》一书中回忆了邀请江泽民和普京出席家宴的情景，很有诗意："星星和月亮已经点亮了夜空，阿斯塔纳已经弥漫着草原的气息，我们都没有坐下，而是站在草地上，望着星空……人生中总有那么一个时刻，琐事、忧虑和案牍都统统放在一边，不用讲话也能心灵沟通。"①

## 二 务实合作快速推进时期的元首外交

进入21世纪后，中哈关系在前期友好合作的基础上进入平稳快速发展期。这个时期的中哈高层互动具有三个特点：一是密集。胡锦涛访问哈萨克斯坦6次，纳扎尔巴耶夫访华6次，包括1次到中国新疆地区的工作访问。二是务实。尤其是能源和经贸合作进展顺利，接连出现突破，非资源领域合作也开始启动，中哈霍尔果斯边境合作中心投入运行。三是机制化程度高。2004年5月，两国成立副总理级的政府间合作委员会，负责推进各领域的务实合作。2012年又建立了总理定期会晤机制。

胡锦涛于2003年3月就任国家主席后，当年6月便赴哈萨克斯坦进行国事访问。在阿斯塔纳机场，胡锦涛发表了书面讲话，表示在国际形势深刻变化的背景下，两国加强协作、增进友谊，符合两国人民的根本利益，也有利于维护和促进地区及世界的和平、稳定和发展。在与纳扎尔巴耶夫会谈时，胡锦涛表示，中国新一届中央领导集体将一如既往地坚持对哈睦邻友好方针，继续推进两国各领域的互利合作。纳扎尔巴耶夫回顾了建交十多年来两国关系取得的成就，表示同中国发展长期稳定的战略协作伙伴关系是哈外交政策的重要组成部分，这不仅符合哈中双方的利益，也有利于地区稳定、安全与发展。此次访问既表达了中国新一届领导人对哈萨克斯坦以及中哈关系的态

---

① Н. А. Назарбаев,《эра независимости》, Астана, 2017, стр. 305.

度和立场,体现出中国外交政策的延续性和连贯性,又说明中哈两国关系牢不可破,不会因领导人变换而波动或改变。

2004年5月,胡锦涛在北京会见来华访问的纳扎尔巴耶夫时,分析和总结了中哈关系得以持续稳定健康发展的四大原因:一是坚持以战略眼光看待彼此间的关系,不断充实和拓展两国关系的内涵;二是坚持不断巩固两国关系的物质基础,始终致力于推进各领域的务实合作;三是坚持以相互尊重、平等协商的精神,以互信互谅的诚意,解决存在和出现的任何问题;四是坚持在彼此关切的问题上相互支持,加强在国际舞台上的战略协作。纳扎尔巴耶夫对此表示完全赞同。正是在这次访问中,两国元首决定建立副总理级别的"中哈合作委员会",以推动各领域务实合作。

2008年,中国主办了第29届夏季奥运会。作为体育爱好者的纳扎尔巴耶夫总统与北京奥运会有着不解之缘。当年4月1日,北京奥运会圣火抵达阿拉木图,拉开境外传递的序幕。4月2日,奥运圣火传递仪式在阿拉木图市麦迪奥高山滑雪场隆重举行,纳扎尔巴耶夫总统出席并讲话。他强调:"在伟大邻邦中国和胡锦涛主席的支持下,阿拉木图市成为北京奥运会圣火境外传递的第一站。在世界的见证下,多民族的哈萨克斯坦向奥运圣火献上了自己的祝福,哈萨克斯坦为此自豪。感谢中国的友好情谊。我相信,此时此刻,在这欧亚大陆的中心、哈萨克人与其他各族人民共同生活的地方,奥运圣火的光芒将格外耀眼。"纳扎尔巴耶夫总统亲自出马,担任第一棒火炬手,成为北京奥运火炬境外传递第一人,给世人留下极为深刻的印象。他先是举起火炬,微笑着向观众进行展示,然后迈着稳健的步伐跑下主席台,正式开始火炬传递。观众席上掌声雷动,欢呼声响成一片。整个阿拉木图市都充满喜庆气氛。① 连英国路透社的评论都认为:"盛产

---

① 《阿拉木图激情传圣火:五种方式传递 总统亲自客串》,2008年4月3日,中国政府网,https://china.gov.cn.admin.kyber.vip/jrzg/2008-04/03/content_935683_2.htm。

石油的哈萨克斯坦正在努力提升全球知名度,将火炬第一个传递至阿拉木图视为骄傲。"①2008年8月8日,纳扎尔巴耶夫应邀出席北京奥运会开幕式,成为最尊贵的客人之一。2009年4月,中国奥委会向纳扎尔巴耶夫总统颁发中国奥委会的最高荣誉勋章,以表彰和感谢他对北京奥运会的贡献。

由于2008年美国次贷危机已演变成国际金融危机,应对危机成为两国元首互动的重要话题。两国元首在2009年互访期间一致同意,深化各领域务实合作,共同应对国际金融危机的挑战,推动中哈战略伙伴关系再上新台阶。合作抵抗经济危机的主要措施之一,就是提供反危机援助和加大基础设施等大项目建设,通过刺激性经济政策来提振经济。这一年,在中哈"贷款换石油"协议框架内,中国向哈萨克斯坦提供了100亿美元贷款,另外,过境哈萨克斯坦的中国—中亚天然气管道投产。

2009年12月12日,胡锦涛主席为出席中哈天然气管道开通仪式而赴哈访问。先是同纳扎尔巴耶夫总统共同出席中哈天然气管道竣工仪式,接着两人又马不停蹄地赶赴土库曼斯坦,与土库曼斯坦总统别尔德穆哈梅多夫、乌兹别克斯坦总统卡里莫夫一起,出席中国—中亚天然气管道通气仪式。该管道大大加速了中国能源进口多元化的步伐,也推动了包括哈萨克斯坦在内的中亚国家能源出口多元化进程,更提高了中亚国家自身的能源安全,让哈萨克斯坦实现国内天然气自给自足,东西部市场连为一体。

此次访哈期间,纳扎尔巴耶夫在总统府宴会厅为胡锦涛举行一场充满文化气息的宴会,二人一起欣赏了中国民歌《好一朵茉莉花》和哈萨克族民歌《玛依拉》。国宴之后,纳扎尔巴耶夫又专门在总统官邸准备了一场家宴。这次访问中,两国元首出席了向欧亚大学赠送

---

① 路透社:《奥运火炬在阿拉木图传递 哈萨克斯坦总统担纲火炬手》,2008年4月3日,https://www.reuters.com/article/idCNChina-908820080403。

图书的仪式，胡锦涛赠送的这批图书涉及汉语教学和中国的历史、地理、文化等，纳扎尔巴耶夫表示应该学汉语，并饶有兴趣地问道："学好汉语要用多长时间？"

2010年6月，胡锦涛主席访哈，提出发展中哈战略伙伴关系的五大主张：一是密切高层交往，增强战略互信；二是扩大务实合作，加强利益融合；三是扩大人文交流，增进传统友谊；四是加强安全合作，促进地区稳定；五是促进多边协作，维护共同利益。纳扎尔巴耶夫对此印象非常深刻，在其著作《独立时代》中专门提及了胡锦涛主席的五大主张，并表示"对胡锦涛主席的建议完全支持"。[①]

2011年，中哈两国元首再次实现年内互访。当年2月，纳扎尔巴耶夫对中国进行国事访问，带来一份非常有意义的国礼——将孔子与哈萨克斯坦历史名人阿里·法拉比塑在一起的青铜雕像，象征着两国文化交流和思想交融。纳扎尔巴耶夫对中国的高铁一直非常感兴趣。哈萨克斯坦曾考虑建设一条从阿拉木图到阿斯塔纳的高铁。哈萨克斯坦驻华使馆还曾专门设置了一个研究中国高铁的岗位。因此在此次访华期间，纳扎尔巴耶夫专门出席了中国高铁推介会，王岐山副总理送给他一套中国自主知识产权的高铁模型。期间，他还亲自乘坐体验了北京至天津的高铁。在舒适平稳的高铁列车上，纳扎尔巴耶夫总统兴致盎然，向陪同的中国铁道部人员了解高铁的性能、轨道和运行状况。4个月后（2011年6月），胡锦涛赴哈进行国事访问，提出中哈两国要努力构建"六大伙伴关系"，即真诚互信的政治合作伙伴、互利共赢的经贸合作伙伴、互学互鉴的人文合作伙伴、共同创新的科技合作伙伴、团结互助的安全合作伙伴、相互支持的国际合作伙伴。[②]"中哈关系实现战略升级，面临更加广阔的发展前景"，这也是胡锦

---

① Н. А. Назарбаев, "эра независимости", Астана, 2017, стр. 183.
② 《构建提升战略伙伴关系，谱写友好合作新篇章——外交部长杨洁篪谈胡锦涛主席出访成果》，2011年6月21日，外交部官网，https://www.fmprc.gov.cn/web/ziliao_674904/zt_674979/ywzt_675099/2011nzt_675363/hjtcxshzzfh_675419/t832492.shtml。

涛对其任期内中哈关系的总结。

胡锦涛的勤勉和严谨给纳扎尔巴耶夫留下深刻印象。纳扎尔巴耶夫回忆道："在制定'和谐社会'政策时，胡锦涛向国外派出了数百名党政官员和学者，认真研究欧洲、亚洲和美洲的社会经济政策，只有在深入调查研究和参考了几十个国家的经验后，才开始制定政策。在制定'五年计划'时（即'十一五规划'），有上百家单位参与。这才是真正的科学决策，也是大国的底蕴。"①

## 三 全面快速推进，提质升级时期的元首外交

2013—2021年，哈萨克斯坦经历了独立以来的首次权力交接，但中哈高层互动不仅没有受到影响，中哈关系还更上一层楼。习近平主席在哈萨克斯坦提出的"丝绸之路经济带"倡议已经成为影响全球的发展方案，李克强总理提出的中哈产能合作不断取得新成果。亚信、上合组织、G20峰会、"一带一路"国际合作高峰论坛、中国进口博览会、中国—中亚外长会议等为中哈高层互动提供了更广阔的平台。在此期间，习近平主席和李克强总理三次在哈萨克斯坦主流媒体发表署名文章，阐述中国对外政策及对中哈关系的看法。

这一时期，是中哈高层互动最为频繁的时期。哈两任总统访华共8次，习近平主席赴哈国事访问3次，与哈首任总统纳扎尔巴耶夫会晤19次。虽然现任总统托卡耶夫作为国家元首来华国事访问只有1次，但他在担任哈萨克斯坦外交部副部长、部长、副总理、总理、上院议长等职务期间，访华次数难以计数。尽管2020和2021年受疫情影响，中哈两国领导人没能实现会晤，但线上交流和电话沟通频繁。

2013年4月，哈首任总统纳扎尔巴耶夫应邀参加博鳌亚洲论坛，习近平主席在海南省三亚市会见了纳扎尔巴耶夫。纳扎尔巴耶夫是中共十八大和2013年两会中国领导人换届后，习近平主席接待的首批

---

① Н. А. Назарбаев, "эра независимости", Астана, 2017, стр. 183.

外国领导人之一。其意义在于，这展示了中国对哈政策的连续性和继承性，说明两国关系始终在已有成果的基础上继续深入发展。

2013年9月6—8日，习近平主席应纳扎尔巴耶夫总统邀请赴哈进行国事访问。这是习主席首次以国家元首身份访哈，在中哈关系史上具有划时代意义。

第一，哈方给予习近平主席自哈独立以来前所未有的超高规格的接待礼遇。此类接待规格在中国领导人的出访中也不多见。在整个访哈期间，纳扎尔巴耶夫总统几乎全程陪同。按照通常的国事访问外交礼仪，总统在会见地等候，外交部长去机场迎接即可。但习近平主席专机抵达后，纳扎尔巴耶夫总统不仅亲自在机场迎接，还率时任政府总理艾哈迈托夫、总统办公厅主任马西莫夫、外长伊德里索夫等高级官员到机场迎接，并从机场送到下榻的北京大厦。另外，纳扎尔巴耶夫总统提议乘坐中方专机从阿斯塔纳赴阿拉木图。通常，领导人会乘坐自己的专机赶赴外地，但纳扎尔巴耶夫却登上习近平主席的专机，并表示"有一种宾至如归、来到中国的感觉"。两人在飞机上共进早餐，并就双边关系及共同关心的重大问题深入交谈。这充分展示了两国领导人之间的私人友谊，充满了人情味，像走亲戚一样亲切自然。

哈萨克斯坦以这种方式迎接和接待，充分体现了哈萨克斯坦领导人的外交智慧。一方面，这是沿承两国领导人密切交往的良好传统；另一方面，中国经济规模于2010年超过日本而成为世界第二大经济体，其经济实力与对外合作需求也随之发生变化，对于中国的近邻哈萨克斯坦来说，当然要抓住新的合作机遇。另外，在纳扎尔巴耶夫看来，岁月不饶人，保障和继续开拓哈中关系的核心将是习近平主席和未来的哈萨克斯坦领导人，因此要在他担任总统期间，与习近平主席及其领导下的中国继续搞好关系，为未来的哈中关系打下更坚实的基础。

第二，提出"丝绸之路经济带"倡议。2013年9月7日，在纳扎尔巴耶夫总统的陪同下，习近平主席在纳扎尔巴耶夫大学发表题为

《弘扬人民友谊 共创美好未来》的演讲，系统阐述了中国的中亚政策，提出了"丝绸之路经济带"倡议及其落实措施"五通"（政策沟通、道路联通、贸易畅通、货币流通、民心相通）。该倡议与后来提出的"21世纪海上丝绸之路"被合并称为"一带一路"，成为备受瞩目的国际公共产品，标志着中国对外合作的重大转型。

现在回过头来看，当初习近平主席之所以选择哈萨克斯坦作为"丝绸之路经济带"倡议的首发地，是深思熟虑的战略行动，而不是一时的即兴决定。这是关系到中国未来发展的重大布局。也就是说，已经成为世界第二大经济体的中国，未来该怎样进行国际合作、从什么地方入手、以什么方式开始？新一代领导人选择了丝绸之路和中亚。丝绸之路是亚欧大陆上很多国家历史的一部分，包括哈萨克斯坦在内的中亚国家均以丝绸之路为荣。以丝绸之路为名开展合作，能够引起沿线国家的共鸣。中亚是中国西出国门的第一站、发展内陆合作不可逾越的地理空间。哈萨克斯坦作为中亚面积最大、实力最强的国家，又是中国的近邻，历史的机遇便自然而然地落在了这里。

第三，为中哈关系新征程定调。纳扎尔巴耶夫对习近平主席说，你的这次访问将我们之间的互信提升到了新高度。习近平主席则对纳扎尔巴耶夫说，你对我和中国人民的盛情和友谊，中国人民将用心来回报。[①] 后来的实践证明，"用心来回报"不是一句客套话，而是发自肺腑的真挚感言。正如隋朝的王通在其《文中子·礼乐》中所言："以利相交，利尽则散；以势相交，势败则倾；以权相交，权失则弃；以情相交，情断则伤；唯以心相交，方能成其久远。"

这次首访期间，习近平主席再次强调了中哈关系的重要性：一是中哈互为重要邻国和全面战略伙伴，是国际社会睦邻友好、平等相待、互利共赢的典范；二是中方乐见一个稳定、强大、繁荣的哈萨克

---

[①]《共叙友谊、共话合作、共谋发展——习近平同哈萨克斯坦总统纳扎尔巴耶夫阿拉木图会晤》，《人民日报》2013年9月9日。

斯坦,坚定支持哈萨克斯坦走符合本国国情的发展道路;三是中方愿同哈方携手努力,推动中哈关系向更高目标迈进,更好地服务于两国发展振兴事业和地区的和平与发展。纳扎尔巴耶夫表示:"全世界都看着中国特色社会主义这条道路,历史将作出客观公正的评判。中国好,哈萨克斯坦就好。"这说明,他赞赏中国成功探索和实践了符合国情的发展道路,也对中国支持哈萨克斯坦建设符合国情的发展道路表示感谢。临别时,纳扎尔巴耶夫向习近平主席赠送了阿拉木图出产的苹果,寓意是祝愿哈中友好合作硕果累累。①

为了落实元首访问成果,需要推动两国务实合作升级换代,思考下一步合作的新亮点和新引擎。这期间,恰逢哈萨克斯坦推出"光明之路"新经济政策,旨在通过大力发展基础设施建设,来推动哈国经济多元化和现代化。由此,将"丝绸之路经济带"倡议与"光明之路"新经济政策对接,并开启中哈产能与投资合作,成为2014年12月李克强总理首次访哈的一项重大成果。李克强总理提出的产能合作想法与哈扩大非资源领域发展的战略高度契合。12月14日上午,中哈两国总理举行会谈。下午,纳扎尔巴耶夫总统会见李克强总理。原计划会晤1小时,交互传译,后来变成同声传译一个半小时。在充分理解产能合作的内容后,纳扎尔巴耶夫高兴地一拍桌子说:"就这么定了!"②第二天(12月15日)一早,李克强总理与马西莫夫总理共进早餐,继续就产能合作话题进行深入的沟通交流。在早餐的餐桌上,双方达成了约180亿美元的合作意向。新华社以《180亿美元的"早餐"吃的啥?》为题,报道了这次不同寻常的"天价早餐"。③12月16日,纳扎尔巴耶夫接见出席上海合作组织政府首脑(总理)会晤的各方代表时,专门向与会者介绍了中哈刚刚达成的产

---

① 《习近平会晤纳扎尔巴耶夫:共叙友谊共话合作共谋发展》,《光明日报》2013年9月9日。
② 《解密"国际产能合作"的来龙去脉》,2015年12月13日,中国政府网,http://www.gov.cn/xinwen/2015-12/13/content_5023304.htm。
③ 《价值180亿美元的"早餐"吃的啥?》,2014年12月16日,新华网,http://www.xinhuanet.com/world/2014-12/16/c_127308135.htm。

能合作意向，并直接将之称为"李计划"。

可以说，随着"丝绸之路经济带"倡议的提出，以及中哈产能与投资合作的启动，双方的务实合作也向前推进了一大步，无论是深度、广度，还是规模，中哈各领域合作都进入一个全新的战略利益对接与交融期。李克强总理结束访问回国后仅仅10天，哈政府代表团便飞抵北京，与中国国家发展和改革委员会举行首次产能与投资合作对话，商讨落实产能合作事宜。2015年，哈总理马西莫夫一年内两次访问中国，继续就产能合作进行深入沟通，签署了《中华人民共和国政府和哈萨克斯坦共和国政府关于加强产能与投资合作的框架协议》并建立了工作机制，确定了包括52个项目的早期项目清单，总金额达241亿美元，涉及冶金矿产、能源、机械制造、化工建材、基础设施建设、交通物流、医药、工业园区、生物技术等领域。两国总理一致认为，产能合作是新事物，没有先例可循，既要立足现实，也要敢于创新，双方要加强政策对接，在税收、标准、劳务、签证等方面拿出有效配套措施，为其他地区的产业和产能合作提供借鉴。[1]

哈首任总统基金会世界经济与政治研究所所长萨尔特巴耶夫接受《人民日报》专访时，对两国产能合作及战略对接充满期待："中国技术是世界上最先进的技术之一，在许多领域，中国可以生产出不逊于欧美质量的产品。中国快速发展的科学技术及现代化的生产方式，对世界许多国家都有吸引力。哈萨克斯坦当前最重要的任务，是尽可能扩大各行业的生产能力，发展壮大现有的工业体系。在这些领域，中哈两国有广阔的合作空间。哈中合作不仅具有广泛性，而且都是互利共赢的，这是哈中合作的本质，具有典范性。"[2]

2017年哈萨克斯坦举办"未来能源"专项世博会，习近平主席应邀于6月7—9日赴哈进行国事访问并出席上合组织峰会和世博会开幕式。

---

[1] 《李克强同哈萨克斯坦总理马西莫夫会谈》，《人民日报》2015年3月28日。
[2] 《哈中合作，互利共赢的典范——访哈萨克斯坦首任总统基金会世经政所所长萨尔特巴耶夫》，2017年5月12日，国新办网站，http://www.scio.gov.cn/m/31773/35507/35515/35523/document/1551742/1551742.htm。

这是首次由中亚国家承办的专项世博会。以"未来能源"和"绿色丝路"为主线的中国馆是其中最大的一个馆。习近平主席亲自做中国馆的"讲解员",介绍中国绿色发展理念以及在新能源开发和提高能效等方面的成果,邀请纳扎尔巴耶夫体验高铁模拟驾驶,还共同出席了中哈亚欧跨境运输视频连线仪式。此访前夕,习近平主席在《哈萨克斯坦真理报》上发表了题为《为中哈关系插上梦想的翅膀》的署名文章,指出"中哈关系经受住时间和国际风云变幻考验,从建立睦邻友好关系到发展全面战略伙伴关系,再到打造利益共同体和命运共同体,实现了跨越式发展,达到历史最高水平"。①

2019 年,哈萨克斯坦进入政权交接期,但中哈关系一如既往向前发展。2019 年 3 月 19 日,纳扎尔巴耶夫发表电视讲话,宣布辞去总统职务,由时任上院议长的托卡耶夫接任总统。不过,尽管纳扎尔巴耶夫已不是国家元首,但中国从没忘记这个为中哈关系发展做出巨大贡献的睿智领导人。2019 年第二届"一带一路"国际合作高峰论坛在京召开,纳扎尔巴耶夫受邀与会。会议期间,2019 年 4 月 28 日下午,习近平主席在人民大会堂会见纳扎尔巴耶夫,并为他颁授友谊勋章。友谊勋章是中国对外最高荣誉勋章,授予在支持中国现代化建设、促进中外交流合作、维护世界和平中做出杰出贡献的外国友人。这是中方向外国友人颁发的第二枚勋章(第一枚友谊勋章颁给了俄罗斯总统普京)。

习近平主席高度评价纳扎尔巴耶夫对哈萨克斯坦和中哈关系的贡献,称纳扎尔巴耶夫是哈萨克斯坦的开国元首和民族领袖,为哈萨克斯坦国家独立和发展建立了不朽功勋,为哈萨克斯坦民族立功、立言、立德;是具有国际威望的政治家;是中国人民的老朋友、好朋友,是中哈全面战略伙伴关系的缔造者和推动者;在他和中国领导人共同引领、推动下,中哈关系始终保持高水平运行,结出累累硕果;

---

① 习近平:《为中哈关系插上梦想的翅膀》,《人民日报》2017 年 6 月 8 日。

中哈合作在国际社会中树立了优势互补、互利共赢的典范，为推动建设新型国际关系、构建人类命运共同体注入了满满的正能量。纳扎尔巴耶夫则表示，哈中在相互尊重和相互信任基础上建立起的友好关系，已经成为国与国关系的典范，两国间没有任何悬而未决的问题；被颁授中华人民共和国友谊勋章，是他的无上荣誉，同中国领导人之间的深厚友谊和互信将永远留在心里。①

托卡耶夫是哈萨克斯坦政坛的常青树，曾在多个关键岗位工作。他曾在北京语言大学进修汉语，是位名副其实的"中国通"，熟知对华关系。托卡耶夫在2019年3月20日接替纳扎尔巴耶夫就任总统职务后，立即会见了中国驻哈萨克斯坦大使张霄，张大使转交了习近平主席致托卡耶夫总统的就任贺电。托卡耶夫表示，哈是"丝绸之路经济带"首倡之地，也获益匪浅，愿与中方一道推进务实合作，造福两国和两国人民。不到10天，哈外长阿塔姆库洛夫访华，中国也是这位新任外长出访的第一个国家。2019年6月9日，哈萨克斯坦提前举行总统大选，托卡耶夫高票当选。习近平主席致电祝贺。

2019年9月10—12日，托卡耶夫首次以国家元首的身份访华。两国领导人一致决定将中哈关系进一步提升为"永久全面战略伙伴关系"，开启了两国关系的历史新篇章。习近平主席向托卡耶夫总统介绍了中国的内外政策，强调中哈关系是睦邻友好的典范，中方愿同哈方深化全方位合作。托卡耶夫祝贺新中国成立70周年，认为新中国走过了不平凡的历程，取得了辉煌的发展成就，不仅造福中国人民，也为世界发展和人类进步做出重大贡献。

在来中国前，托卡耶夫接受了中国中央电视台的采访，一口流利的中文让中国民众惊叹。访问期间，托卡耶夫总统在中国社会科学院发表演讲，介绍其外交职业生涯从北京开始（在苏联驻华大使馆工

---

① 《习近平会见哈萨克斯坦首任总统纳扎尔巴耶夫》，《光明日报》2019年4月29日；《习近平为哈萨克斯坦首任总统纳扎尔巴耶夫举行"友谊勋章"颁授仪式》，《光明日报》2019年4月29日。

作），亲眼见证了中国改革开放的历程，感受到邓小平开启的改革开放给中国带来的巨大变化。他强调将继续奉行首任总统纳扎尔巴耶夫确立的睦邻友好外交政策，与中国携手，共同走向进步和繁荣。访华期间，托卡耶夫总统还参观了两家中国高科技企业——阿里巴巴集团和海康威视数字技术公司，出席了"中哈企业家委员会第六次会议"。可以说，托卡耶夫总统的这次访问带有浓浓的科技色彩。哈萨克斯坦哈巴尔国家电视台专门制作了纪录片《雪豹与巨龙的战略——相互尊重和永久合作》，讲述托卡耶夫总统的首次访华之旅。哈外长阿塔姆库洛夫在接受《哈萨克斯坦真理报》采访时总结了此次访问，他表示，"这是一次历史性访问，它延续了首任总统纳扎尔巴耶夫开启的元首密切互动的传统"，"两国领导人就方方面面的重大问题都进行了深入沟通"，"在以前达成各种文件和成果的基础上，访问开启了哈中合作的新时代。今年是新中国成立70周年，哈萨克斯坦也将迎来独立30周年，两个国家都更加自信地迎接两国的历史性纪念时刻，也准备开创友好、战略伙伴和共同繁荣的新时代"。

2019年9月11日，哈萨克斯坦共和国总统卡瑟姆若马尔特·托卡耶夫来华国事访问期间，到访中国社会科学院并发表演讲

新冠疫情暴发后，元首互访虽然被迫暂停，但仍保持着密切沟通，习近平主席与托卡耶夫总统多次通电话。2020年3月24日，两国元首在疫情发生后首次通话，习近平主席高度评价了两国在抗击疫情上的守望相助，认为中哈相互支持体现了两国关系的高水平和特殊性，为国际社会合作抗疫树立了榜样。托卡耶夫对中国抗击疫情取得的阶段性成果表示祝贺，"全世界都目睹了中国医疗体系的高超水平和医护人员的敬业精神，中国再次展示了应对复杂困难挑战的高效治理能力"。后来，托卡耶夫在接受俄罗斯《共青团真理报》采访时表示，当疫情波及哈萨克斯坦时，中国立即伸出援手，派遣了高素质的防疫专家组，体现了习近平主席所说的"患难见真情"，共同书写了伙伴关系史上的光辉一页。[1]

2021年6月2日，习近平主席同托卡耶夫总统再次通话。习近平主席指出，中哈友好具有深厚根基和强大动力。中方愿同哈方携手并肩，推动两国各领域合作不断前进，"使中哈关系好上加好，两国人民亲上加亲"。托卡耶夫祝贺中国共产党成立100周年，认为新冠疫情进一步印证了习近平主席提出的构建人类命运共同体的重要性和必要性，哈中是名副其实的永久全面战略伙伴，在任何情况下哈方都决不会做损害中方利益的事情。[2]

## 四 多边互动平台

在中哈高层互动和战略伙伴关系发展过程中，不能不提到两大多边平台——亚洲相互协作与信任措施会议（简称"亚信"）和上海合作组织。亚信由纳扎尔巴耶夫总统发起建立，旨在通过制度和落实多边信任措施，增加相互信任，促进亚洲和平、安全与稳定。中国始终是该机制的重要且积极的参与者，从其筹备成立到历次峰会，中方都

---

[1] Президент Казахстана Касым-Жомарт Токаев, 《В Казахстане нет понятия «национальное меньшинство》, 2020.06.03, https://www.kp.ru/daily/27137/4228949.
[2] 《习近平同哈萨克斯坦总统托卡耶夫通电话》，《光明日报》2021年6月3日。

全程参与。1996年2月,亚信举行首次副外长级会议,时任中国外交部副部长张德广率团出席。1999年9月,亚信召开首次外长级会议,时任外交部副部长王英凡出席会议,并代表中国政府签署了《亚信成员国相互关系原则宣言》。

2002年6月,亚信首次元首峰会在阿拉木图举行,江泽民主席出席会议并发表题为《加强对话与合作,促进和平与安全》的重要讲话,表示亚信的出现和发展从一个侧面反映了冷战结束后亚洲地区各国人民渴望保持和平与维护安全的共同心愿;办好亚洲的事情,要靠亚洲人自己、靠亚洲各国人民的团结与合作;中国作为亚洲大家庭的一员和哈萨克斯坦的友好邻邦,始终关注亚信进程,积极参与亚信各项活动。[①] 峰会后,江泽民与纳扎尔巴耶夫举行了会谈,就亚信机制下的合作、双边关系和上合组织等交换了看法。时任哈萨克斯坦国务秘书兼外长的托卡耶夫表示,江泽民出席并在会上发表了精彩讲话,提升了亚信的威望。

2006年6月,亚信举行第二次元首峰会,胡锦涛主席出席会议并发表题为《携手建设持久和平、共同繁荣的和谐亚洲》的重要讲话。胡锦涛指出,亚洲是一块充满多样性的大陆,是全球经济最具活力的地区之一,办好亚洲的事情,必须依靠亚洲各国和各国人民的团结协作。中国将坚定不移地走和平发展道路,坚持奉行与邻为善、以邻为伴的周边外交方针和睦邻、安邻、富邻的周边外交政策,同亚洲各国一道,致力于开创亚洲更加美好的未来。

2014—2018年,中国担任亚信主席国,推动亚信进入新的发展阶段。2014年5月,亚信会议第四次元首峰会在上海举行,纳扎尔巴耶夫总统对中国进行国事访问并出席峰会。峰会前,习近平主席与纳扎尔巴耶夫总统举行了会谈,习近平主席高度评价亚信的重要现实

---

① 江泽民:《加强对话与合作,促进和平与安全——在"亚洲相互协作与信任措施会议"领导人会议上的讲话》,《人民日报》2002年6月5日。

意义，表示愿同各方一道努力，使亚信得到更好的发展。纳扎尔巴耶夫表示，亚信的接力棒交到中国手中，一定能取得更大成就。本次峰会共有 47 个国家和国际组织的领导人及代表与会。习近平主席发表题为《积极树立亚洲安全观，共创安全合作新局面》的重要讲话，提出了著名的"共同、综合、合作、可持续的亚洲安全观"，强调发展就是最大安全，也是解决地区安全问题的"总钥匙"，倡议探索符合亚洲特点和各国共同利益的安全和发展道路，通盘考虑亚洲安全问题的历史经纬和现实状况，多管齐下、综合施策，协调推进地区安全治理。他还引用哈萨克斯坦谚语"吹灭别人的灯，会烧掉自己的胡子"，来形容不能以牺牲别国安全的方式来谋求所谓的自身绝对安全。峰会发表的《上海宣言》，提出"任何一国在安全问题面前都难以独善其身。各国应在迄今已达成共识的基础上，谋求共同、综合、合作、可持续安全"[①]。纳扎尔巴耶夫给予这次峰会高度评价，称此次首脑峰会是亚信历史上最具代表性的一次。

上海合作组织在中哈关系发展中具有独特的地位。该机制的成立和发展离不开中哈等国的共同努力。同样，上合组织也为中哈关系的发展带来新机遇。从上合组织的前身"上海五国"开始，就成为中哈高层互动的重要平台。上合组织合作机制包括成员国元首理事会会议，每年召开一次，由成员国轮流举办。上合组织成员国政府首脑（总理）会议每年举行一次。另外，上合组织还建立了各部门领导人会议机制，涵盖政治、安全、经济和人文等各领域的主管部门。

---

[①] 《亚洲相互协作与信任措施会议第四次峰会上海宣言》，2014 年 5 月 21 日，新华网，http://www.xinhuanet.com/world/2014-05/21/c_126531149.htm。

# 第二章 民间友好

一个国家的外交，起主导作用的是官方外交，即国家领导人和各国家机构间所进行的外交活动，如元首外交、首脑外交等。除官方外交外，还有大量的民间往来，被称为民间外交、国民外交、人民外交、非官方交往、非国家行为体交往等。尽管名称不同，但均指以民间组织、民间人士的身份所进行的往来活动，与国家机构间进行的官方往来不同。二者相同之处就在于，都需要到国外开展工作或者在国内和外国人士打交道。

周恩来总理曾说过：新中国的外交政策决不能局限于到外交部搞工作，而是搞官方、半官方和民间结合起来的外交；两国人民之间的关系，不能单靠职业外交家来进行，更多地应该依赖两国人民直接地来进行。[①] 周恩来总理在1952年4月30日的《我们的外交方针和任务》讲话中讲道："外交是国家和国家间的关系，还是人民和人民间的关系？外交工作是以国家为对象，还是以人民为对象？我们要团结世界各国的人民，不仅是兄弟国家的人民，就是原殖民地半殖民地国家和资本主义国家的人民，我们也都要争取。但就外交工作来说，则是以国家和国家的关系为对象的。外交是通过国家和国家的关系这个形式来进行的，但落脚点还是在影响和争取人民，这是辩证的。这一点要搞清楚。"[②] 陈毅外长也说过："中国的人民外交，是通过政府外

---

[①] 外交部外交史研究室编：《周恩来外交活动大事记（1949—1975）》，世界知识出版社1993年版，第212页。
[②] 外交部、中共中央文献研究室编：《周恩来外交文选》，中央文献出版社1990年版，第52页。

交和民间外交两种形式来实现的。这种形式的密切结合和灵活运用，构成了我们人民外交的体系，成为我们对外工作的最大特色。"[1]

习近平主席在中国国际友好大会暨中国人民对外友好协会成立60周年纪念活动上曾指出："人民友好是促进世界和平与发展的基础力量，是实现合作共赢的基本前提，相互信任、平等相待是开展合作、实现互利互惠的先决条件。各国人民只有用友好的理念、友好的情谊凝聚起来，才能实现和平与发展的共同心愿。随着世界多极化、经济全球化、社会信息化的不断发展，各国利益交融、兴衰相伴、安危与共，形成了你中有我、我中有你的命运共同体。面对复杂多变的国际形势和严峻突出的全球性问题，各国人民需要加强友好交流，携手合作，同舟共济。……民间外交要开拓创新，多领域、多渠道、多层次开展民间对外友好交流，广交朋友、广结善缘。要以诚感人、以心暖人、以情动人，拉近中外人民距离，使彼此更友善、更亲近、更认同、更支持，特别是要做好中外青少年交流，培养人民友好事业接班人。民间外交应该发挥优势作用，开拓更多交流渠道、创建更多合作平台，引导国外机构和优秀人才以各种方式参与中国现代化建设。要大力开展中国国际友好城市工作，促进中外地方政府交流，推动实现资源共享、优势互补、合作共赢。要重视公共外交，广泛参加国际非政府组织的活动，传播好中国声音，讲好中国故事，向世界展现一个真实的中国、立体的中国、全面的中国。"[2]

国之交在于民相亲，民相亲在于心相通。民间交往是发展中哈永久全面战略伙伴关系的题中应有之义，应当充分体现中哈关系的高水平和特殊性，将中哈关系做实做细，避免上热下冷的局面，夯实中哈友好的民意和社会基础，真正实现中哈关系的全面性、永久性。中哈

---

[1] 楚图南：《从事人民外交工作的回忆》，中共中央党史研究室编《中共党史资料》第47辑，中共党史出版社1993年版，第94页。
[2] 习近平：《在中国国际友好大会暨中国人民对外友好协会成立60周年纪念活动上的讲话》，《人民日报》2014年5月16日。

建交30年来，两国民间友好事业取得重大成就，在政党、地方合作、非政府组织交往等领域取得显著进步，各界友好人士为中哈友好往来做出应有贡献。

中哈已经拥有两千多年的友好交往史，两国正式建交以来，在各界人士的积极参与和相互配合下，中哈民间合作取得众多引人瞩目的成果。总的来说，中哈民间合作历程可以划分为三个发展阶段：

第一阶段是1992—2001年，也是中哈关系的第一个十年，是中哈民间友好的萌芽阶段。在这一阶段，哈萨克斯坦正式成为独立国家并与中国建立了官方外交关系。在这一阶段，中哈民间友好交往仍以自然人员流动、探亲访友为主，一些中国企业赴哈寻找商机，但由于对刚刚独立的哈萨克斯坦了解有限，这一阶段中哈之间以"破冰"式建立联系为主，交往不甚频密和深入。期间中哈建立了两对友好城市（新疆维吾尔自治区乌鲁木齐市和阿拉木图市、甘肃省白银市和奇姆肯特市），省州之间没有建立友好关系。独立之初，哈萨克斯坦积极号召境外哈萨克人回归"历史祖国"，中国的部分哈萨克族移民至哈萨克斯坦。

第二阶段是2002—2012年，这一时期，中哈民间合作进入发展勃兴时期。《中华人民共和国和哈萨克斯坦共和国睦邻友好合作条约》明确指出，签署该条约的基础是"两国人民间的传统友谊精神进一步发展"。2011年6月，两国签署了《中华人民共和国和哈萨克斯坦共和国关于发展全面战略伙伴关系的联合声明》，指出要促进政党、社会团体、企业等的全面交流与合作，这标志着中哈民间关系发展进入快车道。在这一阶段，两国人员交往更加密切，人民的传统友谊进一步巩固。两国共建立6对友好城市和友好省州，地方经贸合作发展迅速，中国—中亚友好协会正式成立，民间团体合作实现由点到面的突破。

第三个阶段是2013年至今，这是中哈民间友好全方位发展的阶段。2013年9月习近平主席访哈，哈萨克斯坦成为"丝绸之路经济带"首倡之地和西向首站，随着两国合作大项目的接连落地，中哈民间交往与合作形成由线到面的良好态势。在这一阶段，两国建立了7对友好省州和友好城市关系，地方经贸合作走深走实，尤其是地方企业参与合作的热情高涨，双方在妇女、工会、青年、政党交流与合作等方面取得重大突破。2020年以来新冠疫情肆虐，中哈两国民间面对面交往减少，但也探索出在线交流等灵活高效的民间交流与合作新形式，中哈民心相通并未因疫情而中止。

两国发展民间友好的相关内容，写入了中哈重要法律文件。两国1992年1月发表的《建交公报》提出要发展两国友好合作关系。2002年12月签署的《中哈睦邻友好合作条约》指出"扩大双方在文化、教育、旅游、医疗卫生、社会保障、体育运动以及组织两国青年团体交流方面的全面合作具有重要意义"。中哈两国签署的所有《联合声明》都提出，要深化全方位合作，密切民间交流和地方交往，深化和拓宽中哈民间友好的具体领域合作。例如，2019年托卡耶夫总统访华时签署的中哈《联合声明》便强调："（十五）深化地方合作，推动建立友好城市关系，拓展合作区域和领域。积极评价今年5月在阿拉木图召开的第二届中哈地方合作论坛。（十六）加强人文交流和民间交往，拓展媒体合作，促进中哈学者学术交流，加强两国文学作品和影视作品互译合作，密切文艺团体互访，继续开展教育、卫生、体育、青年、旅游等领域合作。"[①]

> 在我们国家，人们对这位伟大的东方邻居非常尊敬。两国人民有数千年的交往史。自古以来，堪称人类历史上非凡奇迹的"丝绸之路"作为一条贸易通道，实际上成为将东西方人类文明连接起来的第一个"全球性工程"。"丝绸之路"对现代哈萨克

---

① 《中华人民共和国和哈萨克斯坦共和国联合声明（全文）》，2019年9月12日，外交部网站，https://www.fmprc.gov.cn/web/zyxw/t1697207.shtml。

斯坦的国家团结也产生了积极影响。

在多民族的中国，也居住着哈萨克族人，这表明我们两国人民的命运是交织在一起的。中国约有 150 万哈萨克族人，他们都是中华人民共和国公民，同时能够保持和发展自己独特的文化和语言，与其他民族一起为当代中国的强盛贡献力量。

——摘自托卡耶夫总统为《我们和你们——中国和哈萨克斯坦的故事》所作的序。

## 第一节　地方合作

地方合作是与中央层级相对的、两国各地方行政区之间的合作，是两国交往过程中必不可少的内容之一。中哈建交以来，两国地方合作以点带面、从线到片，实现了大发展和大跨越，签署了《中华人民共和国政府与哈萨克斯坦共和国政府毗邻地区合作规划纲要》，设立了中哈地方合作论坛，扩大了经贸投资规模，巩固了友好省州和友好城市合作。

截至 2021 年年底，据中国国家统计局数据显示，中国的省地县乡四级行政区划中，省级行政区共 34 个（23 个省、5 个自治区、4 个直辖市、2 个特别行政区）、地级行政区划 333 个（293 个地级市、7 个地区、30 个自治州、3 个盟）、县级行政区划 2844 个、乡级行政区 38741 个。据哈国家统计局数据显示，哈全国州区镇三级行政区中，州级行政区 17 个（14 个州和 3 个直辖市）、区市级行政区 216 个（16 个直辖市辖区、163 个州辖区、37 个州辖市）、乡镇级行政区 6398 个（区辖市 48 个、州级市下辖的区 4 个、村镇 6346 个）。

2021 年 5 月 12 日"中国+中亚五国"外长第二次会晤期间，外长们发表了《关于深化地方合作的联合声明》，认为"维护地区和平与和睦，保持中亚安全、稳定、发展，致力于通过协商谈判化解出现的各种问题对于有效深化地方合作具有重要意义。……各方指出，地方合作是中国同中亚国家关系的重要组成部分，拥有巨大发展潜力。发展地方合作有利于丰富中国同中亚国家关系内涵，打造合作新增长点"[1]。《声明》提出发展地方合作的优先方向：第一，推动小城市和乡村发展振兴，分享减贫经验；第二，根据各国地方产业结构和特色，继续发展、巩固和拓展友好省州和友好城市关系；第三，提升地区间互联互通水平，挖掘过境运输潜能，加强铁路、公路、航空、管道等基础设施和运输便利化，打造安全高效的综合性基础设施；第四，打通简化货物跨境流动的"绿色通道"，提升边境口岸过货能力，推动国际铁路运输高质量发展，提升公路货运量，确保地区产业链、供应链稳定；第五，探讨建立"中国+中亚五国"地方合作机制，定期召开会议，举办论坛、博览会、展销会，促进经贸、投资、农业、文化、旅游等领域合作；第六，在保护环境安全、实现可持续发展、应对气候变化不良后果等方面开展密切协作，鼓励企业利用可再生能源，推动环保和绿色经济发展。

## 一　友好省州和友好城市

中外地方合作最常见的交往方式就是结成友好城市，通过结好，促进双方经贸和人文等各领域的交流合作。中外城市间加强交流，互相学习，有助于双方相互借鉴有益且成熟的经验，少走弯路，推动城市健康发展，在配合中央总体外交的同时，有力地促进各地方的经济社会发展。中亚连接着西亚、南亚、东欧地区，是欧亚腹地的主要连接地，中国西部地区（尤其是新疆）以中亚地区为核心向中亚及以外地区辐射，会取得良好的区域合作效果。

---

[1] 《"中国+中亚五国"外长关于深化地方合作的联合声明》，外交部网站，https://www.mfa.gov.cn/web/wjbzhd/t1875225.shtml。

中哈建交以来，截至 2021 年年底，两国共有 19 对城市和省州结好，数量在中亚五国中位居首位。通过梳理中哈友好城市和友好省州名单可以发现，中方结好地方主要集中在中国西北部，尤其是古丝绸之路沿线。其中，新疆维吾尔自治区毗邻哈萨克斯坦，与哈方结好最早，其所辖各市和地区结好最多，新疆的克拉玛依市、阿勒泰地区、塔城地区都不只有一个结好的哈方城市；其次为甘肃省、宁夏回族自治区以及山西省。哈方的克孜勒奥尔达州、江布尔州与中方合作较多，也不只对应一个中方友好省州和友好城市。

值得注意的是，中哈结好的省州和城市大都具备较好的交往基础，甚至存在一定亲缘关系，因此，地区间结好是两国地方民众的共同愿望和一致要求，顺应了两国民意。实际上，双方有结好意愿的地区还有很多，在寻找结好对象时，也不拘泥于该地政府是否已与其他省市结好。

**中国与哈萨克斯坦的友好省州和友好城市**

|  | 中方 | 哈方 | 缔结时间 |
| --- | --- | --- | --- |
| 1 | 新疆维吾尔自治区乌鲁木齐市 | 阿拉木图市 | 1993.11.17 |
| 2 | 甘肃省白银市 | 奇姆肯特市 | 1994.08.16 |
| 3 | 甘肃省 | 科斯塔奈州 | 2004.09.15 |
| 4 | 北京市 | 阿斯塔纳市 | 2006.11.16 |
| 5 | 新疆维吾尔自治区塔城地区塔城市 | 东哈萨克斯坦州乌斯季卡缅诺戈尔斯克市 | 2006.12.14 |
| 6 | 陕西省 | 江布尔州 | 2008.04.07 |
| 7 | 海南省 | 克孜勒奥尔达州 | 2009.07.03 |
| 8 | 新疆维吾尔自治区克拉玛依市 | 阿克纠宾市 | 2011.06.24 |
| 9 | 新疆维吾尔自治区克拉玛依市 | 阿克套市 | 2013.09.06 |
| 10 | 新疆维吾尔自治区阿勒泰地区吉木乃县 | 东哈萨克斯坦州斋桑区 | 2013.09.25 |
| 11 | 新疆维吾尔自治区塔城地区额敏县 | 东哈萨克斯坦州阿亚古孜区 | 2015.08.19 |
| 12 | 新疆维吾尔自治区伊犁州伊宁市 | 阿拉木图州塔尔迪库尔干市 | 2015.11.18 |
| 13 | 新疆维吾尔自治区阿勒泰地区哈巴河县 | 东哈萨克斯坦州库尔秋姆区 | 2015.12.06 |
| 14 | 宁夏回族自治区 | 东哈萨克斯坦州 | 2016.05.23 |
| 15 | 宁夏回族自治区 | 克孜勒奥尔达州 | 2016.09.08 |

续表

| | 中方 | 哈方 | 缔结时间 |
|---|---|---|---|
| 16 | 新疆维吾尔自治区昌吉回族自治州 | 江布尔州 | 2016.10.27 |
| 17 | 四川省 | 阿拉木图州 | 2017.09.15 |
| 18 | 山西省 | 巴甫洛达尔州 | 2018.04.13 |
| 19 | 山西省运城市河津市 | 巴甫洛达尔州埃基巴斯图兹市 | 2018.12.18 |

（一）新疆

新疆是中国西北方向开放的窗口，与哈毗邻，具有突出的区位优势。独立以前，哈萨克同新疆的经贸交往已经初具雏形。1991年哈萨克斯坦独立后，新疆利用自身优势，大力发展对哈经贸合作，对哈贸易稳居各省市前列。作为对哈合作的主力，中哈贸易和人员往来一半以上由新疆承担。新疆商品早已在哈萨克斯坦全国各地打开市场。在哈萨克斯坦人眼中，新疆的产品质量有保障，款式多样，物美价廉。新疆同东哈州、阿拉木图州保持着长期稳定合作关系。每年都在哈举办中国商品展，在中亚和西亚地区具有较高知名度和影响力。

1994年，乌鲁木齐市与阿拉木图市结为友好城市，双方的互动日益密切。在哈萨克斯坦举办的阿吉亚达乌萨比赛、库尔曼冬不拉比赛等各项文化活动中，均有中国艺术家积极参加。阿拉木图—乌鲁木齐文化周曾在乌鲁木齐举办。2017年夏，新疆还创新性地在阿拉木图举办了为期两周的新疆"电影周"活动，由真人真事改编、展示人间大爱的《真爱》，讲述哈萨克族女阿肯追求阿依特斯艺术的《鲜花》，展示新疆孩子青春励志故事的《梦开始的地方》，探讨金钱、人性、亲情、爱情、友情话题的轻喜剧《钱在路上跑》等，为哈国观众了解中国、了解新疆电影提供了很好的帮助。

（二）甘肃

从人类学看，现代哈萨克族的族源主要有古代不同时期进入这个地区的印欧人（比如斯基泰、乌孙、康居、奄蔡、大月氏）、突厥（比如铁勒、可萨、基马克、钦察、康里、阿儿浑、突骑施、葛逻禄、蔑儿乞、札剌亦儿、汪古、克烈、乃蛮、诺盖等）、突厥化的蒙古人等三大人种和族群。有一种观点认为，甘肃的河西走廊和祁连山地区是哈萨克族的故乡之一。据《史记》记载，作为哈萨克族最主要族源之一的乌孙人早在西汉以前就已在河西走廊建国，后西迁至伊犁河流域。另一个族源古老的游牧部落月氏人起初也居住在敦煌、祁连等地，后来迫于匈奴的欺凌，一部分月氏人离开祖辈生活的敦煌，西迁至伊犁河谷，称为"大月氏"，而另一部分留在当地并与羌人杂居共处的称为"小月氏"[①]。

甘肃省与哈萨克斯坦科斯塔奈州 2004 年建立了友好省州关系。双方立足各自优势，联系不断扩大。哈在甘肃的留学人员数量不断增加，甘肃企业也积极参与中哈产能合作项目，举办甘肃—哈萨克斯坦投资合作项目推介会。甘肃省社会科学院与哈方智库联合出版了《中国—哈萨克斯坦友好关系发展史》，这是第一部由双方合作编著、获得双方认可的中哈双边史。

（三）陕西

陕西省 2008 年与哈萨克斯坦江布尔州建立友好省州后，双方本着取长补短、互惠互利的原则在工业、农业、教育等领域交流日渐密切。双方每年互派大量留学生，还联合申报丝绸之路"长安—天山廊道"路网并成功列入世界文化遗产名录。陕西愿意发挥地处中国地理中心和工业力量雄厚的特点，与江布尔州在提升过境潜力、开发可再生能源、农产品深加工、留学等方面不断深入合作。

陕西是古丝绸之路的起点，与哈萨克斯坦结下了不解之缘。哈萨克斯坦至今生活着一群说陕西方言、沿袭晚清陕西风俗习惯的东干人，他们的很多语言习惯依然停留在清朝时期，例如称呼政府为"衙门"、警察为"衙役"、计量时间的单位用"时辰"，保留了中原

---

[①] 甘肃省社会科学院、哈萨克斯坦共和国中国研究中心编:《中国—哈萨克斯坦友好关系发展史》，中国书籍出版社 2019 年版，第 26—28 页。

人的饮食习惯，仍习惯吃馒头、花卷、包子等。东干人懂俄语，擅长农业，与当地人和睦相处、相互学习。

陕西省与哈萨克斯坦结缘，离不开两国元首的亲切关怀。"中哈人民苹果友谊园"是中哈元首友谊的象征，也象征着陕西省与阿拉木图州的友谊硕果。早在2013年9月习近平主席访哈时，哈总统纳扎尔巴耶夫就介绍自己的家乡盛产苹果。同年9月在陕西举办欧亚经济论坛期间，哈萨克斯坦国际一体化基金会主席捷列先科与时任陕西省省长娄勤俭达成共识，分别在两国元首的家乡陕西省和阿拉木图州建设10个"中哈人民苹果友谊园"（1个在阿拉木图，9个在陕西）。2017年在首任总统纳扎尔巴耶夫的家乡卡斯克连区建成1000亩矮砧密植水肥一体化的苹果示范园，涵盖种植、苗圃、冷库及果品分选线一体的苹果现代化全产业链。

（四）海南

作为世界上面积最大的内陆国，哈萨克斯坦有很深的海洋情结。大部分哈萨克斯坦的老百姓都知道海南三亚。2009年，海南省与哈萨克斯坦克孜勒奥尔达州结为友好省州。当年年底，阿拉木图至三亚直航包机成功首航，顺应了哈萨克斯坦"海南热"的需求。哈萨克斯坦首任总统纳扎尔巴耶夫对三亚有特殊情结，他不仅喜欢海南的气候和环境，也大力支持鼓励哈萨克斯坦与海南开展互利合作，积极推动博鳌论坛的发展。2009年4月，海南省政府在三亚授予纳扎尔巴耶夫总统海南省"荣誉公民"称号，并赠送了标志特别礼遇的"友谊之匙"。

（五）宁夏

宁夏是古丝绸之路中段的重要地区，在东西方交通史上起到十分重要的作用。作为中国最大的回族聚居区，穆斯林人口众多，与哈萨克斯坦有许多相似的宗教风俗和习惯。2015年3月，宁夏回族自治区与东哈萨克斯坦州在中哈两国总理见证下签署《宁夏与东哈萨克斯坦州建立友好关系和开展经贸科技文化合作协议》，开始了两省州的正式交往。2016 年度中国国际友好城市大会上，东哈萨克斯坦州获得了"对华友好城市交流合作奖"，激励了东哈州继续巩固与加强同宁夏交往的意愿。

对宁夏而言，东哈萨克斯坦州矿产资源丰富，冶金工业较发达，电力、金属加工、机械制造业发展很快，畜牧业集约化程度很高，同宁夏有一定的合作发展空间。结对以来，东哈萨克斯坦州派教育代表团访问宁夏。两地企业与大中专院校在农业、化工、电力等领域进行交流，多次组团互访，宁夏农垦、电建、宝塔石化等企业与哈方农业、能源方面企业多次对接。2016 年，宁夏还与哈萨克斯坦克孜勒奥尔达州建立了友好关系。

（六）四川

四川省与阿拉木图州结好。四川省被称为"天府之国"，阿拉木图也物产丰富，两地具有相似之处。四川省重视拓展同阿拉木图州的全方位交流合作。2018 年，阿拉木图州在成都举行旅游推介会。2019 年，"海外成都"哈萨克斯坦工作站在阿拉木图成立，成都市委统战部同哈萨克斯坦—中国友好协会签署了共建工作站合作协议。① 四川的医药公司在阿拉木图州成立科伦（哈萨克）药业公司，成为四川省企业在阿拉木图州的典型案例。2021 年 5 月，四川省与阿拉木图州双方再度推进合作提质升级，签署合作备忘录，约定建立互访机制，在直航、物流、经贸、旅游、教育和医药等领域搭建更多的交流平台等。

（七）山西

山西省与巴甫洛达尔州的结缘与煤炭息息相关，双方都是本国生产煤炭的重要地区，有十分强烈的结好意愿和现实需要。山西省与巴甫洛达尔州的交往时间不长，但进展十分迅速，双方政府领导历经四

---

① 《"海外成都"哈萨克斯坦工作站在阿拉木图成立》，2019 年 7 月 30 日，四川统一战线，http://www.sc-tyzx.gov.cn/gathw/201907/54258114.html。

次会面，从建立联系到结好仅仅历时两年。2016年2月，山西省外侨办赴巴甫洛达尔州，与州政府开展对接，受到巴甫洛达尔州政府的友好接待和积极响应，尤其是对双方在煤炭的清洁利用、新能源及基础设施建设和投资项目等方面合作愿望强烈。同年10月，山西省外侨办参加巴甫洛达尔州举办的鄂尔齐斯国际投资论坛，重点就清洁低碳高效安全利用煤炭等提出合作建议。2017年7月，巴甫洛达尔州州长巴卡乌奥夫率团参加阿斯塔纳世博会山西周、山西优势产业项目国际合作推介会等活动，就双方加强在煤炭、煤化工、装备制造、新能源、农业等领域的广泛合作交换意见，还与潞安集团、太重集团、国际能源和建工集团等企业负责人洽谈合作。2017年9月，巴甫洛达尔州州长巴卡乌奥夫率团来晋访问，双方签署省州友好合作备忘录。同时，省贸促会与巴甫洛达尔州投资促进局、河津市与巴甫洛达尔州埃基巴斯图兹市分别签署合作协议和备忘录。2018年4月13日，双方邮寄签署建立友好省州关系协议书。[①]

## 二 地方合作机制：中国—哈萨克斯坦地方合作论坛

中哈地方合作论坛的建立大大促进了两国地方合作机制化，大幅提升了地方合作的规模和水平。2014年12月，李克强总理应邀访哈期间，两国总理讨论了关于建立中哈地方合作论坛的事宜，责成两国相关部门成立筹建工作组，希望该机制为两国相关地区加强经贸、交通、投资、人文领域合作提供补充。时隔一年，马西莫夫总理应邀访华，两国总理达成共识，提出将积极开展地方合作，抓紧签署《中哈2015—2020年毗邻地区合作规划纲要》，并在此基础上推动建立中哈地方合作论坛。

中哈地方合作论坛虽然起步较晚，但起点很高，主要体现在嘉宾

---

① 《哈萨克斯坦巴甫洛达尔州》，2021年8月27日，山西省人民政府外事办公室网站，http://wsb.shanxi.gov.cn/gjyc/202108/t20210827_1446075.shtml。

规格高（两国副总理参加）、合作意愿强、合作领域新，尤其是推动农业合作成为中哈经贸合作新热点。2017年9月12日第14届中国—东盟博览会期间，在广西南宁市举办了首届中国—哈萨克斯坦地方合作论坛，成为中国南方省份与哈经济交往的良好范例。论坛由中国商务部、哈萨克斯坦国民经济部、广西壮族自治区人民政府联合主办。①首届论坛将农业作为重要议题，旨在释放双方农业合作潜能。

2019年5月15日，第二届中哈地方合作论坛在哈萨克斯坦最大的城市阿拉木图举行。论坛以"深入对接、共同发展"为主题，来自两国26个省州政府和工商界约400名代表出席论坛，围绕共建"一带一路"合作、产能和投资、农业、物流和电商等合作议题开展交流探讨。第二届地方合作论坛充分挖掘两国地方合作互补性强的优势，在深化技术交流和资金融通方面取得显著进展，既是推动中哈全面战略伙伴关系迈上新台阶的生力军，也是在200亿美元双边贸易规模基础上继续向高质量发展的主力军。②

### 三 地方经贸合作

经贸交往与民间交往互为基础，对于民间友好起到重要带动和促进作用。如果割断了经贸联系，国与国的民间交往只能是空中楼阁；如果没有民间往来，地方经贸合作只能是纸上谈兵。中哈地方经贸交往今非昔比。回顾历史，中哈双边贸易几乎从零起步，地方经贸合作项目更是稀缺。随着中哈两国"丝绸之路经济带"倡议与"光明之路"新经济政策的深度对接，哈萨克斯坦成为"一带一路"先行先试重点国家。哈萨克斯坦是中亚地区经济发展较快、政治局势比较稳定、社会秩序相对良好的国家，有着丰富的石油、天然气、煤炭、有

---

① 《第14届东博会将首次举办中国—哈萨克斯坦地方合作论坛》，2017年9月6日，中国南宁，http://www.nanning.china.com.cn/2017-09/06/content_39115316.htm。
② 《第二届中哈地方合作论坛5月15日在阿拉木图举办》，2019年5月13日，中国一带一路网，https://www.yidaiyilu.gov.cn/xwzx/hwxw/89665.htm。

色金属等矿产资源，农业基础良好，生态状况优良，地理位置优越，这是赴哈经商人士的普遍共识。2015年12月，哈萨克斯坦成为世界贸易组织第162个正式成员国，哈萨克斯坦越来越多地进入中国投资者的视线。

在哈中资企业涵盖矿产、金融、水电、农产品、民航、城建、酒店等各行各业，哈萨克斯坦全国各州几乎都能找到中国项目和中国伙伴。截至2021年年初，中哈开展经贸合作的地方省区市达30个，贸易额超过1亿美元的省区市达16个，地方参与度在中国与12个欧亚国家贸易合作中位居前列。此外，中国在哈15个州和直辖市（哈全国共计17个省级地方行政区）都设有重点投资项目，覆盖率高达88%。

自2003年起，哈萨克斯坦每年都举行哈萨克斯坦—中国商品博览会。2019年第17届博览会有来自中国的220余家企业参展，展品涵盖消费与电子产品、农业技术与设备、农副产品、建材与家居产品等领域，来自新疆、青海、甘肃、陕西、浙江、宁夏、四川、福建等十几个中国省区市的企业参展。2021年度的博览会受新冠疫情影响采取线上方式进行，展品范围进一步扩大，涵盖农机设备、农产品加工及配料、医疗保健、五金建材、家电及消费电子产品、纺织品、食品、金融、物流、文化、旅游等领域，吸引了浙江、安徽、河南、湖北、重庆、新疆等省区市的50余家优质企业。

总体来看，中哈地方经贸合作有两个特点非常突出。

一是地方企业积极参与"丝绸之路经济带"与"光明之路"新经济计划对接合作项目，在中哈两国总体合作精神和方案的指导下，结合自身情况，选择合适的项目参与。在中哈已签署的对接路线图规划的约260个项目中，除少数项目由央企承担外，绝大部分项目都由地方企业落实。地方企业在工程承包、贸易、基础设施建设、实体工业、旅游、文化、教育等领域非常活跃。

二是两国商品惠及两国民众的日常生活。随着两国地方间经贸和物流合作不断深入，中哈商品流通更加便利，哈萨克斯坦的骆驼奶、植物油、面粉、蜂蜜、牛羊肉等也走上中国人的餐桌，让中国人民品尝到了高品质的哈萨克美食。中国的商品大量走进哈萨克斯坦，增加了"中国制造"在哈的曝光率，提升了中国在哈普通民众心目中的形象，丰富着哈萨克斯坦人民的生活。在哈萨克斯坦的超市里随处可见中国的蔬菜和日用品，服装、鞋类、毛巾、厨房用品、玻璃器皿、电器等在哈萨克斯坦热销，华为、小米、OPPO等电子产品占据哈萨克斯坦各大商场柜台。自2016年起，哈萨克斯坦首都阿斯塔纳和最大城市阿拉木图各大商场开设了快时尚"名创优品"商店，以价格合理、做工精美时尚瞬间引发哈萨克斯坦民众购买，商店不得不限流以维持秩序，"名创优品"的开设满足了当地民众对低价、时尚、优质日用品的需要，弥补了哈萨克斯坦这一领域的空白，也大大促进了当地小商品行业的繁荣。

## 第二节 民间社团

社会团体（social group）是一个社会学的概念，是指相关人员为实现某一目标而组成的社会组织，通常由彼此互动的两个或更多的人构成，且作为该团体的成员互相具有相对确定的期望和义务，团体成员内部存在被普遍认同的身份。按照此定义，社会本身即是一个大的社会团体，由无数个小型社会团体所构成，如宗教、科技、文化、艺术、慈善事业等。

在中哈民间交往中，民间团体非常活跃，是中哈民间友好事业的重要载体。这些组织开展全方位、多层次、宽领域的中哈民间友好工作，广泛、自由地交换观点，使更多哈萨克斯坦人民了解中国的国情和战略。这些组织的交往不拘泥于外交礼仪，为官方外交注入了更鲜活的动力，成为官方外交的有益补充。

据中国民政部《2020年民政事业发展统计公报》统计，截至2020年年底，在民政部门登记注册的社会组织全国共计89.4万个，其中社会团体37.4771万个，基金会8432个，民办非企业单位51.0959万个。在社会团体中，有全国性社会团体近2000个。在全国性社会团体中，具有行政编制或事业编制、由国家财政拨款的约为200个[1]，其中具有一定行政管理职能的社会团体19个。规模较大的社会团体有工会、共青团、妇联、工商联、贸易促进会、文联、作协、科协、对外友协、侨联、外交学会、法学会、红十字会、体育总会、新闻工作者协会等，这些社会团体都积极开展国际合作，各有侧重地推动双边和多边交往。例如，对外友协着重开展与国外团体机构的友好合作，外交学会重点发展与国外政要和知名人士的合作，贸促会侧重于经贸投资合作，红十字会专注于加强慈善和紧急救灾等合作。

哈萨克斯坦的社会团体是独立于国家和国家机关的、反映个人利益的社会活动和社会关系总和，涵盖政治、经济、文化、民族、宗教、家庭等各方面，比如政党、工会、宗教团体、传媒、民族文化组织、非政府组织、其他社会团体等，是介于公民个人和国家之间的重要沟通桥梁之一。

据哈萨克斯坦国家统计委员会数据统计，哈境内有100多个民族。若将人口只有几个或几十个人的、来自非洲和美洲的民族都计算在内，则有140多个。截至2019年年底，哈境内共有367家民族文化社团，其中全国性社团14家，民族剧院4家（朝鲜族、维吾尔族、日耳曼族、乌兹别克族）。

据哈萨克斯坦信息与社会发展部数据（截至2020年4月）统计，

---

[1] 《主要社会团体》，2005年5月24日，中国政府网，http://www.gov.cn/test/2005-05/24/content_18314.htm。

在哈境内注册的非政府组织数量为 2.2344 万个，其中比较活跃的有 1.6426 万家，其余处于不活跃、清算或暂停活动状态。[①] 非政府组织的活动领域主要是：14.65% 的非政府组织从事支持社会弱势群体，2.13% 从事帮助生活困难的人（家庭），12.78% 从事体育运动，11.35% 从事保护公民和组织的权利和合法利益，2.13% 促进民间社会发展，8.66% 支持青年政策和儿童倡议，7.09% 从事教育和科学，5.03% 关注加强社会和谐和民族团结，4.43% 从事保障市民健康，提倡健康生活方式，3.94% 关注文化艺术发展，3.30% 从事环境保护，1.88% 从事保护历史文化遗产，1.86% 促进家庭人口和性别问题，1.72% 帮助孤儿、单亲和多子女家庭的儿童，1.69% 从事信息，0.54% 对公共服务质量进行公共监督，0.50% 促进居民就业，0.25% 从事提供社会和法律援助服务。

据哈萨克斯坦信息与社会发展部数据统计，在中央层面，哈国管理青年事务的机构主要有二。一是总统下属的青年政策委员会；二是信息和社会发展部下属的青年组织发展协调委员会。在地方层面，州和直辖市级的青年事务委员会有 17 个（各地各一个），市和区级的青年事务委员会共 201 个，各地方的青年组织有 547 家。2020 年年初，哈境内的 14—28 岁青年数量共计 376.5383 万，其中城市为 212.5065 万人（占青年总人数的 56.4%），农村为 164.0318 万人（占 43.6%）。

据哈萨克斯坦信息与社会发展部数据（截至 2020 年年底）统计：

哈国内共有 18 个教派，登记注册了 3824 个宗教社团，境内共有 3592 座宗教建筑，境内官方登记的传教士共有 367 人，其中 293 人是外国人，哈萨克斯坦公民 74 人，境内共有 13 所宗教教育机构，在校

---

① Министерство информации и общественного развития Республики Казахстан, Гражданское общество, https://www.gov.kz/memleket/entities/qogam/activities/142?lang=ru.

学生总数4229人。其中伊斯兰教学校11所（1所努尔—穆巴拉克大学，5所宗教学院，4所宗教学校，1所伊斯兰教阿訇高级培训学院），基督教学校两所（1所是阿拉木图的东正教神学院，1所是卡拉干达的"玛丽是教会的母亲"高等神学院）。为防止宗教极端思想传播，哈政府建立了宗教信息与讲解团（региональные информационно-разъяснительные группы），目标人群主要集中在年轻人、信徒、失业者、罪犯及其家庭成员、私营企业雇员，以及贸易、服务等领域从业人员，聘请了2630名专家讲解员。

据哈萨克斯坦信息与社会发展部数据统计（截至2021年8月5日）：

在哈萨克斯坦注册的媒体有4873家，其中期刊3541家，电视频道184家，广播电台79家，通讯社和网络出版物802家；其中本国传媒4606家，外国传媒267家。

最大的传媒种类仍然是纸质媒体，共有3541家，其中报纸2155家，杂志1386家。

媒体最经常使用的语言是哈萨克语和俄语（双语）1944家媒体，只使用俄语的媒体899家，只使用哈萨克语的媒体有587家，使用三种或以上，或者其他语言的媒体有1443家。

在全国267家外国媒体（电视或电台）中，有俄罗斯媒体194家，英国23家，美国18家，爱沙尼亚16家，法国9家，土耳其5家，塞浦路斯1家，西班牙1家。

广播使用的语言中，有160家使用俄语，13家使用英语，74家使用俄语和英语，4家使用土耳其语，3家法语，3家乌克兰语和俄语，两家俄语和鞑靼语，1家俄语和德语，3家俄语和法语，1家俄语和白俄罗斯语，其他电台使用其他语言或者使用三种以上语言。

哈萨克斯坦传媒统计（家）

| 地区 | 印刷媒体 | 电子传媒 | 网络传媒 | 总计 |
| --- | --- | --- | --- | --- |
| 努尔苏丹市 | 507 | 33 | 164 | 704 |
| 阿拉木图市 | 1143 | 67 | 170 | 1380 |
| 图尔克斯坦州、奇姆肯特市 | 428 | 21 | 180 | 629 |
| 卡拉干达州 | 282 | 30 | 30 | 342 |
| 阿拉木图州 | 157 | 7 | 38 | 202 |
| 东哈萨克斯坦州 | 138 | 13 | 26 | 177 |
| 克孜勒奥尔达州 | 141 | 8 | 26 | 175 |
| 科斯塔奈州 | 118 | 25 | 12 | 155 |
| 巴甫洛达尔州 | 108 | 10 | 12 | 130 |
| 江布尔州 | 89 | 6 | 55 | 150 |
| 阿克莫拉州 | 97 | 10 | 17 | 124 |
| 西哈萨克斯坦州 | 93 | 10 | 11 | 114 |
| 阿克托别州 | 76 | 8 | 15 | 99 |
| 阿特劳州 | 62 | 4 | 19 | 85 |
| 北哈萨克斯坦州 | 60 | 5 | 9 | 74 |
| 曼吉斯套州 | 42 | 6 | 18 | 66 |
| 总计 | 3541 | 263 | 802 | 4606 |

资料来源：Министерство информации и общественного развития Республики Казахстан，СМИ，https：//www.gov.kz/memleket/entities/qogam/activities/145？lang=ru。

## 一 青年交流

哈萨克斯坦是个人口结构非常年轻的国家。截至 2021 年 1 月 1 日，哈全国人口为 1887.9552 万（至 10 月 1 日已达 1966 万），其中 60 岁以上人口 143.57 万，15 岁以下人口 552 万，20—60 岁人口 981 万，30 岁以下人口（独立后出生一代人）928 万，45 岁以下人口（独立时未成年＋独立后出生）1347 万。[①] 青年是睦邻友好丝路建设的重要力量，高质量的中哈青年合作意义重大。中哈两国领导人都高度重视青年人成长成才、重视两国青年交往。哈萨克斯坦"祖国之光"党（2022 年改称"阿玛纳特"党）设立直属的青年组织"青年祖国"，哈地方议会青年议员数量在上升，年轻企业家团体、青年组

---

① Бюро национальной статистики Агентства по стратегическому планированию и реформам Республики Казахстан，《Демографический ежегодник Казахстана》，Нур-Султан 2021，3. Численность и состав населения，страница 20–30.

织、青年专家学者和体育明星等十分活跃。2019年是哈萨克斯坦"青年年"。习近平主席2013年9月在纳扎尔巴耶夫大学发表重要演讲，用专门篇幅阐述中哈青年结好取得的成绩，以及对中哈全面战略伙伴关系发展的重要意义。2014年6月，习近平主席会见来华参加夏令营活动的纳扎尔巴耶夫大学师生时，勉励他们成为中哈友谊的建设者。

中哈两国建交以来，两国青年交流日益活跃，呈现出三个特点：第一，与两国合作的巨大需求密切相关。领导人间的私人友谊牢固深厚，为两国青年交流提供了学习榜样。中哈重大合作倡议和合作项目的落实推进，对人才需求越发迫切，也为青年交流提供了强大动力，成为中哈青年互学互鉴、拓展交流的动力源。第二，留学生是中哈青年交流的最大承载群体。根据2003年6月两国教育部门签署的合作协议，两国每年互相提供政府奖学金，互派留学人员，加上自费留学生，中哈至今已经形成数量庞大的青年留学生群体（哈自2010年以来每年来华留学生数量都超过1万人），成为两国青年交流的主力军。第三，双方相关机构的积极参与，为中哈青年交流提供有益平台。比如使馆、新闻机构、高校等，部委举办的培训班等，都为中哈青年精英提供了交流机会。此外，在上海合作组织多边框架下，上合国家青年交流营等活动也使中哈青年增进了相互了解和认识。

> 青年是人民友谊的生力军。青年人情趣相近、意气相投，最谈得来，最容易结下纯真的友谊。这里，我想起了中哈两国人民交往的两个感人故事。
> 第一个是，20世纪40年代末，一位在新疆工作的中国小伙儿认识了在当地医院工作的美丽姑娘瓦莲金娜，两人真心相爱并结婚生子。后来，由于一些客观原因，瓦莲金娜回国了，当时他们的儿子才6岁。这个孩子长大后，不断寻找自己的母亲，想尽了各种办法，始终没有音讯。2009年，儿子终于找到了自己的

母亲瓦莲金娜，他的母亲就住在阿拉木图。这一年，儿子61岁，瓦莲金娜80岁。后来，儿子来到阿拉木图看望母亲，还把母亲接到中国旅游。这迟到了半个世纪的幸福，是中哈人民友好的有力见证。

第二个是，RH阴性血型在中国属于十分稀有的血型，被称为"熊猫血"。这种血型的病人很难找到血源。哈萨克斯坦留学生鲁斯兰正是这种血型。在海南大学读书期间，鲁斯兰自2009年起参加无偿献血，每年两次，为一些中国病人解除病痛做出了贡献。当中国朋友称赞鲁斯兰时，鲁斯兰说："我觉得应该帮助别人，献血是我应该做的。"

这两个感人故事，只是中哈两国人民友好交往史诗中的两个片断，但充分说明了我们两国人民是心心相映、亲如手足的。

我相信，包括在座各位同学在内的中哈两国青年，一定会成为中哈友谊的使者，为中哈全面战略伙伴关系发展贡献青春和力量。[1]

——摘自习近平主席2013年9月在纳扎尔巴耶夫大学发表的题为《弘扬人民友谊 共创美好未来》的演讲

## 二 友好协会

中国人民对外友好协会（简称"全国对外友协"）是中国从事民间外交事业的全国性人民团体，以增进人民友谊、推动国际合作、维护世界和平、促进共同发展为工作宗旨，代表中国人民在国际社会和世界各国广交深交朋友，奠定和扩大中国与世界各国友好关系的社会基础，致力于全人类团结进步的事业。[2]

全国对外友协对哈工作主要由两个机构负责：

---

[1] 习近平：《弘扬人民友谊 共创美好未来》，《人民日报》2013年9月8日。
[2] 《协会简介》，https://www.cpaffc.org.cn/index/xiehui/xiehui_list/cate/2/lang/1.html。

一是欧亚工作部，负责与哈萨克斯坦民间友好事务的日常交往联络。欧亚部是全国对外友协常设部门，统筹推进中亚事务，其主要任务包括：联络欧洲和中亚各国友好组织，开展民间交流，包括互派友好代表团及专业考察团，举办论坛、研讨会、推介会、建交纪念等活动；协调负责各省市与欧洲和中亚各国开展友好城市活动、提供政策咨询及审批意见，开展非政府组织间的多边国际合作，代管国别友协日常工作，执行中央政府委托的重要项目等；促进中国和欧亚各国在政治、文化、科技、经贸和地方政府等领域的交流与合作，增进中国人民和欧亚各国人民之间的了解和友谊，维护世界和平，促进共同发展。

二是中国中亚友好协会。该协会于2007年12月18日成立，属于地区性协会，接受中国人民对外友好协会的业务指导。协会的宗旨是增进中国与中亚五国人民的相互了解和友谊、促进与中亚各国友好关系的发展、扩大与中亚各国各领域互利合作、共同维护地区安全和睦邻友好。协会会员由中国驻中亚国家的前外交官，对中亚国家进行研究和开展合作业务的中国企事业单位和个人组成。协会的活动形式丰富多样，通过代表团互访、信息交流和举办各类专题讨论会等活动，同中亚各国对华友好组织和各界人士建立并发展良好的合作关系，注重开展对中亚各国发展状况的研究，向中亚各国介绍中国的发展状况，巩固了中哈两国民间的深情厚谊。

2019年9月，托卡耶夫首次以国家元首身份访华，全国对外友协为其主办了中国老朋友见面会。托卡耶夫总统曾在华学习生活，精通汉语，担任多年外交官，对华怀有深厚感情，和中国很多外交官都是旧相识、老朋友。在见面会上，中外嘉宾畅叙友谊，气氛友好热烈。在致辞中，总统深情地追忆数十年来与中方朋友的密切交往和友好合作，并盛情邀请老朋友们一起再访哈萨克斯坦，并用中文说："你们办事，我放心。"前国务委员戴秉国、全国对外友协会长李小林、中国中亚友好协会会长陈凤翔、历任驻哈大使张德广、陈棣、李辉、姚培生、周晓沛、张喜云、程国平、张汉晖、张霄等都是中哈友好的亲历者和推动者。尽管他们中的一些人已经退休,但始终关心着中哈关系的发展进程,仍然是中哈友好的坚定支持者、拥护者,仍然以各种方式为中哈关系建言献策、添砖加瓦。

2018 年 4 月 23 日,全国对外友协举办中哈青年座谈会

尽管中哈民间合作早已取得累累硕果,但是真正对此进行记录和描绘的文献数量较少。其中影响较大的是五洲传播出版社于 2014 年启动的"我们和你们"系列丛书项目,邀请中国和有关国家友好合作关系的亲历者讲述双边官方和民间友好交往中有意义的小故事,刻画双边关系中的事件和人物,以小见大,鲜明体现两国人民之间的友谊。

《中国和哈萨克斯坦的故事》是中国和中亚国家间第一本"我们和你们"系列故事集,是中哈民间交往珍贵文献。文集由资深外交官、前驻哈萨克斯坦大使周晓沛担任主编,13 位中方作者、9 位哈方作者分别撰写了各自亲身经历的中哈友好交往的故事。他们来自不同的行业,有外交官、企业高管、专家、学者、记者、教师和大学生,而且分属于不同的年龄段,他们的文章中充满着真情实感,代表性、可读性、真实性强,为中哈关系大局注入正能量。时任哈议会上院议长托卡耶夫亲自为该书作序。时任哈总统办公厅副主任、纳扎尔巴耶夫办公室主任卡瑟姆别科夫代表总统纳扎尔巴耶夫致函主编周晓沛大使,表示此书的特别价值在于其中讲述的故事都真正来自第一手资料。

### 三 妇女联合会

推动妇女参加社会和经济活动能有效提高妇女地位,也能极大提升社会生产力和经济活力。中哈两国都高度重视妇女的地位和作用。2015年9月27日,习近平主席出席并主持全球妇女峰会时特别强调,各国妇女团体应该加强交流,增进友谊,共同发展,共同进步。要继续开展妇女领域国际发展合作,发达国家要加大对发展中国家的资金和技术援助,缩小各国妇女发展差距。[1]

在全国妇联《"十四五"时期妇联事业发展规划》中,将促进全球妇女事业发展列为重要内容,主要包含三个方面:第一,积极发展妇女全球友好关系。加强中俄、中欧、中英、中法、中南非、中日等国家交流机制下的双边妇女交流合作,深化人文交流,厚植与周边和发展中国家的友谊。持续开展"凝聚女性力量,共建'一带一路'"主题活动,支持地方妇联、团体会员开展交流合作,为推动共建"一带一路"高质量发展贡献力量。继续推进中外妇女抗疫合作。加强对海外妇女侨胞的联系服务,凝聚侨心。创新提高对外传播能力,持续开展纪念"三八"国际妇女节、"驻华女外交官看中国"等活动,讲好中国妇女故事,促进民心相通。第二,深度参与国际妇女事务。持续深化与联合国机构特别是联合国妇女署的联系合作,积极落实联合国2030年可持续发展的议程。积极参与联合国妇女地位委员

---

[1] 习近平:《促进妇女全面发展 共建共享美好世界》,《人民日报》2015年9月28日。

会、人权理事会的相关活动。建设性参与上海合作组织、二十国集团、亚太经合组织、中国—东盟、中阿合作论坛、中非合作论坛、中国—中东欧国家合作等国际和区域多边机制下的妇女交流。第三,扎实推进中外妇女务实合作。深化与有关国家、联合国有关机构项目合作,助力国内妇女儿童事业发展和家庭家教家风建设。大力促进发展中国家妇女能力建设,持续开展外国政党和妇女组织骨干、"女性领导力和社会发展"国际硕士班等研修培训,实施小额物资援助项目,支持发展中国家的妇女事业。

哈萨克斯坦重视保护妇女权益,女性享有与男性平等的工作和生活权利,妇女占国家公职人员总数的50%以上,占教师队伍总数的65%,占商界人数的40%,占全部医务人员总数的75%。正如哈首任总统纳扎尔巴耶夫所说:女性是家庭建设的主导力量,是金色摇篮的主人。哈萨克斯坦人民的健康和教育掌握在女性手中。[①] 尽管哈萨克斯坦大部分居民信仰伊斯兰教,但哈国是个世俗国家,女性外出不强制佩戴面纱,也不需要穿戴特殊服饰,国家法律规定一夫一妻制,"三八"妇女节是国家法定假期,全国休假三天。为保障女性权利,哈政府先后加入了联合国《已婚妇女国籍公约》和《妇女参政权公约》,通过了《国家保障男女平等权利和平等机会法》。[②] 在2019年哈萨克斯坦总统选举中,"光明道路"党推选出女性总统候选人耶斯帕耶娃,这是哈历史上首次推选出女性总统候选人。2020年5月,哈总统托卡耶夫签署了《政党法》和《选举法》两项修正案,规定女性和年轻公民在候选人中不能低于30%的比例,给予女性更多参政议政的机会,甚至包括参加总统选举的法律保障。

在中哈两国交往中,女性无疑发挥着重要作用。两国都活跃着很

---

[①] 《纳扎尔巴耶夫:妇女是家庭建设的主导力量 是金色摇篮的主人》,2015年3月6日,哈萨克国际通讯社,https://www.inform.kz/cn/article_a2752892。

[②] Защита прав женщин в Республике Казахстан,https://www.zakon.kz/4963921-zashchita-prav-zhenshchin-v-respublike.html.

多女性政治家、社会活动家、专家学者、企业家等，支撑着中哈关系"半边天"。全国人大常委会副委员长、全国妇联主席沈跃跃曾访问哈萨克斯坦，哈萨克斯坦议会下院副议长伊希姆巴耶娃、农业部副部长伊萨耶娃等都是中哈友好事业的重要参与者和见证者。

在1995年北京举行世界妇女大会之际，时任全国人大常委会副委员长、全国妇联主席陈慕华会见哈总统纳扎尔巴耶夫的夫人纳扎尔巴耶娃，两人进行了亲切友好的交谈。2014年10月，时任哈议会下院副议长达丽嘉·纳扎尔巴耶娃访华，受到中方热情接待，张德江委员长与其会见。2021年10月，以"凝聚女性力量 共建'一带一路'"为主题的中国—中亚妇女发展论坛在兰州举行。全国人大常委会副委员长、全国妇联主席、上海合作组织睦邻友好合作委员会主席沈跃跃出席论坛并致辞，强调要为中国中亚命运共同体贡献妇女力量，哈总统直属国家妇女和家庭人口改革委员会主席拉玛扎诺娃出席此次会议并致辞。2018年4月，哈议会下院副议长伊希姆巴耶娃到访北京市海淀区妇女儿童活动中心，专门考察妇女就业和创业情况。

## 四 工会

中华全国总工会是中国的职工自愿结合的群众组织。根据《中国工运事业和工会工作"十四五"发展规划》第九部分明确指出的九个优先工作方向，要求深化工会和职工对外交流交往合作，为推动构建人类命运共同体做贡献，这也是中哈两国工会今后努力合作的领域。第一，拓展工会和职工国际交流交往合作的深度和广度。坚持独立自主、互相尊重、求同存异、加强合作、增进友谊的工会外事工作方针，发挥民间外交优势，服务国家总体外交。第二，广泛开展与周边国家、广大发展中国家工会组织和职工的友好交流。第三，积极参与二十国集团劳动会议、金砖国家工会论坛、亚欧劳工论坛等多边机制，推动建设更加公正合理的全球治理体系。第四，加强与重点国家工会的对话交流和高层交往,开展与美国等西方国家工会的对话交流。第五,积极服务"一带一路"建设,搭建中资企业与有关国家工会组织的交流沟通平台,开展与"一带一路"沿线国家工会组织和职工的交流交往活动,加强职工技能国际交流。第六,继续推进"一带一路"沿线国家工会干部来华进修汉语项目和"一带一路"职工人文交流项目。第七,积极参加国际劳工组织理事会选举,参与国际劳工大会、理事会及有关会议和工作机制,深化与国际劳工组织有关的南南合作项目,加强对国际劳工公约、重要投资和贸易协定中的劳工条款等问题的研究,在劳工领域维护我国主权、安全和发展利益。第八,继续开展力所能及的对外援助。创新外事工作方式方法,实行线上交流与面对面交流相结合,提升工会和职工对外交流交往效率。第九,加强工会外宣工作,面向国际劳工界广泛宣传习近平新时代中国特色社会主义思想,宣传中国式民主,讲好中国故事、讲好中国自由民主人权故事、讲好中国工人阶级故事、讲好中国工会故事。[①]

"一带一路"倡议提出以来,全国总工会与哈萨克斯坦相关部门的合作实现零的突破,与哈萨克斯坦工联签署工会和职工交流合作备忘录,约定开展定向援助、专题培训、技能交流等活动,加深"一带一路"沿线国家工会和职工之间的相互理解,增进与发展中国家工会的传统友谊,夯实沿线国家民心相通的社会基础。[②] 此外,新疆工会也与哈萨克斯坦阿克托别州工会签订了友好合作协议,建立起合作机制。特别值得一提的是,全国总工会于2017年11月成功举办上合组织国家职工技能大赛,哈萨克斯坦积极派员来华参赛,切磋技艺。这是全国总工会首次与哈萨克斯坦有关部门建立联系,此次活动

---

[①] 中华全国总工会:《中国工运事业和工会工作"十四五"发展规划》,2021年7月16日,中华全国总工会网站,https://www.acftu.org/xwdt/ghyw/202107/t20210723_783850.html。
[②] 《讲好中国故事中国工人阶级故事中国工会故事》,2018年10月11日,https://www.acftu.org/xwdt/ghyw/202008/t20200831_242320.html。

增加了两国工人的彼此认知和了解，巩固了双方之间的友谊，丰富了两国民间友好的领域和内容。不过总体上，中哈两国工人团体和组织交往还比较少，相互了解和认知严重欠缺，合作形式还比较单一，远未达到机制化水平。

**五 贸易促进机构**

中国贸促会是对外贸易投资促进机构，负责举办和组织企业参加经贸展览会、论坛、洽谈会及有关国际会议，在外经贸领域代言工商，参与经贸政策法规制定、对外经贸谈判和国际商事规则制定。2018年3月，中国贸促会在哈首都阿斯塔纳设立驻哈萨克斯坦代表处，任务是与哈对口机构建立合作纽带，积极促进中哈两国间的进出口贸易、双向投资和各种经济合作，为两国企业间开展业务合作架设桥梁，增进工商经贸企业界之间的往来与合作。2021年2月，代表处牵头组建哈萨克斯坦中国总商会，致力于服务在哈中资企业，推动中哈两国经贸人文交往，成为中哈工商界合作共赢的桥梁。

中国贸促会驻哈萨克斯坦代表处建立官方网站，发布了《哈萨克斯坦国家概况》《哈萨克斯坦投资者法律指南》《哈萨克斯坦电子签证有关规定和申请程序》《哈萨克斯坦经济特区和工业园区情况介绍》《企业对外投资国别（地区）营商环境指南》等企业急需了解的情况，及时发布当地的商贸信息和投资商机。代表处还牵头组建了哈萨克斯坦中国总商会，这是一个面向广大在哈中资企业的协会组织，旨在更加精准地服务在哈中资企业，解决中资企业在哈面临的困惑和问题。该组织已于2021年2月开始正式运行。第一届理事会由22家在哈中资企业和机构代表组成。

**六 哈萨克斯坦人民大会**

哈萨克斯坦民族关系治理有独特的机构和模式——哈萨克斯坦人

民大会。1995 年 3 月 1 日，哈总统纳扎尔巴耶夫签署总统令，正式成立哈萨克斯坦人民大会，首任主席为纳扎尔巴耶夫总统，这一天也被哈萨克斯坦定为"感恩节"。人民大会是直属总统的咨询和协商机构，主要职能是促进和维护各民族团结和睦、制定民族政策、调和民族矛盾等，起到维护社会稳定和国家统一的作用。2008 年，哈颁布《哈萨克斯坦人民大会法》（2018 年修订），明确了人民大会的法律地位和工作规范。2021 年 4 月，在人民大会第 29 届代表大会上，纳扎尔巴耶夫将人民大会主席职位转交给现任总统托卡耶夫，自己则担任荣誉主席。托卡耶夫将人民大会的职能进一步定位为"哈萨克斯坦权威的公共机构，国家民族宗教和谐的基础，使不同民族和信仰的公民团结在哈萨克斯坦大家庭中"。①

哈萨克斯坦人民大会认同中国的民族工作，与中国国家民委、中国驻哈大使馆和孔子学院有密切交往。例如，2009 年 9 月，哈萨克斯坦人民大会秘书长普罗科片科曾表示，哈人民大会将积极致力于推动对华文化、体育等人文领域的交流与合作，促进哈中关系全面深入发展。② 2015 年 9 月，时任全国政协副主席、国家民委主任王正伟会见了哈萨克斯坦人民大会和长老会代表团，双方就进一步发展双边关系、建设"一带一路"以及其他共同关心的问题进行了友好交谈，哈方积极评价中国的民族工作成就，表示愿意加强与国家民委的友好往来，进一步深化在相关领域的务实合作。③ 2016 年 11 月，哈人民大会代表赴孔子学院总部参观访问，了解孔子学院成就，部分人民大会代表还对汉语学习表现出浓厚兴趣。

---

① 《纳扎尔巴耶夫辞去哈萨克斯坦人民大会主席职务》，2021 年 4 月 29 日，新华网，http://www.xinhuanet.com/world/2021－04/29/c_1127388804.htm。
② 《驻哈萨克斯坦大使程国平会见哈人民大会负责人》，2009 年 9 月 22 日，外交部网站，https://www.fmprc.gov.cn/ce/ceka/chn/sgdt/t597072.htm。
③ 《国家民委主任会见哈萨克斯坦人民大会副主席》，2015 年 9 月 21 日，中国政府网，http://www.gov.cn/xinwen/2015－09/21/content_2935761.htm。

## 第三节 跨境民族

民间交往的实质是人与人之间的交往，人与人之间的关系和民族与民族之间的关系是国与国关系的前提。中哈跨境民族之间的交流和友好人士的故事为促进两国人民之间的友谊、理解与合作贡献巨大力量，两国成为真正的好兄弟、好朋友、好伙伴，在中哈关系历史的伟大画卷中，虽不如官方外交那样如阳光般耀眼，却如夜空中繁星点点，闪耀不息，增强了两国交往的质量和韧性，为中哈永久全面战略伙伴关系筑牢民意基础。

### 一 哈萨克斯坦对跨境民族的政策

哈萨克人生活在世界 40 多个国家，其中绝大多数在哈萨克斯坦的周边国家：中国约有 150 万人，俄罗斯约有 100 万人，乌兹别克斯坦约有 50 万人，土库曼斯坦约有 10 万人，蒙古国约有 8 万人，吉尔吉斯斯坦约有 4.5 万人，阿富汗约有 3 万人，土耳其约有 1 万人。欧洲的哈萨克人数量较少，北美和南美国家更少。

据新疆维吾尔自治区统计局数据统计，截至 2015 年，中国的哈萨克族共有 159.12 万人。根据 2010 年第六次全国人口普查统计，中国的哈萨克族主要分布于新疆维吾尔自治区伊犁哈萨克自治州所辖的伊犁、塔城、阿勒泰地区 25 个县市，木垒哈萨克自治县、巴里坤哈萨克自治县和位于天山北麓的博尔塔拉蒙古自治州、昌吉回族自治州、乌鲁木齐、哈密等地，少数分布于甘肃省阿克塞哈萨克族自治县。

独立后，哈萨克斯坦一直认为自己是世界各地哈萨克人的"历史祖国"，号召境外哈萨克人回归，希望以此增加主体民族人口数量，巩固独立，维护稳定。哈政府专门制定了接收哈萨克人回归祖国的实施机制，为其有组织地回归祖国居住生活提供便利条件。据统计，1991—2019 年，共有 31.4017 万个家庭，总计 105.7343 万名居住在外国的哈萨克族人回到哈萨克斯坦，其中 61% 来自乌兹别克斯坦，13.2% 来自中国，11.3% 来自蒙古国，7% 来自土库曼斯坦，3.7% 来自俄罗斯，其余 3.8% 来自其他国家。

在具体落实境外哈萨克族人回归的过程中，哈萨克斯坦实际上经历了一个"从鼓励到限制，再到鼓励"的反复。哈政府每年给予境外哈萨克同胞家庭回归的配额分别是：1993 年 1 万个、1994 年 7000 个、1995 年 5000 个、1996 年 4000 个、1997 年 2180 个、1998 年 3000 个、1999 年 500 个、2000 年 500 个、2001 年 600 个、2002 年 2655 个、2003 年 500 个、2004 年 1 万个、2005—2008 年每年 1.5 万个、2009 年起每年 2 万个家庭。

从上述配额数量变化可知，起初，政府积极吸引境外哈萨克族人回归。但一段时间后发现，这项政策不仅未能大幅促进国内经济社会发展，相反却成为掣肘发展的"负担"。由于长期居住在不同的国家，从非独联体国家回归的境外哈萨克族人较多地保留了原住地的文化、习俗和传统，与哈萨克斯坦境内的受苏联文化影响较大的哈萨克族人在文化和生活方式上存在差异，沟通和交流存在障碍，融入当地社会有一定困难。鉴于此，哈政府于 1995 年以后便开始实施限制措施，减少回归家庭配额。据统计，1991—2000 年共有 4.3 万个家庭（计 18.3 万人）移民到哈萨克斯坦，2001 年最少时只有 600 个家庭。2002 年以后，哈政府又开始加大鼓励境外哈萨克族人回归力度，逐年增加配额。主要原因：当时哈国内经济已进入快速发展阶段，而经过独立后近 10 年的人口流失，国内劳动力大量短缺。另外，随着国家富足，也承担得起安置回归家庭的费用。

2016 年哈政府颁布命令，鼓励"回归历史祖国"的哈萨克族人前往边疆和北部各州定居（阿克莫拉州、阿特劳州、曼吉斯套州、东哈萨克斯坦州、西哈萨克斯坦州、科斯塔奈州、巴甫洛达尔州等共7个州）。2019年，哈政府又调整了安置回归哈族的各州的构成和数量，改为东哈萨克斯坦州、科斯塔奈州、巴甫洛达尔州、北哈萨克斯坦州、卡拉干达州，阿克莫拉州6个州，整体安置点向更北地区移动。在该政策的引导下，31.4%的"回归者"被安置在阿拉木图州，15.4%被安置在曼吉斯套州，7.8%被安置在奇姆肯特州，6.7%被安置在阿斯塔纳市。在所有回归者中，17.4%拥有高等教育学历，26.2%拥有中等教育学历。

为加强与境外哈萨克族同胞的联系，哈萨克斯坦于1992年成立了世界哈萨克族人协会，作为世界各地哈萨克族人保持联系的常设组织。纳扎尔巴耶夫为协会主席，协会总部位于阿拉木图，在各州和直辖市设分支机构，另外还下设一个哈萨克语言发展基金会和12个哈萨克文化中心（分别在中国、俄罗斯、乌兹别克斯坦、吉尔吉斯斯坦、土库曼斯坦、土耳其、英国、德国、奥地利、瑞典、匈牙利、乌克兰），以各种方式帮助境外哈萨克族人学习本民族语言、文化和历史，开展文化交流。通过协会组织的各种见面会、圆桌会议、国际会议、文艺巡演、各类展览以及一些小型会议，让境外同胞与哈萨克斯坦建立联系。协会还举行"世界哈萨克人大会"，开设"里海"电视频道，使用哈萨克语、英语和俄语三种语言介绍哈萨克斯坦的国情与文化。

针对那些不愿或无法返回哈萨克斯坦的境外哈萨克族人，哈政府鼓励他们积极参与所在国的建设，发挥友好使者的桥梁作用。在2005年9月29日"第三届世界哈萨克人大会"上，纳扎尔巴耶夫指出："1/3的哈萨克族人生活在祖国边境之外，这个事实无可争辩。坦率地说，我们无法同时让他们全部迁回祖国。中国有超过100万哈萨克族人，我与中国国家主席签署了长期友好条约。我也与俄罗斯和乌兹别克斯坦的首脑签署了长期友好条约。我每次出访都与他们讨论有关你们的问题，为你们提出各种要求并约定定期检查执行情况。我多次感谢俄罗斯、中国、乌兹别克斯坦和蒙古国的领导人对你们的照顾，感谢他们为保护你们的利益而表现出的关心和同情。我们认为，这是国家之间真正友谊的象征。这些国家从未发生过损害哈萨克族人权利的事件。只要独立的哈萨克斯坦存在，将来也不会发生。基于此，我希望，如果你们在那里有很好的住所和体面的工作，受到社会的尊重，你们并不一定要离开那个国家，可以留下来，成为连接两个国家和人民的金色桥梁。至于你们的子女，如果他们想回国接受教育或建设祖国，我们这里将为他们提供所有的条件。"①

根据哈总统托卡耶夫签署的《关于就移民程序调整问题对哈萨克斯坦共和国部分法律和条款进行补充修改》的法案，从 2021 年 1 月 1 日起，从其他国家移民到哈萨克斯坦的哈萨克族同胞的称呼从"归国哈侨"（оралман）变更为"血亲同胞"（кандас），并为同胞们长期居留和入籍创造便捷条件。

## 二 中国的少数民族政策

民族区域自治是中国的一项基本政治制度。中国是一个多跨境民族的国家，有着漫长的边境线。截至 2021 年年底，中国境内有民族自治地方 155 个，其中自治区 5 个、自治州 30 个、自治县（旗）120 个，许多地区发展难度很大，需要帮助的少数民族同胞很多，这是我国的基本国情。习近平总书记在 2014 年中央民族工作会议上指出，我国的民族工作做得是最成功的，不要妄自菲薄。

改革开放以来，特别是党的十八大以来，中国的少数民族政策突出的是铸牢中华民族共同体意识。2019 年，中办、国办专门印发《关于全面深入持久开展民族团结进步创建工作　铸牢中华民族共同体意识的意见》，强调要不断深化各族群众对业已形成的水乳交融、休戚与

---

① Выступление Президента Республики Казахстан Н. А. Назарбаева на Ⅲ Всемирном курултае казахов. Астана. 29 сентября 2005 года.

共的中华民族命运共同体的认识，进一步深化各民族根本利益的一致性和共同性，汇聚起全国各族人民实现中华民族伟大复兴中国梦的磅礴力量，表现在以下三个方面。①

第一，不断增进各族人民对中华民族作为命运共同体、政治共同体、经济共同体、社会生活共同体、历史文化共同体等多重复合共同体的认知、认同和归属感；引导各族群众正确认识中华民族"多元"与"一体"的辩证关系，把"一"作为主线，一体统摄多元，强化国家认同，使中华民族共同体意识显著强于个体民族意识，同时把"多"作为要素，多元丰富一体，促进各民族优秀传统文化创造性转化、创新性发展，形成相互促进、相得益彰的局面。

第二，不断加强有关中华民族共同体意识的教育，将之纳入国民教育、干部教育和社会教育，构建课堂教学、社会生活、主题教育等多位一体的教育平台，教育引导各族群众牢固树立自己是中华民族一员的意识，清楚认识中国、中华民族、中华文化、中华文明和中国各民族之间的关系，树立正确的祖国观、民族观、文化观、历史观。

第三，以铸牢中华民族共同体意识为目标，与时俱进地调整和完善民族政策，减小同一地区内民族之间的公共服务政策差异。积极推动嵌入式立法，将铸牢中华民族共同体意识充分体现到法律、行政法规、地方性法规的制定和修订过程中。积极推动促进民族团结和进步的地方条例的立法工作。

## 三　中国在哈萨克斯坦的华人华侨

中哈关系快速发展，在哈华人华侨功不可没，对推动两国关系和增进民间友好发挥着特殊且重要的作用。据时任中国驻哈大使乐玉成2015年透露，哈萨克斯坦境内约有华人华侨40余万，包括哈萨克

---

① 《凝心聚力铸牢中华民族共同体意识——专访国家民委副主任赵勇》，2019年12月5日，国家民委网站，https://www.neac.gov.cn/seac/xxgk/201912/1138931.shtml。

族、维吾尔族、回族、东干族、汉族等各族同胞,其中东干族有 6 万人,汉族有 2000 人,其余都是从中国移民至哈萨克斯坦的哈萨克族和维吾尔族。在哈华人华侨绝大部分从事商业活动,大部分生活在阿拉木图市和阿拉木图州,他们多以两代到三代的家庭为单位,多以亲缘移民为主,以商务移民为辅。在首都努尔苏丹定居的侨胞往往从事商务活动或有一定的高等教育背景,能够承受较高的消费水平和竞争压力。在哈的华人华侨于 2009 年以俄、中两种文字出版发行《哈萨克斯坦华侨报》,读者群主要以在哈华人华侨为主。①

哈独立后,自中国赴哈的移民大体可以分为商业移民、劳动力和技术移民、哈萨克族"返回历史祖国"移民、非法移民四种类型。2000 年以前,中国赴哈的新移民数量较少,且以商业移民为主。2000 年以后,劳动力与技术移民和哈萨克族"返回历史祖国"的移民构成了中国赴哈移民的主力军,数量也大大增加。② 自中国赴哈定居的华人华侨主要来自甘肃和新疆等西北省区,主要以亲属团聚、探亲、经商、留学等途径赴哈发展,内陆也有一些赴哈经商或工作,但数量不多。从哈社会反馈的态度看,哈国特别欢迎来自中国的知识移民。这些移民年龄多在 50 岁以下,在中国受过良好的文化教育,思维活跃,社会活动能力强,有较强的协作意识,注重与哈萨克斯坦官方的交流。他们多居住在城市,从事技术、研究、管理等工作,从事的商业活动大部分与中国有关,很多人已经在当地小有名气。另外还有一部分来自甘肃、新疆等省区农村地区的农牧民,他们安分守己,勤劳肯干,从事农牧业体力劳动,同样受到哈萨克斯坦政府的欢迎。③

哈萨克斯坦的华人华侨融入当地社会有两大得天独厚的优势:一是哈萨克斯坦独立以来的民族政策,尤其是对哈萨克族移民的鼓励政

---

① 《哈萨克斯坦约有华侨华人 40 余万》,2015 年 6 月 6 日,哈萨克国际通讯社,https://www.inform.kz/cn/40_a2665921。
② 张文德、刘力:《哈萨克斯坦中国新移民探析》,《淮阴师范学院学报》2016 年第 4 期。
③ 陈琮渊、黄日涵编著:《搭桥引路:华侨华人与"一带一路"》,社会科学文献出版社 2016 年版。

策。二是中哈关系的巩固和发展，为在哈华人华侨过上好日子提供了机遇。前中国驻阿拉木图总领事张伟曾指出，广大侨胞是中哈关系最大的受益者。两国关系好、合作好，侨胞的发展机会就多，空间就广，日子就好。①

作为中哈两国人民的纽带和桥梁，在哈萨克斯坦的侨团非常关心在哈侨胞，努力维护侨胞利益，同时宣传对哈友好政策、传播中国文化，为两国民间友好和中哈关系做出积极贡献。哈萨克斯坦的主要华侨团体有"杰标"华人华侨联合会、"故乡"华人华侨联合会等。

"杰标"华人华侨联合会成立于2009年，是哈境内最大的哈族华人华侨社团组织，与中国驻哈使领馆保持密切联系。"杰标"一词是哈语音译，意思是"互帮互助"。该联合会秘书长库尔买提·卡布力哈孜表示，在工作之余，他对家乡新疆巴里坤县十分想念和牵挂。他在国内的堂弟巴赞胡达别尔根告诉他："你印象中的农村已是新面貌，道路平坦干净、房屋宽敞安全，村子现在还开始发展乡村旅游。"②

"故乡"华人华侨联合会主席杜肯·玛斯木汗是一名在哈萨克斯坦教授汉语的大学老师，任汉语教研室主任，为中哈友好做出自己的贡献。2018年，杜肯·玛斯木汗教授和夫人阿依努尔·阿比坚克济副教授共同编写的《汉哈大辞典》首发，共包含汉语常用语词条7万个，填补了哈萨克斯坦汉语教学领域的一大空白，也是中哈教育和文化合作的一大进步。杜肯·玛斯木汗曾表示，自己和广大旅哈同胞为祖国的发展成就深感自豪，将继续以深化中哈传统友谊为己任，为祖国繁荣和中哈关系发展贡献力量。③

---

① 《驻阿拉木图总领事张伟出席哈萨克斯坦"杰标"华侨华人联合会举办的纳乌鲁斯节招待会》，2019.03.19，中国驻阿拉木图总领馆微信公众号。
② 《哈萨克斯坦新疆籍侨胞与在疆侨眷"云相聚"》，2021年3月16日，搜狐网，https：//www.sohu.com/a/455935813_123753。
③ 《中国驻哈使馆举行新年华侨华人招待会》，2018年12月28日，中国侨网，http：//www.chinaqw.com/hqhr/2018/12-28/211932.shtml。

哈萨克斯坦东干协会成立于 1989 年，致力于中国和中亚友好交流，每年都接待数百个赴哈访问的中国代表团，他们以哈萨克语、俄语、东干语和中文出版了《今日丝路》报，介绍哈中合作以及"一带一路"倡议在各国的实施。会长胡塞·达乌洛夫在哈独立后，较早来中国寻根。在西安，他用双手使劲地敲打着城墙西门的木板，高声地喊着："我们回来了！"他找到了祖辈生活过的地方，还查出祖上姓安，所以现在他经常告诉中国朋友，他的名字叫"安胡塞"。后来，他又领着一批又一批的东干人到西安寻根。[①] 现在，哈萨克斯坦的东干人数量有 6 万多，阿拉木图市居住着一批东干族名人，这些人中的一部分从事中哈边贸活动，甚至进入企业管理层，成为中哈经济、文化交流的骨干力量。

中哈两国政府为跨界民族交往提供便利条件。例如，2017 年 6—9 月哈萨克斯坦举办世博会期间，专门为中国公民提供 72 小时中转免签政策。在此期间，很多哈萨克斯坦首都阿斯塔纳的家庭都会接待大约三个来自中国新疆的哈族亲友家庭在家居住，加之世博会的大好机遇吸引了许多中国企业来哈推介，这个时期成为"一带一路"倡议提出以来跨界民族交往的一个高峰期。

## 第四节 党际交流

深化党际交流，促进理念沟通和理解认同具有重要意义。政党在当今世界多数国家的政治生活中发挥着重要作用，政党对话有助于从价值理念、发展方向等深层次凝聚共识，成为国家关系发展更强劲的动力。事实也正是如此。党的十八大以来，中国共产党持续深化与各

---

[①] 周晓沛主编：《我们和你们：中国和哈萨克斯坦的故事》，五洲传播出版社 2016 年版，第 60 页。

界各国、各友好政党的双边和多边交往。在这个过程中,中国共产党既注重与理念相近的外国政党沟通,也注重同那些理念不一样的政党进行接触。截至2021年年底,中国共产党与世界上160多个国家的400多个政党和政治组织保持经常性联系,形成了全方位、宽领域、多层次的政党外交新格局。特别值得强调的是,习近平总书记等党和国家领导人经常亲自出面,与外国的政党领导人进行沟通和交流,发挥了重要的战略沟通和政治引领作用。

**一 哈萨克斯坦的主要政党**

哈萨克斯坦是多党制国家,更准确地说是一党独大的多党制国家。独立之初,哈国内有几十个政党,通过不断完善《政党法》和《选举法》,政党间出现分化重组,政党数量不断减少,2017年起正式注册的政党有6个,其中祖国之光党、光明道路民主党和人民党三个政党进入议会,并且祖国之光党占据2/3以上议席,在权力结构中居于绝对优势,在国家内外政策的制定过程中也起到关键作用。

祖国之光党是哈萨克斯坦的政权党,也是哈萨克斯坦最大的政党。该党原名为祖国党,是在"支持哈萨克斯坦总统候选人纳扎尔巴耶夫的社会指挥部"的基础上于1999年1月13日宣布成立的,当年3月1日举行了第一届代表大会,选举时任总统纳扎尔巴耶夫为党主席。2004年祖国党第一次参加议会选举,赢得了60.6%的选票和议会下院77个席位中的42个。此后一直是哈议会内第一大党,并逐渐占据2/3以上席位,将行政体系与立法体系相协调,确保总统政令畅通,以总统制为核心的政治体制得到高效运作。

光明道路民主党成立于2002年4月,是哈萨克斯坦中右翼政党,代表商界和中产阶级利益,核心是保障知识分子和企业家权益,将自身定位为建设性反对派,主张向欧洲模式学习,走哈萨克斯坦现代化道路,支持竞争性市场经济和私营经济(尤其是中小企业)。该党在2004年议会选举中获得1个席位,2007年议会选举中因得票率不足而未进入议会。2011年以后,随着哈"阿塔梅肯"全国企业家协会的负责人阿扎特出任该党主席,哈企业家纷纷加入该党,党的规模迅速壮大,并在2012年议会选举中获得了8个席位,2016年议会选举中获得7个席位,2021年选举中获得12席。该党约有26万名党员,其中64%为男性,36%为女性,青年党员占11%。[1]

哈萨克斯坦人民党原称哈萨克斯坦共产人民党,是哈萨克斯坦中左翼政党,代表工人、失业者、退休人员和青年人的政治意愿。在2012年和2016年的议会选举中均有7名代表进入议会,2021年议会选举中赢得10席。该党的历史可以追溯到哈萨克斯坦共产党时期。直到20世纪90年代末,哈共一直是哈萨克斯坦重要的反对党。进入21世纪,哈共与当时哈萨克斯坦最大寡头阿布利亚佐夫组建的哈萨克斯坦民主选择党结成政治联盟,此举引发哈共分裂和重组。[2] 2004年4月,新组建的哈萨克斯坦共产人民党举行成立大会,同年6月在哈司法部注册。2020年11月,该党去除政党名称中的"共产"二字,改为哈萨克斯坦人民党,并将原来的集体领导模式(中央实行三人负责制,不设第一书记)改为设立党主席职务,不再强调共产主义性质,而是更多聚焦在现有法律框架内取得更多政治权力,谋求社会公平和福利保障。人民党的政治立场属于建设性反对派,其政治主张强调通过民主手段夺取权力,建立公平正义的民主国家,主张恢复经济部门的国有制,要求提高居民社会保障水平。

## 二 中哈党际交流

近年来,中哈的党际交流,尤其是中国共产党与哈萨克斯坦各政党的交流日益频繁,全国人大、中共中央对外联络部、中央党校等单位与哈萨克斯坦主要政党都建立了长期友好关系,就党际交往保持经

---

[1] Демократическая партия Казахстана "Ак жол" (ДПК "Ак жол"), https://akzhol.kz/ru/partija/.
[2] 康晏如:《逆境中前行的哈萨克斯坦共产主义人民党》,《世界社会主义研究》2020年第5期。

常性的沟通与协调。

第一，哈方政党派出赴华考察团。近年来，哈萨克斯坦主要政党祖国之光党及其青年组织"青年祖国"、光明道路民主党及其派出的企业家代表团，以及人民党等都多次派出赴华考察团，主要任务是同中国共产党开展党际交往，就有关中国改革开放、治国理政、青年工作、干部培养、地方党建等方面加强交流沟通。自2017年起，哈萨克斯坦主要政党还积极参与在中国召开的"中国共产党与世界政党高层对话会"。前共产人民党中央书记阿赫梅特别科夫表示，同中国共产党合作是该党对外交往的首选目标。愿通过党际交往，为增进两国政策沟通和民心相通做实事。[①]

第二，中方赴哈宣介中国共产党重要会议情况。例如，2013年中央党校副校长李书磊率中共友好代表团访哈，分别与哈萨克斯坦的祖国之光党、共产人民党、光明道路民主党、国家行政学院、社会政治研究所等机构举行座谈，介绍中共十八届三中全会情况。2016年1月，国务院发展研究中心副主任隆国强率中共十八届五中全会精神宣介团访哈并举办专题报告会，结合"十三五"规划，重点阐述了"创新、协调、绿色、开放、共享"五大发展理念及其为中哈合作带来的机遇，并与哈方就携手推进"丝绸之路经济带"建设等议题进行深入交流。[②] 2017年1月，全国人大常委会副秘书长沈春耀率中共友好代表团访哈并举行专题报告会，宣介中共十八届六中全会精神。2018年1月，中央文献研究室主任冷溶率十九大精神对外宣介团访哈，为哈政府、议会、政党、智库、高校、媒体等各界代表180余人举办十九大精神专场宣介会，深入解读习近平新时代中国特色社会主义思想以及习近平总书记在中国共产党与世界政党高层对话会上的重

---

[①]《周力会见哈萨克斯坦共产人民党干部考察团》，2015年6月9日，中共中央对外联络部网站，https://www.idcpc.gov.cn/lldt/201912/t20191216_113622.html。

[②]《十八届五中全会精神宣介团访问哈萨克斯坦》，2016年1月28日，中共中央对外联络部网站，https://www.idcpc.gov.cn/lldt/201912/t20191216_114005.html。

要主旨讲话精神。[①]

第三，在重大历史节点和事件上给予宝贵支持。例如，在中国共产党百年华诞来临之际，哈议会三个党团都向中方表示祝贺，高度评价中国共产党百年历史，表示愿意进一步深化中哈党际合作。祖国之光党主席、首任总统纳扎尔巴耶夫表示，中国共产党在引领国家实现经济社会发展、为世界经济做出重大贡献方面发挥了独一无二的作用。[②] 人民党主席科努罗夫表示，中国共产党不忘初心、牢记使命，领导中国人民走出一条符合中国国情的发展道路，中国实现了从站起来、富起来到强起来的历史性飞跃；中国共产党为世界各国政党树立了可资借鉴的光辉典范。人民党中央委员会书记瑟兹德科夫指出，中国共产党人带领中国人民经受住诸多历史考验，铸就辉煌伟业。在这一过程中，中国共产党不断向世界彰显社会主义制度的优越性。光明道路民主党主席阿扎特表示，在以习近平同志为核心的中共中央领导下，中国经济蓬勃发展，社会全面进步，为增进中国和世界人民福祉做出了巨大贡献。[③] 再比如，哈萨克斯坦政党还高度评价中国抗击新冠疫情取得的成就。人民党中央书记科努罗夫表示，中国共产党采取史无前例的安全措施，凭借"中国速度"新建医疗设施和不断完善预防手段，体现出中国政府各机构各部门极高的协作水平，彰显了中国共产党出色的治理能力。[④]

第四，加强执政党之间的友好交往，尤其重视反腐败交流。中国共产党同哈萨克斯坦祖国之光党都是执政党，两党密切合作，发挥执政党交往的独特优势，保持党际关系与国家关系高水平同步发展，积

---

[①]《十九大精神对外宣介团访问哈萨克斯坦》，2018年1月29日，中国网，http://news.china.com.cn/2018-01/29/content_50338670.htm。

[②]《多国政党政要和友好人士祝贺中国共产党百年华诞》，2021年6月21日，中共中央对外联络部网站，https://www.idcpc.gov.cn/wdzs/ylzq/202106/t20210623_146291.html。

[③]《多国政党政府领导人和友好人士热烈祝贺中国共产党百年华诞》，2021年6月29日，中共中央对外联络部网站，https://www.idcpc.gov.cn/ttxw_2992/202106/t20210630_146341.html。

[④]《外国政党领导人积极评价和支持中国抗击新型冠状病毒感染肺炎疫情的努力》，2020年2月8日，中共中央对外联络部网站，https://www.idcpc.gov.cn/ztwy/tbtj/kjyq_4891/202002/t20200211_137523.html。

极推动落实两国领导人达成的各项重要共识,共同推动中哈关系持续深入发展。

中哈两国执政党都重拳打击腐败。反腐败合作成为推动两国党际交流的重要内容之一。哈萨克斯坦对中国共产党的从严治党和反腐败经验非常感兴趣。中国共产党认为"反腐败是一场输不起也决不能输的重大政治斗争,不得罪成百上千的腐败分子,就要得罪十四亿人民,必须把权力关进制度的笼子里,依纪依法设定权力、规范权力、制约权力、监督权力"。党的十八大以来,中国共产党坚持不敢腐、不能腐、不想腐一体推进,惩治震慑、制度约束、提高觉悟一体发力,坚持无禁区、全覆盖、零容忍,坚持重遏制、强高压、长震慑,坚持受贿行贿一起查,坚持有案必查、有腐必惩,以猛药去疴、重典治乱的决心,以刮骨疗毒、壮士断腕的勇气,坚定不移地"打虎""拍蝇""猎狐"。这些反腐败的理念和经验让哈萨克斯坦各政党赞赏有加。祖国之光党下属的公共政策研究所所长努尔别克表示,中国领导人并不害怕"家丑外扬",展示出严厉打击腐败的坚定决心。[①] 2019年10月,中央纪委副书记、国家监察委员会主任杨晓渡率团访哈,同哈反腐败署署长什佩克巴耶夫会谈并共同签署了中国国家监察委员会与哈反腐败署合作谅解备忘录。

---

[①] 镜鉴:《海外看中国"打虎":5条中国反腐经验》,2015年1月14日,人民网,http://politics.people.com.cn/n/2015/0114/c1001-26381415.html。

# 第三章　边界划分与合作——信任的起点

边界问题是国家间关系的重要组成部分，既关系国家主权和领土完整，也关系相邻国家能否和平相处。边界问题会影响国家关系，国家关系也对边界问题的解决产生直接影响。这是一个相辅相成、互相促进的进程。中国同14个国家接壤，陆地边界总长约2.2万公里，边界问题基本属于历史遗留问题，情况敏感而复杂。

中哈边界谈判源于中苏边界谈判。1991年12月苏联解体，苏联的15个加盟共和国正式成为独立的主权国家。这一地缘政治巨变也给中国西部边陲带来重大影响。中国与新独立的哈萨克斯坦、吉尔吉斯斯坦和塔吉克斯坦成为邻国，边界线（即中苏国界西段）总长3000多公里。原先的中苏边界谈判也改为中国与俄罗斯、哈萨克斯坦、吉尔吉斯斯坦和塔吉克斯坦"五国两方"的谈判。

为了尽早解决与邻国的边界问题，发展与邻国的友好合作，为国内经济建设创造和平稳定的周边环境，中哈两国始终遵循"睦邻友好、平等协商、互谅互让、公平合理"的原则，妥善处理维护国家领土主权与稳定周边这两者的关系，形成了边界划分同边界安全、边境合作齐头并进的格局，不仅有效解决了边界划分问题，还增进了睦邻友好，成为国际边界划分和边境合作的典范。

为使边界问题获得圆满解决，中哈两国政府"从国家的整体和长远利益出发，本着实事求是的态度，在实践中提出并遵循了一系列行之有效的原则和方法，包括：坚定地维护国家的主权和领土完整；在平等的基础上友好协商，通过互谅互让求得公平合理的解决，问题解决之前维持现状不变；历史与现实相结合，既照顾历史背景，又照顾已经形成的现实情况；按照国际法的一般原则对待历史上的旧界约，遵循国际惯例划界和勘界。"[1]

## 第一节 边界划分

中哈边界全长 1783 公里，北起阿尔泰山，南至汗腾格里峰，涉及新疆的哈巴河县、吉木乃县、和布克赛尔县、塔城市、裕民县、博乐市、温泉县、霍城县、察布查尔锡伯自治县、昭苏县。[2] 经过友好协商和谈判，中哈两国全面彻底地解决了两国的边界划分问题。规定中哈边界的文件主要有三类：第一类是划界文件，包括 1994 年的中哈国界协定，以及 1997 年和 1998 年的两项国界补充协定，中哈俄以及中哈吉两份关于三国国界交界点的协定。第二类是勘界文件，即国界勘定后形成的国界线勘界议定书、边界地图、界标登记表、界桩坐标和高程一览表、界标位置略图、岛屿归属一览表等文件。第三类是联检文件，即边界联合检查后所形成的、作为勘界文件补充的国界线联合检查议定书、边界地图、界标登记表、界桩坐标和高程一览表、界标位置略图、岛屿归属一览表等文件。

### 一 边界划分谈判

1991 年 12 月底至 1992 年 1 月初，时任中国对外经济贸易部部长李岚清率团（时任外交部副部长田曾佩为副团长）相继访问俄罗斯、哈萨克斯坦、吉尔吉斯斯坦、塔吉克斯坦等国，代表中国政府同上述

---

[1] 《外交部条约法律司司长谈中国与邻国的划界工作》，2005 年 8 月 31 日，新疆外办网站，http://fao.xinjiang.gov.cn/xjwqb/bjsw/201306/a45c35597e174482894edae7f32b1251.shtml。

[2] 陈延琪：《新疆边界安全的历史回顾与长治久安方略》，《西域研究》2004 年第 3 期。

国家签署建交公报并商谈双边关系等问题。1992年1月3日访问哈萨克斯坦期间，中哈双方一致表示希望将中哈边界"建成和平睦邻的边界"。

1992年2月26日，时任哈政府总理捷列先科访华，中哈发表《中华人民共和国政府和哈萨克斯坦共和国政府联合公报》，指出"双方对中国同原苏联在边界谈判中就现中哈边界地段所取得的成果给予积极评价。双方将以有关目前两国边界的条约为基础，根据公认的国际法准则，按照平等协商、互谅互让的精神，继续讨论边界问题，以找到双方都能接受的公平合理的解决办法"。①

1992年7月17日，刚刚独立8个月的哈萨克斯坦发布《关于与中华人民共和国在哈中边境地区裁减武装力量和加强军事信任的谈判，以及关于边境事务的谈判的政府令》。② 根据该文件，哈萨克斯坦开始与中国进行边界谈判。

1994年4月26日，时任中国政府总理李鹏访问阿拉木图，与哈萨克斯坦总统纳扎尔巴耶夫签署《中华人民共和国和哈萨克斯坦共和国关于中哈国界的协定》，该协定经双方交换立法机关的批准书后，于1995年9月11日生效。该协定确定了两国边界的主要交界点和边界划分原则：第一，共确定了中哈边界从北往南69个界点（总共71个界点）。除从第15界点至第16界点以及从第48界点至第49界点的走向外，其余各相邻界点间的走向全部确定。第二，双方同意通过谈判来解决尚未确定走向的边界线。中哈俄三国交界点以及中哈吉三国交界点另行确定。第三，成立联合勘界委员会，实施勘界工作，包括确定山脉分水岭和界河中心线或主流中心线的位置（确定主流的主要根据是中水位时的河流流量）；确定界河中的岛屿归属；

---

① 《中华人民共和国政府和哈萨克斯坦共和国政府联合公报》，商务部网站，http://policy.mofcom.gov.cn/pact/pactContent.shtml?id=75。
② Постановление Кабинета Министров Республики Казахстан от 17 июля 1992 г. № 607 "О переговорах с Китайской Народной Республикой по взаимному сокращению вооруженных сил и укреплению доверия в военной области в районе казахско-китайской границы и о переговорах по пограничным вопросам".

树立界标；起草勘界文件；绘制详细的勘界地图等。第四，除非缔约双方达成其他协议，界河可能发生的任何自然变化不影响实地勘定的中哈国界线位置和岛屿的归属。在界河中界线勘定以后新出现的岛屿，按勘定的界线划分，如果新出现的岛屿骑在勘定的边界线上，那么由缔约双方在公平合理的基础上协商，确定其归属。[1]

1997年9月24日李鹏总理访哈期间，中哈签署《中华人民共和国和哈萨克斯坦共和国关于中哈国界的补充协定》，明确了第70界点和第71界点，以及从第69界点经第70界点至第71界点的具体走向（全长约10公里）。第71界点位于汗腾格里峰6995米高地（苏联地图为6995.2米高地）上，是中哈国界线的南部终点。

1998年7月4日时任中国国家主席江泽民在哈进行工作访问期间，与纳扎尔巴耶夫总统在阿拉木图签署第二份《中华人民共和国和哈萨克斯坦共和国关于中哈国界的补充协定》，明确了1994年中哈国界协定中未能明确的从第15界点至第16界点（即察汗鄂博地区）以及从第48界点至第49界点（即夏尔西里地区）的具体走向。

1999年5月5日，中哈俄三国在阿拉木图签署关于确定三国国界交界点的协定，确定三国国界交界点在阿尔泰山脉（南阿尔泰山脉）分水岭上，位于中国境内2988高地北偏东北约2.81公里，俄罗斯境内3086高地西南约3公里，哈萨克斯坦境内3339高地南偏东南约2.9公里，地理坐标为：北纬49°06.9′，东经87°17.2′；直角坐标为：X=5442595，Y=15520905，高程为3327。坐标和高程分别采用1942年坐标系和波罗的海高程系。由于三国国界交界点位于终年积雪的雪山上，难以通行，缔约三方商定在该点不设界标。[2]

1999年8月25日，中哈吉三国在比什凯克签署《中华人民共和

---

[1] 《中华人民共和国和哈萨克斯坦共和国关于中哈国界的协定》，中国人大网，http://www.npc.gov.cn/wxzl/wxzl/2001-01/02/content_3261.htm。

[2] 《中华人民共和国、俄罗斯联邦和哈萨克斯坦共和国关于确定三国国界交界点的协定》，中国人大网，http://www.npc.gov.cn/wxzl/gongbao/2001-01/03/content_5007257.htm。

国、吉尔吉斯共和国和哈萨克斯坦共和国关于三国国界交界点的协定》，确定三国国界交界点位于汗腾格里峰6995米高地上。该点位于中国境内5292米高地北偏西北3387米，吉尔吉斯斯坦境内6411米高地东偏东北3428米，哈萨克斯坦境内4672米高地以南5592米。地理坐标为：北纬42°12′36.4″，东经80°10′31.1″；直角坐标为：X = 4，675，395，Y = 14，431，875。坐标和高程分别采用1942年坐标系和波罗的海高程系。缔约三方同意，三国国界交界点在实地不设标志。①

1999年11月23日，中哈两国在北京发表《中华人民共和国和哈萨克斯坦共和国关于两国边界问题获得全面解决的联合公报》，宣布"中哈边界问题得到了全面彻底的解决，这在两国关系中具有历史意义，有助于中哈睦邻友好关系的进一步发展，也有利于维护本地区的安宁与稳定"。②

## 中华人民共和国和哈萨克斯坦共和国关于两国边界问题获得全面解决的联合公报

中华人民共和国和哈萨克斯坦共和国两国元首满意地指出，根据两国1994年4月26日签署的中哈国界协定及1997年9月24日签署的中哈国界补充协定和1998年7月4日签署的中哈国界补充协定的规定，中哈边界问题得到了全面彻底的解决，这在两国关系中具有历史意义，有助于中哈睦邻友好关系的进一步发展，也有利于维护本地区的安宁与稳定。

根据上述三个国界协定，中哈边界全线勘界工作野外作业已如期完成。

---

① 《中华人民共和国、吉尔吉斯共和国和哈萨克斯坦共和国关于三国国界交界点的协定》，中国人大网，http://www.npc.gov.cn/wxzl/gongbao/2000－12/17/content_5008966.htm。
② 《中哈签署关于两国边界问题获全面解决的联合公报》，《人民日报》1999年11月24日。

中哈国界线在实地得到了准确标示。双方将加紧起草有关法律文件，以结束全部勘界工作。

双方愿就两国边界管理制度、跨界水资源利用、交通运输、口岸等方面的问题进行磋商，为加强边境地区的相互信任与友好合作创造良好的条件。

江泽民（签字）　　　　　　纳扎尔巴耶夫（签字）

一九九九年十一月二十三日于北京

2002年5月10日，中哈两国外长签署《中华人民共和国政府和哈萨克斯坦共和国政府关于中哈国界线的勘界议定书》及其附图，在双方各自完成了国内法律程序之后，于2003年7月29日正式生效。这意味着，1996年7月至2001年12月，中哈两国历经五年时间由六个工作组同时进行的国界线现场勘界工作正式结束，两国国界线已全部勘定完毕，并经两国法律程序认可后具有正式的法律效力，边界划分这项历史遗留问题得到了全面、彻底、合理的解决。最后确定的中哈国界线全长1782.75公里，其中陆界为1215.86公里，水界为566.89公里。双方在勘定的国界线上共竖立688棵界桩。

2006年12月20日，中哈两国政府在北京签署《中华人民共和国政府和哈萨克斯坦共和国政府关于中哈国界管理制度的协定》，明确了有关术语的定义，以及有关国界线走向、界标和边界通视道的维护、边界联合检查、跨界水和边界水、边境地区的生产活动及法律秩序、出入国界、边境地区经济往来和联系、边界事件、边界代表及其权利、职责和工作程序、《协定》执行机制等事项。双方约定为维护两国国界的稳定和边境地区的安宁，本着互相尊重、互信、平等、友好、合作的精神处理边界事务，将两国国界建设成为永久和平、世代友好的边界。

## 二 边界划分的意义

正如时任中国外交部条约法律司负责人刘振民所说:"边界问题的解决,消除了两国关系中的障碍和隐患,有利于创造良好的周边环境,有利于我国内的建设和发展。中国与俄、哈、吉、塔边界问题的解决表明,只要本着平等协商、互谅互让的精神,尊重国际法基本准则,以公正合理为出发点,通过和平方式解决国与国之间的争端、实现互利双赢是可以做到的。"①

在中哈第二个国界补充协定文件签署后,中哈两国元首共同回答记者提问,时任中国国家主席江泽民指出:"中哈是有着1700多公里共同边界的友好邻邦,双方本着平等协商、互谅互让的精神,在考虑相互利益的基础上,全面彻底地解决了两国历史遗留的边界问题。这对中哈两国和两国人民来说是一项功在当代、利在千秋的大事。从此,我们之间有了一条没有任何问题的边界,一条和平友好的边界,一条促进两国共同繁荣的边界。这对地区稳定也是一个重要贡献。"哈萨克斯坦首任总统纳扎尔巴耶夫指出:"今天签署的两国国界补充协定具有重要意义,相信两国友好的边界有益于后代,两国边界问题的彻底解决是重要的历史性事件。在上海和莫斯科协定五个签字国中,哈萨克斯坦是第一个同中国完全解决边界问题的国家,这证明两国间存在着深厚的友谊和信任关系。哈将中国视作是哈面向21世纪的战略伙伴。中国是一个伟大的国家,是哈的友好邻邦,中国是世界上有威望的国家,两国领导人都有发展两国关系的良好愿望,这将进一步推动两国关系不断向前发展。"②

在谈判过程中,中哈双方始终坚持历史和现实相结合的原则,遵循"尊重国际法基本准则、平等协商、互谅互让、公正合理、和平

---

① 《外交部条约法律司司长谈中国与邻国的划界工作》,2013年6月3日,新疆外办网站,http://fao.xinjiang.gov.cn/xjwqb/bjsw/201306/a45c35597e174482894edae7f32b1251.shtml。
② 《中哈两国元首举行记者招待会》,《光明日报》1998年7月5日。

方式"的基本精神，以互利双赢为目标，创造性地将原本存在争议的边界转化为和平与合作的边界。哈萨克斯坦政治分析专家卡纳特认为："如前所述，与中国的领土和边界问题在整个苏联时期都没有得到解决。主要原因是苏联中央没想放弃沙俄在19世纪凭借实力而与清政府签署的边界条约。因此，苏联当局拒绝承认中苏之间存在边界问题。"①

中哈关系之所以发展得越来越好，与两国边界谈判有很大关系。谈判过程中所展现出的平等尊重，对独立初期的哈萨克斯坦是极大的支持与利好。客观地说，与中国的复杂国界谈判，是哈萨克斯坦总统纳扎尔巴耶夫及其对外政策团队最耀眼的成就之一。

## 第二节 边界安全

传统的安全观强调实力。它以现实主义为理论基础，从人性本恶的基点出发，从政治、军事或外交角度去判断安全环境和安全威胁，认识安全性质和安全利益，确定安全战略和安全目标，选择维护安全的途径和方式。人类曾经历无数次战争，历史实践证明，以行使武力或以武力相威胁为基础的安全观念和体制难以营造持久和平。新安全观是在战争不能从根本上解决矛盾与争端、武力无法适应新形势需要的情况下而探索出的新方法。

不同的国家有不同的新安全观。例如，有些国家提出国际机制理论，希望建立天下统一的国际机制，通过制度和机制的运作，以解决新形势下的新问题。2001年"9·11"事件以后，美国提出"先发制

---

① Канат Сарин, Государственная граница: безопасность будущих поколений, https://liter.kz/gosudarstvennaya-granicza-bezopasnost-budushhih-pokolenij/.

人"的新安全理念。尽管该理念在预防冲突和化解危机方面有一定的作用，但在主权国家平等的当今世界，特别是当美国的利益遍布世界的时候，很难区分哪些行为只是单纯为了美国的自身利益，哪些行为是美国想控制其他国家。实际操作起来，往往令人反感，认为美国想在全世界建立以美国为首的统一秩序，"先发制人"不过是以霸权为基础的旧安全观的翻版而已。与美国不同的是，有着极强人权传统的欧洲则更强调建立以国际法为基础的制度协调新观念，但是欧洲所主张的国际法带有世界主义的色彩，提出"人权高于主权"和"人道主义干涉有理"等口号，所以并不代表国际社会大多数成员的意见，而且当今国际社会中，很多主流的国际法是由发达国家主导制定，往往对发达国家更有利。

中国和大多数发展中国家则认为新安全观的核心应是互信、互利、平等、协作。它不是为了追求霸权、划分势力范围和组建盟国集团，也不是以意识形态为出发点的输出革命的框架，而是建立在共同利益基础之上，尊重多样文明，主张世界多极化，强调联合国的主导作用；它强调解决安全问题的手段的综合性，特别是经济合作的重要性，把加强经济交流与合作作为营造持久安全与稳定的重要途径。

边界安全是国家安全的重要组成部分，旨在确保领土的主权、不可侵犯和完整，在边境空间内落实和保护国家利益和安全。通常，威胁边界安全（边境安全）的主要因素包括：领土主张；国界文件不完整（如文字说明含糊、界标缺失等）；"三股势力"活动；经济和人口扩张，以及资本和具有战略意义的原材料和商品的大量出口；非法越界活动（如走私、非法移民等跨国有组织犯罪、生物侵害等）；外部局势不稳定造成的武装冲突、难民等；跨界运输的事故和灾害、自然灾害等。通常，确保边界安全的主要原则有：承认和尊重现有边界，没有争议区，不得非法改变国界线；国家边界不可侵犯；捍卫国家领土完整和主权，保护个人、社会和国家的切身利益；遵守国家边境制度和法律；维护睦邻友好关系。

## 一 军事互信和裁减军事力量

在划分国界的同时,中哈两国也不断加强边境地区的军事信任,裁减边境地区的军事力量,努力使国界成为一条安全稳定与和平友好的纽带。起初,中哈边境安全合作与"上海五国"机制以及上海合作组织同步发展。"上海五国"机制从中苏边境谈判发展而来。苏联解体前的1990年4月24日,中苏两国政府签署《中华人民共和国政府和苏维埃社会主义共和国联盟政府关于在中苏边境地区相互裁减军事力量和加强军事领域信任的指导原则的协定》。1991年12月苏联解体后,新独立的俄罗斯、哈萨克斯坦、吉尔吉斯斯坦、塔吉克斯坦四国均承认早先中苏边界谈判的成果,只是谈判主体由苏联解体前的中苏两国变成了中国与这四个国家(即"五国两方")。1992年9月8日,俄哈吉塔四国组成联合代表团,与中方以"五国两方"的新模式继续进行边界谈判。1992—1996年,"五国两方"共举行了17轮谈判,开展不同级别的磋商、会晤、谈话。随着谈判不断进展,同时为了加强五国在边境地区的相互信任并裁减边境地区的军事力量,五国元首于1996年在上海举行会晤,签署《中华人民共和国和哈萨克斯坦共和国、吉尔吉斯共和国、俄罗斯联邦、塔吉克斯坦共和国关于在边境地区加强军事领域信任的协定》,接着又于1997年在莫斯科签署《中华人民共和国和哈萨克斯坦共和国、吉尔吉斯共和国、俄罗斯联邦、塔吉克斯坦共和国关于在边境地区相互裁减军事力量的协定》。此后,元首的这种年度会晤形式被固定下来,轮流在五国举行。由于首次会晤是在上海举行的,因此该会晤合作形式被称作"上海五国"机制。2001年6月15日,五国元首和乌兹别克斯坦总统在上海共同发表《上海合作组织成立宣言》,一致决定将"上海五国"机制提升为国际组织,使之成为六国在新形势下发展合作的重要依托和坚实基础。

1996年的《中华人民共和国和哈萨克斯坦共和国、吉尔吉斯共和国、俄罗斯联邦、塔吉克斯坦共和国关于在边境地区加强军事领域信任的协定》规定：双方（即中国为一方，俄哈吉塔四国为另一方）部署在边境地区的军事力量，作为双方军事力量的组成部分，不用于进攻另一方，不进行威胁另一方及损害边境地区安宁与稳定的任何军事活动。为发展睦邻友好关系，保持边境地区长期稳定的局势，在边境地区加强军事领域相互信任，双方采取如下措施：（一）交换已商定的军事力量和边防部队（边防军）组成部分的资料；（二）不进行针对另一方的军事演习；（三）限制实兵演习的规模、地理范围和次数；（四）通报重大军事活动情况和遇有紧急情况的部队调动；（五）通报部队和武器装备临时进入以中国为一方和以哈萨克斯坦、吉尔吉斯斯坦、俄罗斯、塔吉克斯坦为另一方之间的边界线（下称"边界线"）各自一侧一百公里地理区域的情况；（六）相互邀请观察员观看实兵演习；（七）通报海军江河作战舰艇临时进入中俄东段边界线各自一侧一百公里地理区域；（八）采取措施预防危险军事活动；（九）对不明情况提出质疑；（十）加强边境地区军事力量和边防部队（边防军）人员友好交往以及落实双方商定的其他信任措施。[①]

1997年的《中华人民共和国和哈萨克斯坦共和国、吉尔吉斯共和国、俄罗斯联邦、塔吉克斯坦共和国关于在边境地区相互裁减军事力量的协定》规定：协定的适用地理范围，是指以中国为一方和以哈萨克斯坦、吉尔吉斯斯坦、俄罗斯、塔吉克斯坦为另一方的边界线两侧各一百公里纵深的地理区域。双方部署在边境地区的军事力量，作为双方军事力量的组成部分，不用于进攻另一方，不进行威胁另一方及损害边境地区安宁与稳定的任何军事活动。

加强军事互信和裁减军事力量两份协议签署后，根据协议要求，中方和联方（哈吉俄塔）组建了军事核查组，每年对对方边境地区

---

[①] 《中华人民共和国和哈萨克斯坦共和国、吉尔吉斯共和国、俄罗斯联邦、塔吉克斯坦共和国关于在边境地区加强军事领域信任的协定》，中国人大网，http://www.npc.gov.cn/wxzl/wxzl/2000-12/06/content_3612.htm。

100公里范围内的军事力量和技术装备（如部队驻地、营区分布、人员在位等情况）进行裁军履约核查。"履约核查活动进一步加深了双方边防部队之间的合作与互信，有效维护了边境地区安全稳定和正常秩序，使中联双方的边界线真正成了合作线、友谊线、安全线、发展线，有力促进了边境地区的繁荣与稳定。核查过程中，中联双方还通过座谈交流、相互参观边防部队和边境城市、组织文体联谊等活动，达到了增信释疑、深化合作、密切关系、增进友谊的目的，为共同维护边境地区的和平与安全营造了良好氛围。"①

## 二 边境联合巡逻

中哈之间已签署边防合作协议，建立了边防会谈会晤机制，构建起国防部、战区、边防部队三级对外交往机制，开展常态化友好互访、工作会谈和联合巡逻执勤等活动，通报交流通关数据、信息安全、执法合作等方面情况以及爱民固边的经验，共同防范和打击"三股势力"和跨境有组织犯罪等活动。

2008年6月16—19日，中哈两国边防军人根据两国边防代表机构达成的协议，举行首次联合巡逻。由中国新疆军区吉木乃边境会谈会晤站站长张登洲上校和哈萨克斯坦斋桑段边防副代表库尔玛特中校为组长的16人联合执勤小组，从新疆吉木乃国门出发，采取乘车、乘艇、骑马以及徒步巡逻等方式，对中哈67号界碑至26号界碑之间近400公里的边界地段进行联合巡逻。两国军人沿着边界线翻山越岭，穿越沙漠戈壁，认真查看两国的边界设施和国界标志，探讨和交流管边控边的新举措和新办法。②随着"肩并肩"交流的增多，中哈边防军人总结和探索出了联合踏边、联合巡逻、联合搜索、联合抓

---

① 《中哈吉俄塔共同组织年度边境裁军履约核查》，2019年6月26日，新华网，http://www.xinhuanet.com/mil/2019-06/26/c_1210170139.htm 10170139.htm。

② 《中国哈萨克斯坦两军首次联合巡逻边界三天》，2008年6月21日产，凤凰网，http://news.ifeng.com/mil/2/200806/0621_340_610065_1.shtml。

捕、互补执勤、交叉执勤等十余种行动方式,既提高了边境管控的有效性,又密切了双方边防部队的关系,确保了共管边境地段的安全稳定。①

## 第三节　边境合作

边境地区是与邻国深化经济合作、推进"一带一路"建设的重点区域。在边境地区,与边界划分、边界安全同等重要的事项还有边境的各种管理与合作,如开展人员往来、经济贸易、打击犯罪等。总体来讲,边界是基础,没有明确的边界,就不可能有稳定的合作。而边境管理与合作是目标,即维护边境地区的稳定、发展边境地区的经济、促进边境地区信任和睦邻友好。中国与邻国的沿边对外开放,为中国边境口岸体系的形成创造了有利条件,而边境口岸的形成、发展与不断完善,则推动了内陆边境地区的社会发展与经济振兴。

哈萨克斯坦独立后,继续沿用苏联时期的做法,将边境地区细分为边境管理区、边境地带和边境禁区三部分。边境管理区指沿国界的乡村、市镇等行政管辖区域。边境禁区指在边境管理区内划定的特别控制区,非经专门许可不得进入。凡在边境地区居住、通行、生产或者从事其他活动的单位和个人均应当遵守相关管理规定。边境地带是指距离国界线一定宽度(通常为5公里)以内的区域。通常由强力部门监管,在进入边境地带的地方设立提醒标志,并实施特殊的边境政策和管理制度,特别是针对人员、货物和交通工具等的进出和停留迁徙,进行经济、狩猎、研究、搜寻和其他活动,举办群众性社会政

---

① 《中哈边境:雪地联合巡逻装甲车开道》,2011年2月25日,中国军网,http://mil.cnr.cn/jstp/201102/t20110225_507721263.html。

治、文化和其他活动等。

总体上，中哈边境合作主要有两方面内容：一是建立边境合作机制，即两国涉及边境安全与合作等事务的中央和地方政府机构、边防和口岸各部门间的定期和不定期会晤协商机制、边境紧急事态应对机制、合作论坛等，总结和交流合作经验。除官方代表外，还可吸收很多民间机构和人士参与。二是开展各具体领域合作，发展经济、文化和人文联系，建设基础设施，促进贸易额增长，共同解决经济、交通、能源、市政、生态、社会人口、人文等领域的问题。例如：（1）发展边境贸易。包括加强口岸建设，发展边境合作中心、边境贸易综合体、海关保税库、简化海关程序等。（2）开展投资项目和生产技术合作。（3）交通和通信合作。如基础设施和信息网络建设、简化通关手续等。（4）合理利用自然资源和环境保护。包括及时通报边境地区动物传染病和流行病的信息，共同预防并采取紧急措施防治兽疫；合理开发边境地区矿产资源，同时预防将有害废料投放到土地、大气和水中；共同解决跨界水资源合理利用和保护等问题；建立特殊自然保护区及水域保护区等。（5）移民和劳动力市场调控。包括简化出入境手续、调配劳动力市场等。（6）法律和司法合作。包括预防和打击"三股势力"、移民管理、跨国犯罪和行政违法行为，保障道路交通和防火安全等。（7）科学和人文合作，包括卫生保健、科技、旅游、保护少数民族文化等。

随着边界问题的解决，中哈边境地区的经济合作也随之发展，双方遵循"互利互惠、富民兴边、互通有无、引缺泄余、增进睦邻友好"的原则，主要合作方式有边境经济合作开发区和跨国边境合作区两种。边境经济合作区是依托边境城市或口岸的独特优势，发展边境贸易和加工出口的区域。跨国边境合作区则是由两个相邻的国家各划出一片区域，组成一个共同经营管理的合作区域。边境经济合作区和跨国边境合作区是不同的边境合作模式。二者相同之处在于，都地处边境地区，且都享受若干优惠政策。但二者的不同之处在于，边境经济合作区完全在自己国境内,属于一国自我运营管理的一块区域,而跨国边境合作区则同时具有"跨国"和"合作"色彩,是横跨两个相邻国家,由两个邻国各自划出一定面积所形成,共同出资建设,共同进行经济合作的形式。它是对边境经济合作区模式的延伸和扩展。与边民互市主要从事商业贸易活动不同的是,边境经济合作开发区和跨国边境合作区除了贸易以外,还可以有仓储、物流、制造、展览、洽谈、金融等其他经济功能。

## 一 边境口岸

苏联解体前夕的 1990 年 9 月 12 日,中国与苏联的两大铁路网于中国新疆的阿拉山口和哈萨克斯坦的德鲁日巴口岸实现对接,形成了第二条亚欧大陆桥(跨西伯利亚大铁路为第一条亚欧大陆桥)。从此,从中国沿海的连云港出发,可以经哈萨克斯坦和俄罗斯,直达欧洲的鹿特丹港。铁路接轨后,在国际货运方面,中苏两国于 1991 年 7 月 20 日开通国际临时货运车次,1992 年 12 月 1 日从连云港开出第二亚欧大陆桥的首趟列车,标志着该线正式开始国际货物运输。在国际客运方面,哈萨克斯坦于 1992 年 10 月 31 日正式营运阿拉木图至乌鲁木齐的班列,中国则于 1993 年 4 月 3 日开通乌鲁木齐至阿拉木图间的国际旅客运输。

根据中哈签署的协议,口岸是指位于中哈边界两侧,由两国法定机关实施监管的,用于人员、交通工具、货物、物品和动植物出入境的区域。哈萨克斯坦是与中国开放口岸最早的中亚国家。早在 1992 年 8 月哈外长访华期间,双方就签署了《中华人民共和国政府和哈萨克斯坦共和国政府关于开放边境口岸的协定》。

中哈之间已经开通运营的陆路口岸主要有 5 个,其中公路和铁路结合的口岸是阿拉山口—(哈)多斯特克,公路、铁路、管道结合的口岸是霍尔果斯—(哈)阿腾科里(铁路)、努尔若雷(公路),其他三个是单纯的公路口岸:都拉塔—(哈)科里扎特、巴克图—(哈)巴克特、吉木乃—（哈）迈哈布奇盖。除法定节假日外，铁路口岸全年昼夜开放，公路口岸除霍尔果斯外，每周一至周六通关6天，必要时可协商调整口岸的工作时间，经双方批准并通过外交途径相互通知后实施。

阿拉山口口岸是铁路、公路、石油管理三重口岸，具有国际联运地位，位于博尔塔拉蒙古自治州境内，距州政府所在地博乐市73公里，距乌鲁木齐市460公里。其对应的是哈萨克斯坦阿拉木图州的多斯特克口岸（旧称"德鲁日巴"，意为友谊），公路距阿拉木图市580公里，铁路至阿拉木图市880公里，距首都努尔苏丹市1413公里。

霍尔果斯口岸是铁路、公路、天然气管道三重口岸，具有国际联运地位，位于霍城县境内，距伊宁市90公里，距乌鲁木齐市670公里。其对应的是哈萨克斯坦阿拉木图州的霍尔果斯口岸，距雅尔肯特市（原名潘菲洛夫市）35公里，距阿拉木图378公里。霍尔果斯口岸是中国西部地区基础设施最好、通关条件最便利的口岸，也是西部地区最早开放的口岸（1881年就开始正式通关），1981年第一批对外开放的陆路口岸，1992年正式向第三国开放。

巴克图口岸属公路口岸，位于塔城地区，距塔城市17公里，距乌鲁木齐市620公里。其对应的是哈萨克斯坦东哈萨克斯坦州的巴克特口岸，距马坎赤市60公里，至乌尔加尔机场110公里，至阿亚库斯火车站250公里，距阿拉木图1000公里，距卡拉干达市950公里，距首都阿斯塔纳市1200公里。2009年12月，巴克图口岸开通运营中哈边民互市。

吉木乃口岸属公路口岸，位于阿勒泰地区吉木乃县境内，距吉木乃县城24公里，距阿勒泰市198公里，距乌鲁木齐市650公里。其对应的是哈萨克斯坦东哈萨克斯坦州的迈哈布奇盖口岸，距斋桑市60公里，距东哈州首府乌斯季卡缅诺戈尔斯克市500公里。

都拉塔口岸属公路口岸，位于伊犁州察布查尔县境内，距察布查尔县城约50公里，距伊宁市约63公里。其对应的是哈萨克斯坦阿拉木图州的科里扎特口岸，距阿拉木图市250公里，比霍尔果斯口岸到阿拉木图近100多公里。

**中哈开放口岸**

| 序号 | 中方口岸名称 | 中方口岸位置 | 哈方口岸名称 | 哈方口岸位置 | 口岸种类 | 开放时间 |
|---|---|---|---|---|---|---|
| 铁路口岸 ||||||||
| 1 | 阿拉山口 | 博尔塔拉蒙古自治州博乐市 | 多斯特克 | 阿拉木图州阿拉科里区 | 多边（国际）客货运输口岸 | 昼夜 |
| 2 | 霍尔果斯 | 伊犁哈萨克自治州霍城县 | 阿腾科里 | 阿拉木图州潘菲洛夫区 | 多边（国际）客货运输口岸 | 昼夜 |
| 公路口岸 ||||||||
| 1 | 霍尔果斯 | 伊犁哈萨克自治州霍城县 | 努尔若雷 | 阿拉木图州潘菲洛夫区 | 多边（国际）客货运输口岸 | 白天 |
| 2 | 都拉塔 | 伊犁哈萨克自治州察布查尔县 | 科里扎特 | 阿拉木图州维吾尔区 | 双边客货运输口岸 | 白天 |
| 3 | 阿拉山口 | 博尔塔拉蒙古自治州博乐市 | 多斯特克 | 阿拉木图州阿拉科里区 | 多边（国际）客货运输口岸 | 白天 |
| 4 | 巴克图 | 塔城地区塔城市 | 巴克特 | 东哈萨克斯坦州乌尔加尔区 | 多边（国际）客货运输口岸 | 白天 |
| 5 | 吉木乃 | 阿勒泰地区吉木乃县 | 迈哈布奇盖 | 东哈萨克斯坦州斋桑区 | 多边（国际）客货运输口岸 | 白天 |

资料来源：《中华人民共和国政府和哈萨克斯坦共和国政府关于中哈边境口岸及其管理制度的协定》，外交部网站，https://www.fmprc.gov.cn/web/ziliao_674904/tytj_674911/tyfg_674913/t947947.shtml。

## 二 边境经济合作开发区

根据中国商务部2021年4月发布的《关于围绕构建新发展格局做好边境经济合作区、跨境经济合作区工作的通知》规定，为打造沿边地区对外开放的重要节点和平台，服务共建"一带一路"和国家区域协调发展战略，要"持续深化边（跨）合区与俄罗斯、蒙古国、哈萨克斯坦、越南、缅甸、老挝等周边国家和地区的经贸交流。发挥中哈霍尔果斯国际边境合作中心、中老磨憨—磨丁经济合作区协调机制作用，完善三级联动工作机制"[①]。由此可知，哈萨克斯坦是

---

① 《商务部推动边（跨）合区提升发展水平》，2021年6月3日，商务部网站，http://tradeinservices.mofcom.gov.cn/article/news/gnxw/202106/116913.html；2021年4月30日发商办资函 [2021] 163号《商务部办公厅关于围绕构建新发展格局做好边境经济合作区、跨境经济合作区工作的通知》，商务部网站，http://www.mofcom.gov.cn/article/b/f/202106/20210603067270.shtml。

中国发展边境经济合作区的重要方向之一。

截至2021年年底，在新疆共有伊宁、塔城、博乐和吉木乃共4个国家级边境经济合作开发区（前三个于1992年设立，吉木乃于2011年经国务院批准设立），均设在中哈边境地区，目标是面向独联体市场，发展边贸商业、进出口加工、仓储和口岸服务等功能。其中伊宁边境经济合作区规划面积15平方公里，控制面积30平方公里，依托霍尔果斯、都拉塔、木扎尔特三个口岸以及伊犁市的优势资源。塔城边境经济合作开发区距巴克图口岸12公里，规划面积为6.5平方公里，主要依托巴克图口岸。博乐边境经济合作区距阿拉山口口岸73公里，规划面积为7.83平方公里，主要依托阿拉山口口岸来发展。吉木乃边境合作区规划面积为14.30平方公里，依托吉木乃口岸。

在发展边境经济合作区的过程中，新疆各口岸还不断探索"边民互市+落地加工"和"边民互市落地+综合保税区加工"等模式，例如巴克图口岸侧重葵花籽、红花籽等油料作物的贸易和加工，吉木乃口岸主要侧重冷冻水产品和肉类，霍尔果斯口岸侧重肉类和果蔬，阿拉山口口岸侧重活畜、皮、毛、绒、肉等畜产品。

在发展边境经济合作区的同时，2010年5月的中央新疆工作座谈会决定，在新疆一南一北分别设立喀什和霍尔果斯两个国家级经济开发区（经济特区），以带动新疆的对外开放和地区发展，形成"面向东亚、南亚、西亚、中亚乃至欧洲的核心发展区"。其中霍尔果斯经济开发区（经济特区）规划总面积73平方公里（霍尔果斯口岸园区20平方公里、伊宁园区35平方公里、清水河配套产业园区8平方公里、兵团分区10平方公里），呈"一区四园"的空间布局。由此，霍尔果斯同时集合了霍尔果斯口岸、中哈霍尔果斯国际边境合作中心、霍尔果斯经济开发区、霍尔果斯市"四块牌子"。

在中国发展霍尔果斯的同时，哈萨克斯坦同样努力发展自己国内的霍尔果斯。哈萨克斯坦国土辽阔，但人口密度低，因此在地区发展问题上，将优先发展城市群并带动周边卫星城发展作为经济增长点。在国土功能发展布局上，哈萨克斯坦将国内各地分为三个层级：第一层级是阿斯塔纳、阿拉木图、奇姆肯特和阿克托别等四个国际化大都市（枢纽城市），打造产业集群，培育经济增长点，使其成为本国乃至中亚地区一体化发展的"火车头"。第二层级是各地区的中心城市，即各州州府所在地，从自身优势和实际特点出发，发展优势产业并形成产业集群。第三层级是地市级中小城市，侧重促进经济社会整体协调发展并着力于改善民生。与此同时，哈在国内有特殊优势的地区，积极建设经济特区和各类工业园区，其中包括霍尔果斯东大门经济特区。

霍尔果斯东大门经济特区位于哈萨克斯坦阿拉木图州潘菲洛夫区，规划面积为45.92平方公里，2011年设立，2014年12月正式投入运营，在运营仪式当天，哈总统纳扎尔巴耶夫通过视频连线象征性地按下启动按钮。经济特区现由哈萨克斯坦国家铁路集团管理，重点发展制造业（饮料、烟草、木制品、家具、设备维修和安装、打印和播录设备、编织和秸秆产品）、仓储物流（陆港）和展览业。哈希望该经济特区成为境内最重要的物流中心，通过它大幅提高哈中贸易和过境潜力，甚至在此基础上形成一座10万人规模的城市。

**哈萨克斯坦霍尔果斯东大门经济特区**

## 三 跨国边境合作区

中哈霍尔果斯国际边境合作中心是中国的第一个，也是世界上首个跨境自由贸易区。这种"一区跨两国"的边境合作模式是国际上的新型经济合作方式，既有自贸区的特点，又不仅仅是自贸区。从中哈两国相关规划文件和两国领导人的表态看，希望将其发展成为当地经济龙头，不局限于贸易，更看重制造业、物流、金融和效应辐射功能。因此可以说，该边境合作中心是中哈共同探索的符合国情的合作形式，为世界其他地区的睦邻友好合作提供了可以借鉴的样板。

从发展历程看，霍尔果斯国际边境合作中心是中哈贸易合作水平不断提升、自下而上与自上而下良性互动的一个典型案例。中心的最初构想始于1992年，香港一洲有限公司提出在霍尔果斯口岸投资1.5亿元建设一座横跨中哈两国领土、面积2.6平方公里、具有自由贸易区性质的全封闭国际自由贸易城，即加洲边贸城。该项目自下而上得到了中哈两国各级政府部门的肯定与支持。加洲边贸城1994年7月破土动工，后因其内部原因停工。[1]

进入21世纪后，随着中哈经济往来日益密切，为了更好地发挥边境口岸在联通国内外市场、拓展延伸产业链和供应链、促进边境贸易和交通物流发展、承接产业转移、推动物流节点建设的作用，中哈开始探讨有关在边境交界区域建立合作中心的问题。2002年恰好是中哈两国自1992年建交和开放口岸后的第10年。这一年12月纳扎尔巴耶夫总统访华，提出中哈共同在霍尔果斯建立"边境自由贸易区"的倡议。考虑到当时哈萨克斯坦不是WTO成员方，该倡议后来被更名为"中哈霍尔果斯国际边境合作中心"。2003年6月时任中国国家主席胡锦涛访哈期间，两国领导人又就此问题进行了深入交流。

---

[1] 王雅静：《对中哈霍尔果斯国际边境合作中心协调管理机制建设的思考》，《俄罗斯中亚东欧市场》2012年第4期。

霍尔果斯在蒙古语中意思是"干骆驼粪多的地方""驼队经过之地"或者"水草丰美的游牧地",哈萨克语意思是"水流经过的地方""积累财富的地方"。中哈选择霍尔果斯作为两国国际边境合作中心所在地的主要原因是:这里自一千多年前的隋唐时代起就是古丝绸之路的重要驿站,现在的基础设施条件好,是连接中国新疆乌鲁木齐与哈萨克斯坦最大城市阿拉木图最近、最便捷的地区。正如哈萨克斯坦总统纳扎尔巴耶夫所说:"历史上,大中型城市都是沿丝绸之路而建。在现代,道路两侧则孕育着无限商机。在基础设施建设方面,首先应该加强交通基础设施建设,各地区都应形成公路、铁路和航空紧密相连的立体交通网络。"[1]

2004年9月24日,纳扎尔巴耶夫访问伊犁,中哈两国在伊宁市签署《中华人民共和国和哈萨克斯坦共和国关于建立"霍尔果斯国际边境合作中心"的框架协议》,双方约定各划拨一块土地,在中哈霍尔果斯边境建立国际边境合作中心,实行封闭式管理,享受两国共同确认的若干优惠政策。2005年7月4日胡锦涛访哈,两国共同签署《中华人民共和国和哈萨克斯坦共和国关于建立和发展战略伙伴关系的联合声明》。同日,中国商务部和哈萨克斯坦工业和贸易部签署《中华人民共和国政府和哈萨克斯坦共和国政府关于霍尔果斯国际边境合作中心活动管理的协定》。2006年3月17日,中国国务院下发《国务院关于中国—哈萨克斯坦霍尔果斯国际边境合作中心有关问题的批复》,对合作中心中方区域和配套区的功能定位、优惠政策、开发建设作出批复。[2] 哈政府同样高度重视合作中心哈方区域的建设,由国家预算拨付哈方区域的基础设施建设,成立国有的霍尔果斯国际边境合作中心股份公司,负责哈方区域的开发、建设和管理。

霍尔果斯国际边境合作中心于2006年6月开工建设,2012年4月18

---

[1] Послание Президента Республики Казахстан Н. Назарбаева народу Казахстана от 11 ноября 2014 г. "НҰрлы жол-путь в будущее".

[2] 《中国同哈萨克斯坦的关系》,外交部网站,http://www.fmprc.gov.cn/chn/pds/gjhdq/gj/yz/1206_11/sbgx/。

日正式封关运营。中心总面积为 4.63 平方公里（中方 3.43 平方公里，哈方 1.2 平方公里），按照"境内关外"的模式，享有中哈两国共同赋予的特殊政策，实施全封闭管理，中哈两国各留一个出入口（关境），中哈及第三国的公民、车辆和物资，可凭有效证件（护照、通行证等），在无签证的情况下进入合作中心，最长可达 30 天，出入关境的次数不限。从中方关境出入合作中心的游客每人每天可享受 8000 元人民币的免税商品政策，从哈方关境出入的游客每人每天可购买 1500 欧元的免税商品。

**中哈霍尔果斯国际边境合作中心**

霍尔果斯国际边境合作中心自 2012 年正式运营以来，汇聚了来自世界各地上万种商品，涉及服装配饰、鞋帽箱包、建材家居、数码家电、美容护肤、食品百货等领域。中心有商品展示、星级酒店、餐饮娱乐、商业设施、金融服务等，入驻商户 5000 余家，集聚了上百家免税商店，解决了近万人的就业问题，来自中哈两国的游客日渐增多，带动了人流、物流、资金流，通关人数持续增长，对中哈两国当地百姓的就业和生活带来了巨大的便利和影响。2014 年全年通关人数超过 160 万人次，2016 年全年通关人数为 543 万人次[1]，2019 年全

---

[1] 《中哈霍尔果斯国际边境合作中心即将迎来运营 5 周年》，2017 年 4 月 9 日，中国政府网，http://www.gov.cn/xinwen/2017-04/09/content_5184471.htm#1。

年出入人数近660万人次[①]。

霍尔果斯国际边境合作中心（以下简称"中心"）之所以能够快速发展，主要原因在于中哈两国的模式创新，即在自由贸易区的基础上，赋予中心更特殊的政策支持和加大基础设施建设力度。所谓特殊支持，是指六大优惠政策叠加，即出口加工区优惠政策、保税区优惠政策、保税物流港区优惠政策、保税物流园区优惠政策、边民互市贸易优惠政策以及珠澳跨境工业区珠海园区的税收、外汇等相关政策、功能定位和管理模式等。国家赋予合作中心贸易洽谈、商品展示和销售、仓储运输、宾馆饭店、商业服务设施、金融服务、举办各类区域性国际经贸洽谈会七大功能，实行一线放开、二线管住的"境内关外"管理模式。这些优惠政策在其他的自由贸易区并不多见。

为提高通关效率，中心从最初的工作日通关改为实行 7×14 小时通关，通过多点办证、改造升级安检设备、人车分流通道等方式来简化通关流程。中心于 2017 年 6 月开始建设进出货物和物品联网监管平台，实现旅客在区内申报和自助通关，极大方便了旅客的通关申报，车辆的通关效率提高了 60%。为提高新冠疫情下安全无人接触式通关作业，中心于 2021 年 2 月开始施工，5 月正式开通跨境电商"空中陆桥"，建设 56 米长的龙门架吊车，包含 50 吨起重机一台，门架 13 座，中方一侧 6 座，哈方一侧 7 座，集装箱发运全过程人员不接触，国外买家在各个国际电商平台的订单货物发运到霍尔果斯后，经霍尔果斯综合保税区集中申报，跨境电商海关监管中心查验，由"空中陆桥"集装箱专用液压抓钩起吊，运至合作中心哈方一侧，发往欧洲各仓库，预计十三四天就能够抵达。

---

[①] 朱景朝、李明、魏丽娟：《2019 年中哈霍尔果斯国际边境合作中心出入人员近 660 万人次》，2020 年 1 月 14 日，中新网，http://www.chinanews.com/cj/2020/01-14/9059446.shtml。

# 第四章 能源合作

能源不是一种简单的商品，而是具有一定地缘政治意义、关系国家发展命脉的战略资源，对保障我们的生活质量以及国家安全与发展具有重要意义。人类进入发达的工业社会后，很多国内和国际形势的变化都因能源而起或与能源有关。世界上没有一个国家的发展和强大可以离开能源，世界上也没有一个强国是能源生产（或消费）的弱国。

当前世界能源市场出现两个显著变化：一是从消费需求看，发达国家能源需求增长平缓，发展中国家尤其是新兴市场国家的能源需求快速上升，世界能源消费重心（新增市场）向亚洲转移。二是从供应结构看，世界经济向绿色和低碳方向加速发展，能源生产和利用方式正在发生变革，可再生能源比重增加。能源格局的变化也是百年未有之大变局的一部分，正在深刻影响着国际关系和民众生活。在人类所耗费的自然资源中，矿产资源占80%以上，地球上每人每年要耗费3吨矿产资源。能源占矿产资源生产和消费的绝大多数。2018年全球矿产资源总产量为227亿吨，能源、金属和非金属产量分别占68%、7%和25%。2018年全球矿业总产值为5.9万亿美元，相当于全球GDP的6.9%，其中能源矿产占76%，金属矿产占12%，重要非金属矿产占12%。

中国处于工业化中期阶段，能源和矿产资源需求增速放缓，但需求总量仍将维持高位运行。根据自然资源部发布的《全球矿业发展报告2019》，2018年，中国矿产品的产量、消费量和进口量在全球总产量/总消费量/总进口量的比重分别是：能源19%/24%/29%、铁矿石11%/49%/64%、铜7%/53%/56%、铝土矿21%/56%/76%。一次能源年消费量约为：标准煤50亿吨，铁矿石7.5亿吨标矿，精炼铜1350万吨，原铝3500万吨。矿产品年贸易额已超过1万亿美元。中国资源总量大，人均少，资源禀赋不佳。多数大宗矿产储采比低，石油、天然气、铁、铜、铝等矿产人均可采资源储量远低于世界平均水平，资源基础相对薄弱。随着国民经济持续高速发展，中国矿产资源消费量快速上涨，尽管供应量增速高出同期世界平均增速0.5—1倍，但重要矿产资源供需矛盾却日益凸显。从国家经济安全角度来考虑，中国国内高强度开发势必加速资源枯竭，不利于可持续发展，因此，进口大宗能源和战略性矿产资源在所难免。2009—2018年，石油、天然气、铀、煤炭、黄金、铁矿石、精炼铜、原铝、精炼铅、精炼镍、锂、钾肥等重要战略性矿产品需要大量进口才能满足国内需求。其中石油、天然气、铁矿石、铜、铝、钾盐等大宗矿产资源的自给率不足50%，对外依存度居高不下。2018年中国铀矿进口量已经达1.1539万吨，对外依存度高达88%。尽管目前经济处于深度转型调整期，需求增速回落，但供不应求的总体态势还将长期存在。

哈萨克斯坦矿产资源非常丰富，境内有90多种矿藏，已探明的黑色、有色、稀有和贵重金属矿床超过500处。不少矿藏储量占全球储量的比重很高，如钨占50%，铀占19%，铬占23%，铅占19%，锌占13%，铜和铁占10%。哈萨克斯坦是典型的资源依赖型国家，矿产资源的开采、加工和出口在国民经济中占据主导地位。2004年前，因矿产品（石油、煤炭、铁矿、铀矿等）的国际市场价格较低，哈采掘业对经济的贡献排在加工业之后，加工业一直占工业产值的一多半。从2004年开始，采掘业产值规模超过加工业。此后，采掘业（尤其是石油、铜、煤、铁、铀等）成为哈萨克斯坦最主要的工业部门、财政收入的最大来源、出口的主打产品、外国投资的青睐领域。高峰时期，油气工业约占哈国内工业总产值的2/3、GDP的1/3

(2018年占21.3%)、出口总额的3/4、财政收入的1/3。另外，从1998年开始，哈萨克斯坦国家预算方案的制定与安排主要根据石油出口收入测算。从经验看，引发哈萨克斯坦经济危机的主要因素之一是：国际大宗商品（尤其是石油）市场的价格下跌导致国家财政和外汇收入减少、本币贬值，甚至企业资金链断裂。由此，调整经济结构和发展非资源领域经济成为哈萨克斯坦克服经济危机的主要措施之一。

中哈建交以来，两国能源合作日益密切。能源是资本和技术密集型产业，哈萨克斯坦独立初期，哈政府将本国最优质的油气、铀矿、煤炭等能源资源实行私有化，但当时的中国企业尚不具备参与国际竞争的实力，错失了最好的投资合作良机，这些最优质的能源资源被美欧的石油大亨竞标获得。中国能源企业走进哈萨克斯坦市场始于1997年中国石油天然气集团公司（中国石油）收购阿克纠宾油田，从此正式拉开两国能源合作的序幕。油气合作自此一直是中哈经济合作的重点。2000年以后，中国的核能企业也进入哈国市场，逐渐成为哈铀矿的第一大用户。2010年以后，随着哈政府提出绿色经济发展战略，中哈可再生能源合作步伐加快，表现亮眼。可以说，中哈建交三十年来，经过双方共同努力和领导人的推动，在油气、核能、电力、新能源等领域的合作日趋成熟，现已形成上下游一体化的全产业链合作模式，为保障两国能源安全和满足市场需求创造了有利条件。未来，双方将继续依托中哈能源合作分委会机制（中哈政府间合作委员会框架内的分委会），探索灵活多样的合作模式，在巩固现有合作成果的同时，挖掘新的增长点，促使合作向更宽领域、更高水平发展。

中哈能源合作是典型的互利双赢。中国获得了需要的能源，中国企业找到了投资市场，形成了一支勇于开拓和运营海外市场的骨干队伍，中国产品打开了销路，中国的部分技术标准和规则得到了应用推广。哈萨克斯坦增加了就业和税收，国内的资源得到可持续开发和利用，亏损企业得到拯救，落后的技术和设备得到更新改造，空白的产业得到填补，建立起一支熟练的产业工人和技术人员队伍，原先碎片化的基础设施布局得到了有效整合，国家的能源安全保障水平获得了极大提升。

中哈领导人始终关注两国的能源合作。2013年习近平主席访哈时，两国领导人一致强调："中哈能源合作具有优势互补、互利双赢的特性，两国是长期、稳定、可靠的能源合作伙伴。双方要实施好跨境油气管道建设，加强油气开发和加工合作，支持中国石油天然气集团公司参股卡沙甘油田。双方还要在民用核能、新能源、清洁能源领域打造新的合作亮点。"[1]

2019年托卡耶夫总统访华，中哈两国签署《联合声明》强调："中国新发展理念和'两个一百年'奋斗目标同哈萨克斯坦第四次工业革命条件下的发展理念对中哈各自发展具有重要指导意义，愿通过深化互利合作实现共同发展。……双方愿继续提高合作水平，拓展以下领域合作：……（三）扩大能源合作，根据双方已签署文件深化油气、和平利用核能、电力、可再生能源等领域合作。"[2]

## 第一节 油气合作

随着经济持续发展，中国对能源需求不断增加。自1993年中国成为石油净进口国开始，对进口石油的依存度持续偏高。中国的石油企业贯彻实施"走出去、多元化"的能源发展战略，积极拓展海外

---

[1] 《习近平同哈萨克斯坦总统纳扎尔巴耶夫举行会谈——睦邻友好 互利共赢深化中哈全面战略伙伴关系》，《光明日报》2013年9月8日。
[2] 《中华人民共和国和哈萨克斯坦共和国联合声明（全文）》，外交部网站，https://www.fmprc.gov.cn/web/zyxw/t1697207.shtml。

油田开发业务，建立海外勘探开发基地，投资海外油气田及管道项目。通过对上游的"股权换能源"以及对下游的"能源换股权"，中国能源企业以股权为工具，打通上下游，完善产业链整合，在保障国内能源安全的同时，也帮助东道国提升能源安全保障，发展经济多元化。

哈萨克斯坦是中国的石油企业的重要海外市场之一。中国石油天然气集团有限公司（简称"中国石油"，英文缩写 CNPC）是最早与哈开展能源合作的中国企业，双方合作始于 1997 年收购阿克纠宾油田项目，这也是中哈能源合作的开端。经过 24 年的努力，截至 2021 年年底，中哈已形成涵盖油气开发、管道建设和油气加工等上下游一体化开发模式。双方的合作创造了很多"第一"，成为国际能源合作的典范。

总体来看，中哈两国政府间在油气领域的合作文件主要有：1997 年 9 月《关于在石油和天然气领域合作的协议》；2004 年 5 月《关于在油气领域开展全面合作的框架协议》；2007 年 8 月《关于在油气领域开展全面合作的框架协议议定书》；2009 年 10 月《关于在油气领域开展全面合作的框架协议的补充议定书》。上述协议为两国油气合作奠定了法律基础。

## 一 石油和天然气开采

据 BP 公司 2021 年度《世界能源统计年鉴》统计，截至 2020 年年底，哈萨克斯坦已探明石油储量为 300 亿桶（约合 39 亿吨），占世界已探明总储量的 1.7%，储采比为 45.3 年。哈境内共有 15 个含油气盆地，但实现工业开采的仅有滨里海盆地、曼吉斯套盆地、乌斯秋尔特盆地、南图尔盖斯克盆地和楚河—萨雷苏河盆地。据哈能源部数据显示，哈境内含油气远景区面积达 179 万平方公里，占国土面积的 2/3。目前陆上油田最大的是田吉兹油田和卡拉恰干纳克油田，里海水域的油田主要有卡沙甘油田和库尔曼加泽油田。据哈政府估计，随着陆上油气资源开发进入后期，未来海上油田将逐渐取代陆地成为哈萨克斯坦的主要原油产地。自独立以来，哈萨克斯坦的石油和凝析油产量从2500万吨增至2019年的9050万吨、2020年和2021年各8750万吨，产量在世界石油产量中排名第17位。

**BP世界能源统计（石油）**

| | 年份 | 2010 | 2011 | 2012 | 2013 | 2014 | 2015 | 2016 | 2017 | 2018 | 2019 | 2020 |
|---|---|---|---|---|---|---|---|---|---|---|---|---|
| 石油 | 储量（亿吨） | 39 | 39 | 39 | 39 | 39 | 39 | 39 | 39 | 39 | 39 | 39 |
| | 产量（万吨） | 7970 | 8010 | 7930 | 8230 | 8110 | 8020 | 7860 | 8700 | 9050 | 9100 | 8610 |
| | 产量（万桶/天） | 167.6 | 168.4 | 166.4 | 173.7 | 171.0 | 169.5 | 165.5 | 183.8 | 190.4 | 191.9 | 181.1 |
| | 消费量（万桶/天） | 20.6 | 27.0 | 28.8 | 29.7 | 30.4 | 36.4 | 34.4 | 38.5 | 40.9 | 38.7 | 37.9 |
| | 消费量（艾焦） | 0.42 | 0.55 | 0.59 | 0.60 | 0.62 | 0.73 | 0.69 | 0.77 | 0.81 | 0.76 | 0.75 |
| | 炼厂产能（万桶/天） | 33.0 | 33.0 | 33.0 | 35.0 | 35.0 | 35.0 | 35.0 | 36.0 | 39.0 | 40.0 | 40.0 |
| | 炼厂加工量（万桶/天） | 25.7 | 32.6 | 33.1 | 34.1 | 36.1 | 34.2 | 33.9 | 35.5 | 37.4 | 39.2 | 36.7 |
| 原油价格（美元/桶） | 迪拜原油 | 77.78 | 105.93 | 109.06 | 105.47 | 97.02 | 51.22 | 41.02 | 53.02 | 70.15 | 63.71 | 42.41 |
| | 布伦特原油 | 79.50 | 111.26 | 111.67 | 108.66 | 98.95 | 52.39 | 43.73 | 54.19 | 71.31 | 64.21 | 41.84 |
| | 尼日利亚福卡多斯原油 | 81.05 | 113.65 | 114.21 | 111.95 | 101.35 | 54.41 | 44.54 | 54.31 | 72.47 | 64.95 | 42.31 |
| | 美国西得克萨斯中质原油 | 79.45 | 95.04 | 94.13 | 97.99 | 93.28 | 48.71 | 43.34 | 50.79 | 65.20 | 57.03 | 39.25 |

资料来源：2021年度《BP世界能源统计》，https：//www.bp.com/content/dam/bp/country-sites/zh_cn/china/home/reports/statistical-review-of-world-energy/2021/bp-stats-review–2021–full-report.pdf。

据BP估计，截至2020年年底，哈萨克斯坦天然气剩余可采储量为2.3万亿立方米，占世界天然气总储量的1.2%，储采比为71.2年。另据哈萨克斯坦能源及矿产资源部门评估，哈境内的天然气远景储量可达到6万亿—8万亿立方米，已探明可采储量为3.8万亿立方米（其中伴生气为2.2万亿立方米），主要位于陆地（2.3万亿立方米），在世界上排名第22位，在独联体国家中排名第3位（仅次于俄罗斯和土库曼斯坦）。主要集中在6个区域，分别是三个油田（田吉兹、坚戈、托尔肯)、两个凝析油田(卡拉恰干纳克、让纳若尔)和一个气田(阿曼格尔德)。

因为开采的天然气中有很大一部分是伴生气,为提高油田产油量,保证地层有足够压力,需要将采出的伴生气再回填到地层。所以,哈萨克斯坦开采出来的天然气并不能够全部用来销售和消费。不过,随着开采量的提高,商业气产量也逐年增加。

**BP 世界能源统计(天然气)**

| | 年份 | 2010 | 2011 | 2012 | 2013 | 2014 | 2015 | 2016 | 2017 | 2018 | 2019 | 2020 |
|---|---|---|---|---|---|---|---|---|---|---|---|---|
| 天然气 | 储量(万亿立方米) | 1.7 | 1.7 | 1.7 | 1.7 | 1.7 | 1.7 | 1.7 | 1.7 | 2.3 | 2.3 | 2.3 |
| | 产量(艾焦) | 1.00 | 1.06 | 1.07 | 1.12 | 1.14 | 1.15 | 1.16 | 1.24 | 1.23 | 1.23 | 1.14 |
| | 消费量(艾焦) | 0.34 | 0.38 | 0.41 | 0.43 | 0.48 | 0.49 | 0.51 | 0.54 | 0.63 | 0.63 | 0.60 |
| | 产量(亿立方米) | 278 | 293 | 297 | 311 | 317 | 319 | 321 | 345 | 341 | 340 | 317 |
| | 消费量(亿立方米) | 95 | 106 | 114 | 120 | 134 | 136 | 142 | 151 | 174 | 174 | 166 |
| 价格(美元/百万英热) | 日本到岸价(液化气) | 10.91 | 14.73 | 16.75 | 16.17 | 16.33 | 10.31 | 6.94 | 8.10 | 10.05 | 9.94 | 7.81 |
| | 普氏日韩基准价(液化气) | 7.72 | 14.02 | 15.12 | 16.56 | 13.86 | 7.45 | 5.72 | 7.13 | 9.76 | 5.49 | 4.39 |
| | 德国平均进口门站价 | 8.03 | 10.49 | 10.93 | 10.73 | 9.11 | 6.72 | 4.93 | 5.62 | 6.66 | 5.03 | 4.06 |
| | 英国(国家平衡点指数) | 6.56 | 9.04 | 9.46 | 10.64 | 8.25 | 6.53 | 4.69 | 5.80 | 8.06 | 4.47 | 3.42 |
| | TTF 指数 | 6.77 | 9.26 | 9.45 | 9.75 | 8.14 | 6.44 | 4.54 | 5.72 | 7.90 | 4.45 | 3.07 |
| | 美国亨利港价 | 4.39 | 4.01 | 2.76 | 3.71 | 4.35 | 2.60 | 2.46 | 2.96 | 3.12 | 2.51 | 1.99 |
| | 加拿大(阿尔伯塔) | 3.69 | 3.47 | 2.27 | 2.93 | 3.87 | 2.01 | 1.55 | 1.58 | 1.18 | 1.27 | 1.58 |
| | 原油(经合组织国家到岸价) | 13.47 | 18.55 | 18.82 | 18.25 | 16.80 | 8.77 | 7.04 | 8.97 | 11.68 | 10.82 | 7.19 |

资料来源:2021 年度《BP 世界能源统计》,https://www.bp.com/content/dam/bp/country-sites/zh_cn/china/home/reports/statistical-review-of-world-energy/2021/bp-stats-review-2021-full-report.pdf。

## (一)油气开采合作

2021 年,在哈萨克斯坦参与油气开发的中国企业主要有中国石油、中国石化、中信集团、华信集团、陕西延长石油、中国海油、振华石油、新疆广汇集团等,其中中国石油是最主要的开发企业。据中国商务部数据统计,截至2021年上半年,中国石油在哈参股7个油气合作项目,累计投资达320亿美元,累计生产原油超过3亿吨,通过中哈油气管道累计向中国输送原油1.47亿吨和天然气2270亿立方米。中国石油在哈的下属企业累计向哈国缴纳税费超过400亿美元,累计社会公益投入约3.6亿美元,为哈当地提供3万余个直接就业岗位。[①]

中国石油在哈萨克斯坦的项目以优惠价格向哈萨克斯坦居民和企业提供天然气,为哈国内炼厂提供原油,以优惠价格向哈萨克斯坦提供农业用油,并且通过购买哈国内商品和服务带动了当地中小企业的发展。例如,中油阿克纠宾油气公司一直以优惠价格向阿克纠宾州居民和工业企业供应天然气,阿克纠宾州居民使用的天然气价格仅为周边市场价格的1/4,每年按哈国内油价向哈炼厂提供义务原油,2004年至今,每年春秋两季都以优惠价格向当地提供柴油和重油,支持农业生产。

哈萨克斯坦石油服务公司联合会主席拉希德·扎克西利科夫2021年接受记者采访时表示:"总体来说,我认为我们应该感谢中国人。中国企业开采的资源都留在我们的国内市场。如果不是中国的石油企业,我们甚至都没有原材料,也不会有现在正在使用的规则规范。不客气地说,我们每年开采8500万—9000万吨石油,其中大约5700万吨属于田吉兹、卡拉恰干纳克和卡沙甘三大作业公司,但他们(依照产品分成合同)没有保障哈萨克斯坦市场的义务,所以他们没给哈萨克斯坦市场留下一滴油,所有他们开采的石油都销往欧洲。其他作业公司也都按合同规定办事,也就是说,其石油产量的

---

[①] 中国商务部:《中石油在哈萨克斯坦的油气合作项目成果斐然》,https://211.88.32.97/article/i/jyjl/e/202107/20210703173000.shtml。

30%留在哈萨克斯坦,其余70%出口。哈萨克斯坦曾尝试将哈国所占份额提高到40%,但投资者会立即放弃油田而离开,因为这对他们没有好处。为了满足国内消费,我们每年需要1500万—2000万吨石油。"①

(二) 阿克纠宾项目

阿克纠宾项目是中国石油在哈萨克斯坦最大的石油开采项目。1997—2021年,该项目已发展成拥有5座油田、两座气顶气田和3个勘探区块,集油气田勘探开发、油气处理与集输、商品油与天然气销售、工程建设、油气科研和后勤服务于一体的大型综合性油气公司。截至2021年上半年,该项目累计生产原油1.19亿吨,累计向中国销售原油2316万吨,累计向当地缴纳税费168亿美元,被中哈两国领导人称为"中哈合作典范"。

阿克纠宾项目是中哈油气合作的开端,一举奠定了中国石油以及中国能源企业在哈萨克斯坦的形象和地位。1997年6月4日,中国石油与哈萨克斯坦财政部私有化署签署了有关中方购买阿克纠宾油气公司60.3%股份的协议,后于2003年6月通过竞标又获得25.12%的股份。阿克纠宾油气公司被中国石油收购时负债累累。该公司拥有的三个作业区块都已开发二三十年,属于西方和俄罗斯公司看不上而本国企业又无力开采的老旧油田。例如,肯基亚克盐下油田的主力油层埋深近4500米,中间夹有超过3000米的巨厚盐岩层,以及高压含硫化氢气层和高压水层,钻井、完井等作业难度大、成本高,尽管储量高达1.1亿吨,但发现后20多年未能开发利用。让纳诺尔油田不仅高含水、高含硫,其油井天然举升能量也已衰竭殆尽,只能关井停产。中国石油接手后,采用独有技术,综合利用碳酸盐岩油藏描述、裂缝识别和欠平衡钻井、巨厚盐岩层钻井、双分支水平井、气举采油等技

---

① Ахметбеков Асхат. Кому принадлежат казахстанские нефтеперерабатывающие заводы? https://rus.azattyq-ruhy.kz/interview/28324 - komu-prinadlezhat-kazakhstanskie-neftepererabatyvaiushchie-zavody.

术,攻克了世界级开发技术难关,年产能迅速扩大,2010年起年产量超过1000万吨,让老旧油田重新焕发青春,公司经营也扭亏为盈。另外,中国石油在阿克纠宾项目实行本地化管理,企业6236名员工中(2021年),哈籍员工占比高达98.5%。中国企业的技术力量和设备质量以及管理能力让哈萨克斯坦刮目相看。这也是后来哈政府信任并有意愿同中国能源企业合作的原因之一。

**中油阿克纠宾油气公司**

(三)PK项目

PK公司(PetroKazakhstan)全称"哈萨克斯坦石油公司",1997年在加拿大阿尔伯塔省卡尔加里注册。因经营不善,2005年6月底PK公司表露出售意向,中国石油于当年8月宣布其旗下子公司"中油国际"愿以每股55美元(合计41.8亿美元)100%收购,但遭到竞购者俄罗斯卢克石油公司的阻拦。卢克石油公司因与PK公司成立了合资公司(图尔盖石油公司,卢克石油公司与PK公司各持50%股份)而提出享有收购优先权。加拿大地方法院于10月26日庭审后作出决定,同意中国石油不带任何条件地收购。2006年7月,为保持国家对矿产资源开发活动的战略控制,"中油国际"与哈国家油气集团签署了股份转让协议,哈国家油气集团以约14亿美元获得PK公司33%的股份,同时获得在对等条件下联合管理PK公司奇姆肯特炼厂和成品油的权力(双方各占50%股份)。2006年8月23日,中国石油旗下的上市公司"中国石油股份"宣布出资27.35亿美元,通过与母公司合资成立的中油勘探开发有限公司收购母公司在PK公司中所拥有的全部67%的股份,PK公司从此成为中油勘探开发有限公司和哈国家油气集团的合资公司,分别持股67%和33%。

截至2021年年底,哈萨克斯坦PK公司已是一家从事油气资产收购、勘探、开发、炼油及油品销售的综合性能源公司,拥有11座油田和5个勘探区块。上游资产位于哈萨克斯坦中部的南图尔盖盆地,主要由库姆科尔石油公司(PK公司的全资子公司)、图尔盖石油公司(PK公司和卢克石油公司各持股50%)、哈德油气公司(PK公司和哈国家油气集团各持股50%)三家企业开发。下游业务以炼油、成品油及原油销售为主,拥有哈萨克斯坦奇姆肯特炼厂和分布在哈国内各地的加油站。2020年,PK公司开采石油313万吨,约91%的原油供应哈国内市场,价格低于出口价格。

PK公司油气资源主要分布在哈萨克斯坦中南部的南图尔盖盆地,面积约8万平方公里(已探明的原油资源储量约为4300万吨,凝析油储量约为90万吨,天然气储量约为20亿立方米)。油田油层孔隙度和渗透率很高,以轻质原油为主,API度为37—44,含硫低于0.4%,大部分油藏开采深度为760—1830米,部分钻井深度达到2300—3600米。油品和油藏特性使公司可以用较低成本进行开采和炼制。另外,PK公司还拥有总面积约1.6万平方公里的勘探区块。

由于公司旗下有炼厂,因此与中国石油在哈萨克斯坦的其他项目相比,PK项目的战略价值和社会义务更重。其开采的石油绝大部分供应哈国内市场,是哈国内成品油价格和供应量的重要保障之一。在企业经营过程中,哈政府多次限制国内成品油价格并强制企业保证原料供应,说明企业的首要任务是保证经济社会稳定,盈利退居其次。

**哈德油气公司储油罐**

(四) 中信集团内森斯项目

2006年12月31日,中国中信集团公司(CITIC)宣布以19.1亿美元成功收购在加拿大注册的内森斯石油公司。根据收购协议,哈国家油气集团有权在收购完成后一年内依据中信集团的收购价格购买内森斯公司50%的权益,双方于2007年6月完成此回购交易。剩下的50%股份被中信集团以9.95亿美元的价格转让给旗下在香港的上市公司"中信资源"。内森斯公司的资产主要包括三部分:一是为油田开采提供运输服务的全资子公司——阿吉马克运输服务公司;二是为石油开采提供钻井、维修和培训服务的全资子公司——图尔帕尔油气服务公司;三是卡拉让巴斯油气公司,拥有94.62%的股份。卡拉让巴斯油田位于布扎奇半岛,距离阿克套港约200公里,剩余已探明储量约4600万吨。收购完成后,中信集团委托辽河石油勘探局进行油田生产作业,通过注蒸汽保持地层压力以及钻井优化等工艺,每年开采原油200万吨以上。所产原油除供应阿特劳炼厂外,约90%出口,主要是通过阿克套港经里海运到俄罗斯马哈奇卡拉,再经新罗西斯克出口欧洲。部分原油注入乌津—阿特劳—萨马拉管线出口至俄罗斯。

## 二 油气加工

哈萨克斯坦自身消费的石油主要用于炼厂和石化工业,极少部分用于发电和热力。目前，哈国内大型石油炼厂主要有三家，分别位于阿特劳、巴甫洛达尔和奇姆肯特。三家炼厂建厂时的总设计加工能力为1860万吨。但独立后，由于设备老化和技术落后，炼厂的实际利用率只有设计能力的一半。2008年以前，哈本国炼油企业生产的炼化和石化产品质量差且品种少，还存在原油加工深度不够、加工工艺水平不高、高标号燃油不足、产品成本高等问题，总体上只能满足国内需求的15%左右，其中成品油可以满足国内市场50%—70%的需求，缺口部分需要从国外进口补足，主要来自俄罗斯，如2007年哈国内市场共消费成品油1200万吨，其中600万吨从俄罗斯进口，至于建材、包装材料等产量更低。富含有用物质的重油通常用作热电厂的发电燃料，而得不到进一步加工提炼。从2008年起，哈开始对炼厂进行现代化改造，提高加工规模和加工深度。阿特劳炼油厂和巴甫洛达尔石化厂的现代化改造于2017年完成，奇姆肯特炼厂的现代化改造于2018年完成。改造后，三家炼厂的年产能分别达到526万吨、534万吨和600万吨，使得哈国内汽油产量相比改造前增加了1倍多，航空燃料产量增加了2倍，柴油产量增加了三成。

哈国内天然气加工厂主要有五家：一是位于曼吉斯套州乌津市的哈萨克天然气加工厂，设计年加工能力为29亿立方米天然气，于1973年建成投产；二是位于田吉兹的天然气加工厂，设计年加工能力为60亿立方米天然气和100万吨液化气；三是位于让纳若尔的天然气加工厂，设计年加工能力为80亿立方米天然气；四是位于阿克纠宾州拜加尼区卡扎赛村的天然气加工厂，设计年加工能力为3.5亿立方米天然气；五是位于阿特劳州马卡特区的天然气加工厂，主要处理卡沙甘油田的伴生气，于2021年6月开工建设，一期工程计划于2023年竣工投产，可年处理天然气10亿立方米，每年生产8.15亿立方米商业气、1.19万吨液化气、21.2万吨硫黄。

鉴于石化是资本和技术密集型的产业，因此哈萨克斯坦希望与世界级石化企业合作，来带动本国发展。哈深知销售石化制品可以比单纯销售油气获得更高的附加增值，可以消解国际油价波动给国家经济带来的不利影响、提高本国的就业水平。为了发展本国的石化产业，哈政府于2004年1月发布《2004—2010年石化工业发展规划》，2007年12月发布《2008—2013年石化工业发展规划》和《关于建立国家石化工业园区的政府令》两份文件，为本国石化产业发展指明了方向和任务。

2007年哈政府在阿特劳设立"国家石油化工科技园"经济特区，规划园区面积34.76平方公里，旨在发展石化产业集群。截至2021年年初，园区内已有10家企业入驻，其中两个聚合物生产项目已经投产，两个项目正在建设，其余项目处于设计阶段。

截至2020年年底，哈萨克斯坦共有5家生产润滑油、聚丙烯、甲基叔丁基醚、苯和对二甲苯的企业，设计年总产能87万吨，但实际开工率不到一半。2020年哈石化产品的产量为36万吨，比2019年增长155%，80%的产品用于出口。哈政府规划要重点建设的石化项目有5个，包括阿特劳州年产50万吨聚丙烯项目，年产43万吨聚对苯二甲酸乙二醇酯项目，年产5700万立方米氮气和3400万立方米压缩空气工业气体项目，奇姆肯特市年产8万吨聚丙烯和6万吨汽油添加剂项目，乌拉尔斯克市年产8.2万吨甲醇和10万吨乙二醇项目。哈能源部预计，待这些项目完工投产后，2025年哈石化产品产量将达到200万吨，出口达到13.36亿美元，分别比2020年增长5倍和8倍，就业岗位也将比2020年增加15万个。[①]

（一）奇姆肯特炼厂

2005年10月27日，中国石油通过全资子公司"中油国际"收购了哈萨克斯坦石油公司（即PK公司）。该公司是当时哈国内第三大石

---

① 国际贸促会驻哈萨克斯坦办事处：《哈萨克斯坦5年内拟吸引3.9万亿坚戈发展油气化工项目》，2021年6月7日，国际石油网，https://oil.in-en.com/html/oil-2921703.shtml。

油企业和最大的私营上市石油公司，拥有的石油区块和奇姆肯特炼厂也随之归属中国石油。收购后，中国石油又将PK公司33%的股份出售给哈国家油气集团，同时约定在对等条件下（各持股50%）联合管理和经营奇姆肯特炼厂，由此，中哈两国企业形成战略联盟，共同开发哈南部图尔盖盆地的油气资源，共同经营奇姆肯特炼厂的成品油。

**奇姆肯特炼厂**

奇姆肯特炼厂是哈萨克斯坦第三大炼厂，也是中国石油海外最大的炼油项目，主要生产汽油、柴油、航空煤油、燃料油及液化气，成品油约占哈成品油总产量的30%。该厂于20世纪80年代投产，由于生产工艺和设备落后，原油加工深度不足，产量远低于设计产能，生产环保标准也难以达标。为此，中哈双方决定投资16亿美元，于2014年启动炼厂现代化改造工程，分两期进行，2018年完工。改造竣工投产日，纳扎尔巴耶夫亲临开工现场表示祝贺。改造完成后，奇姆肯特炼厂成为哈设备和管理最先进的炼厂，油品由改造前的欧Ⅱ标准升级到欧Ⅳ和欧Ⅴ标准，同时为哈萨克斯坦培养了一大批石油加工领域的专业技术、施工和管理人员。

2020年，奇姆肯特炼厂共加工479万吨原油，生产成品油429万吨，其中汽油195.8万吨、柴油141.1万吨、航空煤油24.4万吨、液化气32.7万吨、硫黄0.6万吨、重油34.3万吨。原油加工深度达到90.14%，创造了哈国内记录。自中国石油2005年收购至2020年年底的15年时间里，奇姆肯特炼厂已累计加工原油1472.9万吨，上缴税费8.75亿美元，为当地创造超过1700个就业岗位，哈方员工占比高达98.7%[1]。在奇姆肯特炼厂的支撑下，中国石油在哈萨克斯坦建立了专门从事批发和零售燃料和润滑油的销售网络，凭借优质产品和供应稳定，已在哈市场站稳了脚跟，其中加油站有110家。

中国石油企业在哈萨克斯坦经营的加油站

炼厂现代化改造工程带动了中国相关技术、装备和催化剂的出口，使中国制造标准和技术规范得到哈方认可。改造工程由中国石油工程建设有限公司（CPECC）承建，使用中国技术和设备。在改造过程中，工地上的中哈员工高峰时期有近7000人，设计图纸有3.86万A1标准张（是国内同类规模装置的2.44倍），设备1.3426万台（套）、材料12万吨（设备和材料90%为中国制造）[2]。

据改造项目中方经理回忆，改造施工初期，中哈双方曾一度相互

---

[1]《中哈能源合作明珠项目绽放丝路》，2021年7月6日，商务部网站，https://211.88.32.97/article/i/jyjl/e/202107/20210703173466.shtml。

[2]《重返奇姆肯特——工程建设有限公司PKOP炼厂建设纪实》，2021年3月30日，中国石油新闻中心，http://news.cnpc.com.cn/system/2021/03/30/030028464.shtml。

不理解，后来在磨合过程中相互熟悉并成为相互信赖的伙伴。该项目由 UOP 提供工艺包、德希尼布提供 FEED 设计，涉及多达 1300 多个原苏联、欧美、哈萨克斯坦和中国标准，以及中、俄、英 3 种工作语言。且哈方业主提出要求，设计文件要经历英文 A 版、俄文 B 版、满足哈规范的符合性审查 C 版、业主认可的 D 版的转换，此外，150 多个设备采购技术协议，也要逐一通过业主的反复审查。因语言不通、文化差异造成的沟通障碍等原因，工程设计、采购进展异常缓慢，哈方业主与总承包商之间一度相互质疑。哈方一位高层管理人员甚至发出通牒，提出考虑启动罚款措施，进而单方面解除合同，更换更专业的总包方。真正的拦路虎是中国企业对项目难度认识不够，对原苏联、哈萨克斯坦标准等复杂标准体系不熟悉，这是设计进度出现窝工、返工，导致业主不信任的原因之一。为扭转"一周批不了一张图"的局面，中国石油要求将原有在哈项目部、设计审查人员、总部采购主要管理人员等从哈萨克斯坦搬到青岛，与设计人员联合办公，大大提高了工作效率。2016 年年初，经哈方业主同意，除 9 项设备采购技术协议需审查外，其余 140 余个无须再经业主审查即可进入采购程序，从此工作进度显著加快。[1]

（二）天然气化工综合体

中国的石化企业与哈萨克斯坦的合作起步较晚，但进展很快。哈萨克斯坦最大的化工项目——位于阿特劳州卡拉巴丹地区的年产 50 万吨聚丙烯和 55 万吨丙烷脱氢制丙烯的"哈萨克斯坦天然气化工综合体"（IPCI）就是中国化学工程股份有限公司与哈萨克斯坦石油化工工业公司（KPI）的合作成果。双方于 2015 年 12 月签署工程总承包合同协议，包括年产 50 万吨丙烷脱氢制丙烯装置和聚丙烯装置，以及两套工艺装置所需的公用工程的设计、采购、施工、开车和性能

---

[1] 《"砥砺奋进的五年·能源跨越之路"系列报道（九）：中石油海外最大炼油厂项目——哈萨克斯坦奇姆肯特炼油厂一期改造投产》，《中国能源报》2017 年 8 月 14 日。

考核的总承包工作。合同金额约为18.65亿美元，2018年6月开工建设，合同工期为42个月。该项目是哈萨克斯坦首个聚烯烃项目，填补了哈国在该领域的产业空白。

项目设计平台由中国化学工程集团下属多家企业联合开发。"国内数百人的技术团队为项目贡献智力，这在海外化工项目中并不多见。"项目工地上包括焊工、电工等专业技术人员在内的哈方施工人员近1500人，中方施工人员边干边培养，"希望给哈方留下一批本土技术人才，为哈萨克斯坦的工业化进程贡献力量"。哈萨克斯坦石油化工工业公司副总经理达米尔·阿希莫夫表示："这个项目对哈萨克斯坦非常重要，建成后将促进当地石油化工体系进一步完善。"①

**阿特劳州石油化工综合体项目（IPCI项目）**

### （三）里海沥青厂

里海沥青厂位于哈萨克斯坦西部城市阿克套，是哈独立30年间唯一

---

① 新华社：《通讯："一带一路"助力哈萨克斯坦实现工业愿景——访哈最大化工项目施工现场》，2020年1月6日，中国政府网，http://www.gov.cn/xinwen/2020-01/06/content_5466836.htm。

的一家沥青生产企业，由中国中信集团和哈国家油气集团共同投资建设和运营。每年可加工原油100万吨，可生产42万吨沥青，产品在哈国内市场占有45%的份额。截至2021年，沥青厂共有214名工作人员，其中中方员工8人。

哈独立后，虽然国内石油丰富，但国家交通建设需要的沥青却不能自己生产，只能依靠进口，成为哈政府一直想要解决的难题。哈领导人为此多次向中国表达想发展沥青产业的愿望。2007年，中信集团表示愿意为此作出努力。2009年10月，中信集团与哈国家油气集团合资成立里海沥青厂，双方各持股50%，并投资3亿美元建厂。当年开工，2013年建成投产。原材料来自中信集团控股的卡拉赞巴斯油田。该油田的原油因其特殊性而特别适合生产高品质的道路沥青。

### 三 油气管道

哈萨克斯坦所产石油大部分用于出口。原因主要有两个：一是哈国内需求量不大。炼油厂的年加工能力不足2000万吨，电厂也以煤炭为主，因此所产大部分原油只能面向国际市场出口。二是哈油气领域的大部分资产实际被外国公司控制，本国企业只占少部分。独立后，为了迅速发展本国的能源产业，哈政府积极采取措施吸引大量外商投资。根据产品分成协议，起初外国石油公司分得约4/5的石油，余下的1/5归哈所有。外国石油公司将所属原油大部分直接出口，只有少部分留给哈国内炼厂加工。后来随着哈政府加大对本国油气资源的控制，逐渐收回了部分份额，大约达到哈和外国企业三七分成的水平。

哈萨克斯坦现有原油运输体系包括管道、油轮和铁路等。其中管道是哈萨克斯坦原油运输的主要方式，每年都占出口运输总量的80%以上。主要管道有三：一是中哈原油管道，主要向中国出口，2018年管道年运力升级到2000万吨（计划2020年后肯基亚克—阿特劳段管道每年反向输油运力达到 600 万吨）；二是里海管道。经过多次升级改造后，2018 年管道年运力达到 6700 万吨（其中哈萨克斯坦段年运力达到 5370 万吨），计划在 2023 年达到 8150 万吨（哈国内段达到 7250 万吨）；三是阿特劳—萨马拉管道。后两条管道均通往俄罗斯，可将本国原油出口独联体和欧洲市场。海运线路就是跨里海运输，主要有三条航线：一是从阿克套港经海陆联运至俄罗斯的里海西岸港口马哈奇卡拉，再运至俄罗斯的黑海港口新罗西斯克；二是从阿克套港至阿塞拜疆的巴库，再经火车运往格鲁吉亚的黑海港口巴统；三是从阿克套港至伊朗的涅加。铁路运输主要是从阿拉山口或霍尔果斯口岸入境中国。

哈萨克斯坦已经建成并投入使用的国际天然气管道主要有五条：一是"中亚—中心"管道，位于哈西部地区，始于土库曼斯坦，经乌兹别克斯坦和哈萨克斯坦西部进入俄罗斯，与俄罗斯干线管道相连，最终通往乌克兰及欧洲地区；二是经过哈萨克斯坦中西部地区的"布哈拉（乌兹别克斯坦）—乌拉尔（俄罗斯）"管道；三是"布哈拉—塔什干—比什凯克—阿拉木图"输气管道，可将乌兹别克斯坦的天然气经吉尔吉斯斯坦送到哈萨克斯坦南部的阿拉木图州、江布尔州和南哈萨克斯坦州；四是从土库曼斯坦经哈萨克斯坦到俄罗斯的滨里海天然气管道哈萨克斯坦段；五是中土天然气管道的哈萨克斯坦段及其支线。

除加大勘探开发力度外，实现国内天然气化是哈萨克斯坦的国家战略。2014 年 11 月 4 日，哈政府通过《2015—2030 年哈萨克斯坦共和国天然气化总体方案》，旨在满足国内商品天然气需求，实现境内天然气化，保障消费者使用可靠天然气供应。截至 2021 年 1 月 1 日，哈全国天然气化率达到 53%，即 980 万人可使用天然气。2010—2020 年，哈国内天然气消费量增长 91%，从 90 亿立方米增至 170 亿立方米。这 10 年时间里，哈政府使用财政预算资金共实施 1300 多个天然气项目，在各地区修建 1.8 万多公里的天然气配送网。同时，国有企业利用自有资金，在全国各地区建设了 9500 多公里的天然气配送管线。2014—2020 年，哈共投资 1.1 万亿坚戈来扩建天然气干线，使得干线的长度增加了 23%（从 1.5609 万公里增至 1.9146 万公里），成为中亚地区的重要天然气枢纽。克孜勒奥尔达—萨雷阿尔卡天然气管道一期工程为 1061 公里，已经让首都、中部和北部地区享受到天然气的便利。

(一) 中哈原油管道

在开采油气的同时，中国石油也在积极筹划将部分份额油运回国内，缓解国内石油进口压力。1997 年 9 月 24—27 日，时任中国国务院副总理李岚清访问哈萨克斯坦期间，中国石油与哈能源和矿产资源部签署关于油田开发和管道建设项目总协议。1997—1999 年，中哈双方完成中哈石油管道的可行性研究报告，但由于当时建设费用过于昂贵等因素而未能及时动工兴建。2003 年 6 月，时任中国国家主席胡锦涛访哈期间，哈国家油气集团和中国石油签署关于共同就分阶段建设中哈管道问题进行投资论证的协议。同年 7 月，两家公司签署《关于加快建设中哈管道前期工程和对建设中哈天然气管道进行可行性研究的备忘录》。2004 年 5 月纳扎尔巴耶夫访华期间，中国石油与哈国家油气集团签署《关于哈萨克斯坦共和国阿塔苏至中华人民共和国阿拉山口原油管道建设基本原则协议》。2009 年 10 月 14 日，中国石油与哈国家油气集团签署《关于中哈原油管道二期二阶段建设的框架协议》。2013 年 4 月，中国石油与哈国家油气集团签署《关于中哈原油管道扩建原则协议》。

中哈原油管道（阿特劳—肯基亚克—阿塔苏—阿拉山口—独山子）西起哈萨克斯坦西部城市阿特劳，东至中国新疆的独山子，总长为 3070 公里，其中哈萨克斯坦境内 2800 公里，中国境内 270 公里（阿拉山口至独山子石化总厂）。整个工程分为两段：第一段阿特劳至肯基亚克全长 450 公里，由中国石油与哈国家油气集团于 2002 年共同出资修建，管径为 610 毫米。起初，这一段的主要任务是将中国石油阿克纠宾项目所产原油输送到哈西部（从东往西送），并入西部出口欧洲的管网。后来则进行反向输送改造（从西往东送），将所产原油输送回中国或哈国内炼厂。第二段是肯基亚克—阿拉尔斯克—库姆科尔—阿塔苏—阿拉山口（中哈交界）—独山子（中国），其中库姆科尔—阿塔苏段在苏联时期已经建成，属既有路段。中哈原油管道只需新建肯基亚克—库姆科尔（794公里，2009年10月建成）和阿塔苏—独山子段（1200公里，2005年12月建成）。这一段石油管道设计年输油量为2000万吨，分两期修建，一期管径为813毫米，年运力为1000万吨。2006年5月25日，哈萨克斯坦原油抵达中国新疆阿拉山口计量站。这是中国首次实现以管道方式从境外进口原油。2006年7月11日，中哈原油管道正式通油运营。2006年输油176万吨，2007年输油477万吨，2008年输油601万吨，2009年输油770万吨，2010年输油1009万吨。随着中国进口量的不断加大，管道处于满负荷运输状态，为此，中哈双方开始商讨继续扩容方案，争取实现年运力2000万吨的目标。截至2021年上半年，中哈石油管道累计输送原油超1.4亿吨。

**中哈原油管道（哈境内段）经营指标**

| 年份 | 2009 | 2010 | 2011 | 2012 | 2013 | 2014 | 2015 | 2016 | 2017 | 2018 | 2019 | 2020 |
|---|---|---|---|---|---|---|---|---|---|---|---|---|
| 年运量（万吨） | 769.9 | 1009.2 | 1088.9 | 1039.1 | 1181.7 | 1614.7 | 1587.0 | 1408.9 | 1653.8 | 1630.1 | 1620.0 | 1588.3 |
| 货物周转量（亿吨·公里） | 77.91 | 124.95 | 138.59 | 137.45 | 156.55 | 155.65 | 156.64 | 131.10 | 156.09 | 146.07 | 145.90 | 143.68 |
| 经营收入（亿坚戈） | 208.22 | 483.67 | 547.88 | 545.97 | 676.97 | 481.68 | 511.35 | 534.86 | 632.33 | 608.86 | 761.86 | 778.28 |
| 毛利润（亿坚戈） | 116.02 | 321.43 | 348.68 | 319.17 | 427.80 | 199.47 | 214.88 | 241.78 | 332.82 | 327.80 | 463.80 | 460.07 |
| 净利润（亿坚戈） | -373.71 | 141.88 | 183.31 | 140.40 | 212.97 | (-139.72) | (-891.43) | 126.49 | 124.50 | (-74.52) | 253.92 | 199.84 |

注：管道年运力＝阿塔苏—独山子段运力＋肯基亚克—库姆科尔段运力。

资料来源：Казтрансойл. ТОО Казахстанско-Китайский Трубопровод, https://kaztransoil.kz/ru/o_kompanii/struktura_aktivov/dochernie_i_sovmestno_kontroliruemie_organizacii/kkt/。

对于中国来说，中哈原油管道有利于中国石油进口多元化，保障了新疆独山子炼厂的原材料供应，推动了中俄油气合作（在中哈原油管道开通后，中俄原油管道也很快谈妥落实）。对哈萨克斯坦而言，该管道的战略意义更大：第一，促进哈石油出口多元化，减少对欧洲市场的依赖，使得其议价能力增强。第二，保障哈东部的两大炼厂（奇姆肯特和巴甫洛达尔）原油供应，减少对俄罗斯石油的依赖。过去，这两家炼厂的原料主要从国外进口，中哈原油管道可将阿克纠宾和PK两大油田开采的石油输到炼厂。第三，将哈国内原本分裂的东西两大各自独立的石油管网体系连为一体，形成全国统一的输油管网。

在双方的共同努力下，克服了种种困难，用了不到一年时间就建成长达一千多公里的中哈原油管道。为了保障管道的输油量，中国石油决定收购加拿大控股的哈萨克斯坦PK石油公司。就在双方准备签署协议的节骨眼上，哈一位议员呼吁反对政府出售PK公司。除同其本人进行沟通外，我先后约见哈总理、外长及议会党派领袖，争取对方理解和支持，但此事最终仍需由总统拍板定案。我想，刚好利用辞行拜会之机，着重谈一下这个问题。会见是礼节性的，一般时间都很短。纳扎尔巴耶夫讲了一番临别好话后，站起来向我授予《共和国荣誉证书》就准备离开。我赶紧说，总统阁下，我还有重要事情向您汇报。他又重新坐下。我说，就在一个月前，我沿着中哈原油管线进行了实地考察，两年前阁下交代的修建管道的任务按期完成已经没有任何问题。为了保障足够的油源，中方准备收购PK公司，恳请总统给予支持，以让我这任使命画上一个圆满的句号。讲到"圆满句号"时，我有意加重了语气。纳扎尔巴耶夫听后笑了笑说："没有问题。"当时就我们俩人在场，我又确认了一遍："能否这样报告北京——贵国政府已经同意。"他答："可以。"我一下子感到如释重负。最后告别时，总统紧紧握住我的手深情地说："希望大使回国后继续成为哈萨克斯坦人民的朋友。"我点了下头，并补充了一句:"да и верный друг(而且是一位忠实的朋友)。"

2005年12月15日,中哈管道阿拉山口—阿塔苏段正式竣工投产。纳扎尔巴耶夫和专程前来参加竣工仪式的中国政府特使一同在总控室里按下按钮,顷刻间滚滚石油注入管道,朝着中国的方向奔涌而去。总统不无感慨地说:"1997年,当我提议修建这条管道时,所有人都认为这是天方夜谭……现在,整个地区都在沸腾,哈中两国的经济必将得到进一步的发展。"

——周晓沛:《我所知道的哈萨克斯坦首任总统》,2020年7月2日,人民网,http://world.people.com.cn/n1/2020/0702/c1002-31768437.html

(二)中哈天然气管道

在中土天然气管道建设的同时,中哈双方也开始探讨将哈萨克斯坦境内的天然气借助中土天然气管道输送到中国的可能性。2003年6月中哈《联合声明》提出就建设两国之间的天然气管道可能性进行研究。2004年5月中哈《联合声明》称"将加快对两国之间天然气管道铺设方案的研究"。2005年8月中国石油与哈国家油气集团签署关于联合开展中哈天然气管道可行性研究的协议。2006年4月中土签署《中华人民共和国政府与土库曼斯坦政府关于实施中土天然气管道项目和土库曼斯坦向中国出售天然气的总协议》后,中哈于2007年8月签署政府间协议,11月签署企业间协议,落实中土天然气管道过境哈萨克斯坦的事宜。2008年10月,中国石油与哈国家油气集团签署关于在天然气及天然气管道领域扩大合作的框架协议,约定在满足哈南部地区天然气需求的情况下,每年组织50亿—100亿立方米天然气出口到中国,同时采取一切必要措施,保证中国石油阿克纠宾油田生产的天然气进入中哈天然气管道,另外,双方约定继续扩大天然气领域合作,共同研究和推动合作开发乌里赫套凝析气田。2010年6月12日,中哈签署《关于中哈天然气管道二期设计、融资、建设、运行原则协议》，将两年前的框架协议具体化。当年12月21日，中哈天然气管道二期工程开工建设，奇姆肯特—巴佐伊段于2013年9月竣工投产，巴佐伊—别依涅乌段于2015年竣工投产。截至2021年上半年，中哈天然气管道累计向中国输送2270亿立方米天然气。

中哈天然气管道分为两部分：

第一部分（即一期工程）是中土天然气管道（又称中国—中亚天然气管道）哈萨克斯坦段，全长1300公里，包括A、B、C三条平行管线，年总运力550亿立方米。由中国石油与哈国家油气集团合资成立的中哈天然气管道合资公司（AGP）负责具体建设和运营。2008年7月开工建设，2009年12月投产。截至2020年12月31日，中土天然气管道已累计对华输气逾3359亿立方米。根据霍尔果斯计量站资料显示，2021年，中土天然气管道大约每日向中国输气1.2亿立方米，单日最高峰值达1.45亿立方米。每年从中亚国家输送到国内的天然气惠及中国5亿多人口。

与土库曼斯坦就勘探开发天然气资源和建设向中国输气的天然气管道达成一致，还只是整个中亚天然气管道谈判的一半工作量，因为中国和土库曼斯坦不接壤，管道必须经过乌兹别克斯坦和哈萨克斯坦才能到达中国边境，与这两个国家协商是否能达成一致心中依然没底。这两个国家作为管道的过境国各有自己的利益诉求，谈判将是十分艰苦复杂的。说实话，当时我也没有足够的信心能够谈成。哈萨克斯坦希望这条天然气管道兼顾哈萨克斯坦南部缺少天然气供应区域的需求；而土库曼斯坦反对在中途下载天然气；乌兹别克斯坦希望管道能适当绕道，兼顾今后潜在向中国出口乌兹别克斯坦生产的天然气的可能性。再就是管输费的价格以及给这两个过境国的利益。这些都是谈判中绕不开的问题。

国家发改委领导率领负责油气工作的同志亲自赴乌兹别克斯坦和哈萨克斯坦谈判，最终与两国签署了过境管道协议。中亚天然气管道经过乌兹别克斯坦和哈萨克斯坦境内段均采用与该国石油天然气公司各50%股份的合资方式，管道建设工作量也按该股份分别由中国石油管道公司和该国油气管道公司承担。但是后来明显看出，经过改革开放后的中国石油管道建设技术和装备已经远远优于这两国的管道建设技术力量。为了保证中亚天然气管道按期建成投产，中国的管道建设队伍又承担了一部分工作量。这样一个巨大而复杂的跨越4国的管道工程能在短时间内达成协议，相比由西方国家提出的纳布科管道始终没有进展，充分体现了中国和中亚国家之间的友好合作关系和意愿，这正是丝绸之路精神的传承。同时也应指出，在改革开放形势下谈判和建设的这条管道固然有领导人的政治决断，但也完全遵从市场原则，合同的谈判都坚持了企业主体、商业原则。

——《筚路蓝缕：世纪工程决策建设记述》（能源综合篇 中亚天然气管道谈判及决策）

第二部分（即二期工程）属于中土天然气管道哈萨克斯坦段的支线，即奇姆肯特—克孜勒奥尔达—巴佐伊—别依涅乌线，将西部从曼吉斯套州到阿克纠宾州的天然气与中土天然气管道相接，既满足哈南部的天然气需求，也可借助中土天然气管道出口到中国。管道设计输气能力为每年100亿立方米，加压后可增至每年150亿立方米。

自设计之初，建设中哈天然气管道的目的之一就是解决哈南部的天然气供应问题。在该管道投产之前，尽管哈天然气资源丰富，但主要集中在西部，东部很少，主要依靠北部的俄罗斯和南部的乌兹别克斯坦保障，且天然气管网也是东西部割裂，东部地区难以享受丰富资源的好处。中哈天然气管道是一条纵贯哈国东西的管道，连接了东西部原本各自独立的管网，使哈萨克斯坦的天然气管道成为一个有机整体。哈南部地区得以使用本国天然气，而无须再从乌兹别克斯坦进口，同时也意味着哈国近半数人口告别无天然气可用、只能烧煤的历史。

## 第二节 核铀合作

中国力争在2030年前实现碳达峰、2060年前实现碳中和。核电能量密度大、机组可用率高、稳定性好，能提供可靠服务，可为实现碳达峰与碳中和目标发挥积极作用。2020年，中国商运核电机组49台，总装机容量为5102.7万千瓦，核准及在建核电机组19台（总装机约2099万千瓦），核能发电装机占比约2.3%，发电量占比约4.9%。[①] 根据国家核电中长期发展规划和《国民经济和社会发展第十四个五年规划和2035年远景目标纲要》，核电运行装机容量在2025年达到7000万千瓦。

但中国是贫铀国，铀矿储量世界排名第9位，规模较大的铀矿床较少。随着铀资源需求的急剧上升，国内铀矿和核燃料的缺口越来越大，对进口的依赖越来越大。据测算，2020年中国核电天然铀需求量超过1万吨，但国内自产量不足2000吨。天然铀在国防上可用来制造核武器和核动力燃料，在经济民生上可用作核电燃料，因此是核工业的基础原料，属于重要的战略资源。哈萨克斯坦铀矿资源丰富，是中国的天然合作伙伴。

### 一 哈铀矿丰富

哈萨克斯坦的铀矿储量非常丰富，已探明总储量超过70万吨，

---

① 谢玮：《"十四五"核电发展再迎新窗口》，2021年5月6日，《中国经济周刊》，http://www.ceweekly.cn/2021/0506/342186.shtml。

约占全球总储量的 14%，居世界第二位（仅次于澳大利亚）。主要分布在 6 个地区，其中楚河—萨雷苏河铀矿区储量约占哈铀总储量的 3/5，另外还有锡尔河铀矿区、北哈萨克斯坦铀矿区、伊犁铀矿区、滨里海铀矿区、肯德克塔斯—丘依里—别特帕克达林矿区。从地质条件看，哈是世界上铀矿床产出密度最高的国家之一，大约每 5 万平方公里就存在一座铀矿床。

随着国际铀核能的发展，铀矿需求上升，哈不断扩大本国铀矿开采，自 2010 年起位居世界第一，约占世界铀产量的 2/5，2019 年达到 2.2761 亿吨。开采方式采用环保且成本低的井下浸出法。所产铀矿全部出口，主要出口对象国是中国。部分铀矿直接出口中国，还有一部分是先售到法国、加拿大、俄罗斯和美国加工后再销往中国。

哈境内的铀矿加工厂主要有两家：一是位于乌斯季卡缅诺戈尔斯克市的乌里宾冶金厂，二是位于斯杰普诺戈尔斯克市附近的萨布通水冶厂。原子能研究机构主要有位于东哈萨克斯坦州库尔恰托夫市的哈萨克斯坦核中心（侧重高温气冷反应堆实验），位于阿拉木图的核物理研究所（侧重水冷反应堆实验）、核医学和生物物理研究中心（侧重同位素医疗产品），位于阿斯塔纳的跨学科研究综合体（侧重重离子加速器研究），另外还有作为《全面禁止核试验条约》国际监测系统一部分的观测站——位于阿特劳州的"阿兹吉尔"试验场和"里拉"设施。根据哈政府的决定，哈科研机构与独联体成员的研究机构共同开展托克马克研究项目（Tokamak），关注核聚变反应堆和超导材料研究等。

哈政府非常重视本国原子能工业发展，先后制定了《2030 年前哈萨克斯坦共和国发展铀工业和核电国家纲要》（2002 年）、《2004—2015 年哈萨克斯坦共和国发展铀工业国家纲要》（2004 年），希望提高铀的产量，增加铀矿产品种类，提高加工能力，打造全产业链，由资源国变成核燃料国，使哈跻身世界铀工业大国行列。另外，还要利用铀矿丰富的优势，开展核外交，加强与大国的安全合作，塑造外交形象和提升国际地位。

2015年8月27日，哈政府与国际原子能机构在阿斯塔纳签署《关于在哈萨克斯坦共和国设立国际原子能机构低浓铀银行的协定》，由哈萨克斯坦的乌里宾冶金厂储存低浓六氟化铀（实物库存90吨），哈政府负责核材料安全、保障和场所安保。2017年8月贮存设施落成，2018年国际原子能机构与哈政府签署采购合同，2019年10月低浓铀银行正式建成并投入运营。低浓铀银行是由国际原子能机构拥有和控制的低浓铀存储机制，是在成员国的核电厂（轻水反应堆）无法从任何合法渠道获得核燃料的情况下，保证其核燃料正常运转的最后供应手段。①

1972—1999年在哈萨克斯坦曾运营过一座核电站，即位于里海东岸的阿克套市的曼吉斯套核电厂，这是哈萨克斯坦第一家（也是唯一一家）核电站，使用 BN-350 快中子反应堆，后因年久失修无力维护而关闭。该核电站不仅是一座热电厂，还是海水淡化的来源。作为世界上唯一的核动力海水淡化厂，为阿克套市（苏联时称为"舍甫琴科市"）每日提供12万立方米的淡水。

随着经济发展和电力需求上升，有关重建核电站的问题再次提上日程。哈能源部表示已研究美国、韩国、法国、中国、俄罗斯和其他国家的核反应堆技术。能源部副部长马格祖姆表示："哈萨克斯坦人民的意见肯定会得到考虑。建设核电站这个问题已经讨论了好多年，但至今没有解决办法。至于地点，有关方面从地区的地震特性、水资源供应、对饮用水的影响等方面进行选择，初步确定了阿拉木图州的乌里肯和东哈萨克斯坦州的库尔恰托夫两个地方比较适合。哈萨克斯坦目前不缺电，今天的电力盈余已足够，但这不等于以后不缺电。"②

---

① 《原子能机构低浓铀银行》，国际原子能机构官网，https：//www.iaea.org/zh/zhu-ti/yuan-zi-neng-ji-gou-di-nong-you-yin-xing.

② Министерство энергетики определило площадку под строительство атомной станции, https：//lsm.kz/atomnaya-stanciya-mozhet-raspolagat-sya-v-almatinskoj-oblasti-minenergo.

2019年，俄罗斯总统普京在莫斯科会见哈总统托卡耶夫时，曾提议在哈萨克斯坦建设一座使用俄罗斯技术的核电站。当时哈方表示，关于核电站建设的最终决定需要考虑哈萨克斯坦居民的意见。同年6月，哈总统托卡耶夫告诉记者，哈萨克斯坦暂时不打算建造核电站。不过两年后的2021年9月1日，托卡耶夫总统在年度国情咨文讲话中指出，由于哈国内2030年可能面临电力短缺的威胁，有必要考虑除了煤和可再生能源之外其他的可靠电力来源。政府和萨姆鲁克—卡泽纳国家福利基金（大体相当于国资委）应该研究在哈萨克斯坦发展既安全又环保的核能的可能性。两天后的9月3日，托卡耶夫又在俄罗斯远东城市海参崴举行的东方经济论坛视频会议上表示，哈萨克斯坦需要建设核电站，他同时认为，在考虑这一问题时，必须考虑到国家、公民和企业的需要。

**哈萨克斯坦的主要铀矿企业**

| 企业名称 | 矿区数量及地址 | 已探明储量 Mt | %U | ktU | 预估可采量 Mt | %U | ktU | 面积 km² | 经营年限（年） | 年开采量（tU） |
|---|---|---|---|---|---|---|---|---|---|---|
| 哈萨克斯坦原子能工业—萨乌兰公司 TOO《Казатомпром-SaUran》 | 5 | 71.9 | 0.041 | 29.8 | 73.6 | 0.042 | 30.6 | 252.90 | 1997—2040 | 2050 |
| 奥尔塔雷克公司 TOO《ДП "Орталык"》 | 2 | 62.4 | 0.045 | 28.0 | 106.9 | 0.040 | 42.3 | 186.40 | 2007—2032 | 1974 |
| 卢-6公司 TOO《РУ-6》 | 2，锡尔河 | 20.4 | 0.076 | 15.5 | 20.4 | 0.076 | 15.5 | 59.58 | 1997—2031 | 987 |
| 阿帕克公司 TOO《СП "АПП-АК"》 | 1，锡尔河、北哈州 | 53.6 | 0.035 | 18.8 | 53.6 | 0.035 | 18.8 | 133.46 | 2008—2036 | 1000 |
| 英凯公司 TOO《СП "Инкай"》 | 3 | 262.1 | 0.054 | 141.8 | 262.1 | 0.054 | 141.8 | 139.00 | 2008—2052 | 4000 |
| 谢米兹拜伊公司 TOO《Семизбай-U》 | 2 | 58.8 | 0.046 | 27.3 | 58.8 | 0.046 | 27.3 | 71.20 | 2008—2041 | 1201 |
| 阿克巴斯图公司 АО《СП "Акбастау"》 | 3 | 49.0 | 0.088 | 43.0 | 49.0 | 0.088 | 43.0 | 2.71 | 2009—2039 | 1931 |
| 卡拉套公司 TOO《Каратау》 | 1 | 58.4 | 0.080 | 46.9 | 58.4 | 0.080 | 46.9 | 17.28 | 2007—2033 | 3200 |
| 扎列奇诺伊公司 АО《СП "Заречное"》 | 1，锡尔河 | 8.3 | 0.060 | 5.0 | 11.2 | 0.057 | 6.4 | 38.00 | 2007—2023 | 837 |

续表

| 企业名称 | 矿区数量及地址 | 已探明储量 Mt | 已探明储量 %U | 已探明储量 ktU | 预估可采量 Mt | 预估可采量 %U | 预估可采量 ktU | 面积 km² | 经营年限（年） | 年开采量（tU） |
|---|---|---|---|---|---|---|---|---|---|---|
| 卡特科公司 TOO《СП "КАТКО"》 | 2 | 55.5 | 0.105 | 58.1 | 55.5 | 0.105 | 58.1 | 45.73 | 2001—2033 | 4013 |
| 呼罗珊-U公司 TOO《СП "Хорасан-U"》 | 1, 锡尔河 | 39.1 | 0.107 | 41.7 | 39.1 | 0.107 | 41.7 | 70.80 | 2008—2036 | 2990 |
| 尤格斯克公司 TOO《СП "ЮГХК"》 | 2 | 100.3 | 0.043 | 43.1 | 214.4 | 0.041 | 88.2 | 116.91 | 2004—2036 | 3080 |
| 拜肯-U公司 TOO《Байкен-U》 | 1 | 19.2 | 0.112 | 21.5 | 19.2 | 0.112 | 21.5 | 350.00 | 2009—2032 | 2030 |
| 总计 | 26 | 859.1 | 0.061 | 520.6 | 1022.3 | 0.057 | 582.2 | 1483.97 |  | 28372 |

注：1. 数据截至2018年12月31日。

2. 表中注明"锡尔河"，意思是该矿区位于锡尔河地区。表中未注明矿区地址的矿区全部都在楚河—萨雷苏河地区。

资料来源：АО Национальная Атомная Компания "Казатомпром", Оценка Минеральных ресурсов и Рудных запасов для Минеральных Активов Республика Казахстан на 31 декабря 2018 года. https://www.kazatomprom.kz/storage/92/uk30280_kap_2019_cpr_letter.pdf。

## 二 核领域合作

中哈两国在核领域的合作具有强烈的互补性，目标是打造涵盖天然铀贸易、铀矿开发、核燃料生产、核电站建设、核技术应用及非核领域合作等各领域上下游一体的全产业链合作。两国核领域合作始于21世纪初（正式起步于2008年），现已形成天然铀贸易、合作开发铀矿、加工核燃料组件三大块的合作布局，正在讨论合作建设核电站。

从2006年开始，中国核企业便与哈萨克斯坦接触，商谈合作事宜。长期以来，中国国内核燃料生产和进出口贸易都由中核集团专属经营。2008年11月中国商务部授予中国广东核电集团公司（以下简称中广核集团）核燃料的专营资质，为中广核集团进军哈萨克斯坦市场扫除了障碍。2008年11月10日，中核集团（CNNC）和中广核集团（CGNPC）与哈萨克斯坦国家原子能工业公司达成有关开采哈萨克斯坦的铀矿以及在中国建设核反应堆的协议。协议主要内容有：铀矿开采；保证中国核工业铀原料的长期供应；哈中双方共同对哈萨克斯坦的铀矿进行加工；生产中国核电站所需的燃料；在中国修建一座核电站。根据协议，中哈双方合作在哈境内建立一家铀矿开发公司，共同开采伊尔科利、谢米兹拜伊、扎尔帕克三座铀矿。哈萨克斯坦国家原子能工业公司持有合资企业51%的股份，中方持有49%的股份。中哈合资企业的初期工作是向中国出口天然铀，到2013年将出口供核电站使用的铀燃料。哈萨克斯坦的乌里宾冶金厂成为中国核电站的主要燃料供应商。作为交换，哈萨克斯坦国家原子能工业公司可获得中国核燃料加工或发电厂的股权。这份协议拉开了中哈核领域合作的大幕。

根据协议，中广核集团开始布局哈萨克斯坦市场：

一是铀矿贸易。通过现货合同和长期合同等形式自哈采购天然铀。2010年11月与哈国家原子能工业公司签署一份采购2.42万吨铀的长期合同（到2020年）。

二是铀矿开采。2008年12月与哈国家原子能工业公司成立合资企业"谢米兹拜伊铀有限公司"，哈方持股51%，中方持股49%，开发谢米兹拜伊和伊尔科利两座铀矿，可采储量超过3万吨。

三是核燃料组件加工。2014年12月与哈国家原子能工业公司签署《关于在哈萨克斯坦设计和建设燃料组件制造厂和在哈萨克斯坦共同开发铀矿的商业协议》。一年后（2015年12月）双方合资成立"乌里宾核燃料组件有限公司"，哈方持股51%，中方持股49%。由法国法马通公司提供技术，设计年产核燃料组件200吨，产品将全部用于中广核集团旗下的核电机组。2016年12月开工，原计划于2021年10月建成投产。该项目是中哈在核能领域合作的标志性项目，得到两国政府的高度重视和支持，哈总统在年度国情咨文中曾重点提及。

四是收购哈企业。2021年7月30日，中广核矿业有限公司宣布收购哈国家原子能工业公司旗下的奥尔塔雷克有限公司49%的股权，总对价4.35亿美元。这是自2010年以来世界最大的铀矿并购案。奥尔塔雷克公司拥有图尔克斯坦州的中门库杜克和扎尔巴克两座原位地浸铀矿，铀矿可采储量3.33万吨，设计年产量2750吨（2026年可达产）。[①]

中广核集团负责人称："中广核自2006年起就开始深耕哈萨克斯坦，按照三步走战略，与哈萨克斯坦国家原子能工业公司的合作从天然铀贸易起步，到合作开发铀资源，现在扩展至核燃料组件加工和开发新铀矿项目，成为中哈两国企业间合作的典范之一。……这是中哈在清洁能源领域合作的标志性项目，推动了哈萨克斯坦核燃料产业向上游的升级，也为中国带来至少两万吨金属铀的资源储备。该项目是哈萨克斯坦国家原子能工业公司和中广核实现具备燃料组件生产能力的战略性突破，堪称中国'一带一路'和哈萨克斯坦'光明之路'的标志性项目。"[②]

除了中广核集团，中核集团也积极开展对哈合作。2011年，该集团下属的原子能工业公司与哈原子能工业公司签署天然铀购买协议，合作期为10年。

由于哈境内铀矿矿层中碳酸盐含量比较高，开采时需要借助大量硫酸（每提取1公斤铀金属约需要消耗80公斤硫酸），因此加大硫黄开采和硫酸生产，成为哈原子能工业的需求之一。而硫黄主要来自油气生产，系油田开发的副产品。由此，核铀领域合作与油气领域合作形成相互助力，共同推动中哈能源合作。

### 三 中亚无核区与"无核世界"理念

哈萨克斯坦是核试验的受害者，更是裁军和不扩散核武器的积极

---

[①] 中国驻哈萨克斯坦使馆经商参赞处：《中哈和平利用核能领域合作成果丰硕》，2021年8月16日，新华丝路，https://www.imsilkroad.com/news/p/460976.html。

[②] 王尔德：《中哈能源合作20周年 清洁能源发电成新领域》，2017年7月15日，21经济网，http://www.21jingji.com/2017/7-15/yMMDEzNzlfMTQxMzcyMg.html。

支持者。苏联在哈萨克斯坦的塞米巴拉金斯克地区设有核试验基地，当时规模居世界第二位，苏联解体前共进行 400 多次计 600 多颗核弹试验，造成一个面积相当于德国的辐射污染区和 150 多万人被核辐射。哈政府至今仍每年须划拨大量财政预算向核辐射受害者和参与消除核辐射危害的工作人员发放社会补贴。1991 年 8 月 29 日，纳扎尔巴耶夫总统签署《关于关闭塞米巴拉金斯克核试验区》的总统令，重申自己的无核化立场，放弃有核国家地位（当时哈国核武规模占世界第四位）。

哈萨克斯坦拥有广阔的国土和漫长的边界，安全保障压力大，这对于放弃核武器而使用常规力量保卫边界和国土安全的国家来说，无疑是一个巨大考验。当今世界，拥有核武器是一个国家的实力象征和安全保障，但哈萨克斯坦自愿放弃，是对国际核不扩散机制的贡献和表率。同时，无核化条约规定无核国家必须有效控制本国核原料，包括铀矿的生产和运输，防止其落入不法分子之手，这些义务意味着铀矿资源丰富的哈萨克斯坦须承担更多国际责任，也充分表明其致力于地区乃至世界和平与稳定的诚意和决心。

1997 年，哈萨克斯坦在国际社会的帮助下，撤离或拆除了境内所有核武器，中亚事实上成为没有核武器的地区。为保持这一地区的无核状态并使之获得法律保障，当年 3 月，中亚五国元首在哈萨克斯坦通过《阿拉木图宣言》，一致同意建立中亚无核区。经过多年谈判，在联合国的帮助下，中亚五国于 2006 年 9 月 8 日在塞米巴拉金斯克签署《中亚无核区条约》，并获得第 61 届联大支持，此时恰逢这个原苏联的重要核靶场关闭 15 周年。

2010 年 4 月 2 日，在首届"世界核安全峰会"召开前夕，纳扎尔巴耶夫总统在《消息报》发表《世界和平与核安全》一文，专门阐述了哈萨克斯坦的核立场。在随后的核安全峰会上，纳扎尔巴耶夫提出在 21 世纪建设"没有核武器的人类世界"，呼吁国际社会发表关于建立和平的无核武器世界的共同宣言。在 2012 年的世界核安全峰会上，他又提出若干重要建议和倡议，包括将峰会机制化、签署核武器公约等。2015年12月7日，联合国大会以133票赞成、23票反对、28票弃权的结果通过哈萨克斯坦提出的《关于建立和平的无核武器世界的共同宣言》的倡议。通过不懈努力，纳扎尔巴耶夫的"无核世界"思想获得了国际社会的认同。

中国始终支持中亚无核化进程和哈萨克斯坦的"无核世界"理念。在核武器问题上，中国历来奉行在任何时候、任何情况下都不首先使用核武器的原则，无条件地承诺不对无核武器国家和无核武器区使用或威胁使用核武器，主张全面禁止和彻底销毁核武器。中国的主张与哈萨克斯坦完全吻合，在建设无核世界问题上有共同语言。1996年7月中哈签署《联合声明》，呼吁"全面禁止和彻底销毁包括核武器在内的所有大规模杀伤性武器，赞成尽快缔结全面禁止核试验条约。双方呼吁所有核国家承诺不首先使用核武器，不对无核武器国家和无核武器区使用或威胁使用核武器"。这一思想在后来的双边文件中又被多次重申。

## 第三节　可再生能源合作

中哈两国都面临提高资源利用效率、发展可再生能源、治理环境污染、应对生态退化和气候变化、解决水资源短缺等难题和挑战，也都具备利用新技术、新材料和新工艺，调整经济结构，推动绿色基础设施、绿色投资和绿色金融建设，构建绿色供应链、产业链、价值链的发展机遇。

据中国国家能源局负责人介绍，中国可再生能源实现了跨越式发展。截至2020年年底，中国可再生能源发电装机总规模达到9.3亿千瓦，占总装机容量的比重达到42.4%，2020年，非化石能源占一次能源消费比重达15.9%，可再生能源发电量达到2.2万亿千瓦时（6.8亿吨标准煤），占全社会用电量的比重达到29.5%，相当于替代煤炭近10亿吨，分别减少二氧化碳、二氧化硫和氮氧化物排放量约17.9亿吨、86.4万吨和79.8万吨。预计到"十四五"末，可再生能源在全社会用电量增量中的比重将达到2/3左右，在一次能源消费增量中的比重将超过50%。[①] 中国可再生能源的开发利用规模居世界第一位，拥有丰富的实践经验。中国的低风速风电技术位居世界前列、光伏产业为全球市场供应超70%的组件，这是中国与哈萨克斯坦开展国际可再生能源合作的优势。

实践中，中哈两国在发展"绿色丝绸之路"方面具有共同的理念和需求，有着广泛的务实合作领域，包括以下四个方面。

第一，共享绿色理念，共同构建全球绿色治理体系。即本着"创新、协调、绿色、开放、共享"的发展理念，坚持"绿色、低碳、循环、可持续"的原则，围绕联合国"2030年可持续发展议程"，分享生态文明建设和绿色发展经验，努力实现经济发展与环境保护的双赢，探索新的经济增长模式，坚决不走以牺牲自身生态环境为代价换取经济发展和进入全球价值链的老路。

第二，发展绿色产能和贸易，完善绿色生产、采购和销售链条，努力实现经济效益、社会效益和生态效益的统一。如发展循环农业、新能源、生物质、节能环保、信息数据等绿色生态产业；在自贸区和便利化谈判中纳入环保内容；减少绿色产品的关税和非关税壁垒（尤其是检验检疫）；增加绿色产品和服务的进出口，特别是有利于污染治理的环保产品和服务；完善危险物品管理；打击固体废物非法越境转移；推动环境标志相互认证，争取环境标志产品进入政府采购等。

第三，开展绿色投资合作。包括加强投资项目的环境因素管理，

---

① 徐佩玉：《中国可再生能源实现跨越式发展》，2021年4月2日，中国政府网，http://www.gov.cn/xinwen/2021-04/02/content_5597401.htm。

将项目建设运营阶段的绿色因素前移到立项阶段，提高项目筛选过程中的生态环保要求，支持资源节约和环境友好型项目合作；鼓励企业开发使用低碳、环保、节能的材料与工艺，减少污染物排放；尝试推广环保强制保险；发行绿色债券筹集融资；改善绿色交通、建筑、能源等基础设施，提升节能、低碳和污染物排放的运营管理水平，扩大环境信息披露；建立绿色项目示范基地等。

第四，扩大绿色能力建设。包括加大节能与环保技术和管理人才培养；加强生态环保类非政府组织合作（参与、监督、协调）；探讨建立绿色技术银行（生态环保大数据库和信息共享平台）；协调节能与绿色标准和规范，促进政策、规则、标准三位一体的软联通，打造政策对话和沟通、环境知识和信息、绿色技术交流与转让三大平台。

**BP 世界电力消费统计**

| | 年份 | 2010 | 2011 | 2012 | 2013 | 2014 | 2015 | 2016 | 2017 | 2018 | 2019 | 2020 |
|---|---|---|---|---|---|---|---|---|---|---|---|---|
| 煤炭价格（美元/吨） | 产量（艾焦） | 1.99 | 2.08 | 2.16 | 2.15 | 2.05 | 1.93 | 1.85 | 2.02 | 2.13 | 2.07 | 2.04 |
| | 消费量（艾焦） | 1.40 | 1.52 | 1.58 | 1.57 | 1.55 | 1.43 | 1.42 | 1.52 | 1.70 | 1.66 | 1.64 |
| | 西北欧标杆价 | 92.35 | 121.48 | 92.50 | 81.69 | 75.38 | 56.79 | 59.87 | 84.51 | 91.83 | 60.86 | 50.28 |
| | 美国中部阿巴拉契现货价格指数 | 67.87 | 84.75 | 67.28 | 69.72 | 67.08 | 51.57 | 51.45 | 63.83 | 72.84 | 57.16 | 42.77 |
| | 日本动力煤现货到岸价 | 108.47 | 126.13 | 100.30 | 90.07 | 76.13 | 60.10 | 71.66 | 95.57 | 112.73 | 77.63 | 69.77 |
| | 中国秦皇岛现货价格 | 110.08 | 127.27 | 111.89 | 95.42 | 84.12 | 67.53 | 71.35 | 94.72 | 99.45 | 85.89 | 83.10 |
| 电力 | 消费量（太瓦时） | 82.6 | 86.6 | 90.6 | 92.6 | 94.6 | 91.6 | 94.6 | 103.1 | 107.3 | 106.5 | 109.2 |

资料来源：2021 年度《BP 世界能源统计》，https://www.bp.com/content/dam/bp/country-sites/zh_cn/china/home/reports/statistical-review-of-world-energy/2021/bp-stats-review-2021-full-report.pdf。

## 一 哈萨克斯坦的可再生能源

哈萨克斯坦可再生能源较丰富：小水电（装机容量小于 30 兆瓦）蕴藏量年均 960 亿千瓦时，具有经济可开发价值 100 亿千瓦时。每年可利用的太阳能时间有 2200—3000 小时，年均每平方米可产生 1300—1800 千瓦时能量。地热资源约有 4 万亿吨燃料当量，每年可生产电力520兆瓦（不依靠泵站）和4300兆瓦（依靠泵站）。地热资源主要集中在西部5个州（约占全国资源总量的86%），其中曼吉斯套州占36%，西哈萨克斯坦州占19%，阿克纠宾州占13%，阿特劳州占11%，克孜勒奥尔达州占7%。全国年均风力潜能为1.82万亿千瓦时。全国约一半以上的国土年均风速4—5米/秒，约5万平方公里的地域年均风速高于7米/秒。沿里海、中部和北部地区风速较高，风力发电前景广阔。据勘测，准噶尔大门、科尔泰山口、曼吉斯套山脊、里海和巴尔喀什湖沿岸等地的平均风力达到每秒钟5—9米，是建设风力发电站的理想地点。

哈萨克斯坦领导人非常清楚，油气资源有枯竭的一天，需要早作准备，必须布局发展绿色经济。国际劳工组织于2018年5月14日发布的《2018年全球就业和社会展望：绿色就业》报告指出，如果各国制定适当政策推动绿色经济发展，到2030年，绿色经济将为全球创造2400万个就业机会。[1] 可以说，绿色经济是一种升级版的全球分工重构进程，是在综合考虑各地的自然条件和发展水平，以及经济社会和环境承载能力等因素的基础上，实现可持续发展的主要路径。

哈总统纳扎尔巴耶夫曾指出："我们应当调整当前的工业化优先方向，放弃夕阳产业。为落实加速工业创新政策，我们要限制优先部门的数量，否则就会导致资源使用分散，不见具体成效。为了国家将来具有竞争力，我们现在就要在高技术生产领域实现专业化。因此，必须加强诸如清洁能源、机器人、纳米技术、农业基因工程和航空航天工业等一些存在技术空白的生产领域的研究能力。我们还要建立高技术服务部门，首先是提供地质勘探和工程技术服务、信息传媒服务以及反应堆和核电站生产与维护等领域的综合服务部门。"[2]

---

[1]《国际劳工组织：绿色经济将为全球创造就业机会》，2018年5月15日，新华网，http://www.xinhuanet.com/photo/2018-05/15/c_1122834462.htm。

[2] Доклад Главы государства Н. А. Назарбаева на Евразийском форуме развивающихся рынков, Вхождение Казахстана в 30-ку наиболее развитых государств мира, http://akorda.uz/ru/speeches/internal_political_affairs.

不过,发展绿色经济不是单纯的经济问题,而是涉及政治与安全的大事。在哈国内,尤其是在国际油价高涨的大好形势下,如果不扩大油气产能、增加外汇收入,利益集团和民众可能会批评政府错失良机;但如果将大部分财政资金用于增加石油开采,其他产业往往会因发展不足而无法弥补石油收入下降的亏空,导致经济社会陷入危机,同样会引发社会不满甚至动荡。另外,哈萨克斯坦国土面积广阔且纬度较高,冬季漫长寒冷,人口和经济区分布较分散,电力和热力以煤炭为主,能源传送途中损耗大,加上工业以高耗能采掘业和冶金业为主,哈政府评估后认为,哈电力消费预计2030年达到1360亿千瓦时(2020年为1073亿千瓦时),2050年达到1720亿千瓦时。届时,可再生能源能否满足国内电力和热力需求需要仔细考虑。

为改变经济增长方式,哈总统纳扎尔巴耶夫在2010年7月1日第三届阿斯塔纳经济论坛开幕式上提出关于应对气候变化、发展绿色经济、落实全球能源生态战略的主张,提倡发展清洁能源、重视环保、改革经济结构和发展模式。此次演讲被认为是哈萨克斯坦从传统经济向绿色经济过渡的标志。接着,哈政府于2013年5月通过《转向绿色经济构想》,2014年6月发布《2030年前燃料能源综合体发展构想》,将支持发展可再生能源载入立法,确定了可再生能源市场的规模和减少可再生能源温室气体排放的潜力,计划可再生能源发电量占全国总发电量的比重在2030年达到30%,2050年达到50%。截至2020年年底,哈国内正在运营的可再生能源设施有117座,总装机容量1705兆瓦,其中风电496.3兆瓦、太阳能971.6兆瓦、水电229.28兆瓦、生物发电7.82兆瓦。2020年发电量约32.4亿千瓦时。

在增加可再生能源发电的同时,哈还努力发展与可再生能源配套的加工产业,生产热力和光电元件、各种小型锅炉机组、依托能源技术的各种新材料、新型水轮发电机等。例如,为配合太阳能利用,哈政府2010年启动"哈萨克PV计划"(KazPV),由哈萨克硅晶公司在阿拉木图州乌什托别市开采硅矿,运到乌斯季卡缅诺戈尔斯克市,由太阳硅晶板公司加工成硅晶片，再运到阿斯塔纳市，由阿斯塔纳太阳能公司加工成太阳能电池模块，年产能50兆瓦（21.7万张太阳能板），扩容后达到100兆瓦。

哈萨克斯坦电力生产统计 （单位：亿千瓦时）

| 年份 | 天然气 | 煤炭 | 水电 | 可再生能源 | 其他 | 总发电量 |
| --- | --- | --- | --- | --- | --- | --- |
| 2019 | 213 | 741 | 100 | 11 | — | 1065 |
| 2020 | 213 | 730 | 98 | 37 | 14 | 1092 |

资料来源：2021年度《BP世界能源统计》，https://www.bp.com/content/dam/bp/country-sites/zh_cn/china/home/reports/statistical-review-of-world-energy/2021/bp-stats-review-2021-full-report.pdf。

哈萨克斯坦的能源消耗统计 （单位：万吨油当量）

| 年份 | 2014 | 2015 | 2016 | 2017 | 2018 |
| --- | --- | --- | --- | --- | --- |
| 最终燃料和能源消费量 | 3659.9 | 3841.6 | 4260.1 | 4665.9 | 4112.8 |
| 农业 | 89.6 | 73.0 | 93.4 | 94.1 | 164.2 |
| 工业 | 1647.4 | 1914.1 | 2076.2 | 2093.3 | 1810.8 |
| 交通运输业 | 488.3 | 534.9 | 660.4 | 659.7 | 601.1 |
| 服务业 | 379.8 | 431.0 | 459.3 | 419.9 | 869.0 |
| 一次燃料和能源消费量 | 7666.7 | 7809.1 | 7924.9 | 8231.1 | 8149.4 |
| 石油 | 1874.8 | 1805.9 | 2059.5 | 2246.9 | 2215.6 |
| 煤炭 | 3703.5 | 3423.9 | 3565.3 | 3876.6 | 3465.4 |
| 天然气 | 2595.2 | 2745.0 | 2559.6 | 2466.2 | 2805.9 |
| 单位GDP能源消耗量（吨油当量/万美元） | | | | | |
| 以2010年不变价格为基础 | 0.042 | 0.042 | 0.042 | 0.042 | 0.041 |
| 以2000年不变价格为基础 | 0.152 | 0.153 | 0.154 | 0.153 | 0.150 |

资料来源：Комитет по статистике Министерства национальной экономики. Топливно-энергетический баланс Республики Казахстан 2014-2018（Статистический сборник），С.29-33，https://stat.gov.kz/edition/publication/collection；Динамика энергоемкости ВВП с 2011-2018 гг. https://stat.gov.kz/edition/publication/collection；Динамика энергоемкости ВВП с 2014-2019 гг. https://stat.gov.kz/official/industry/30/statistic/8。

## 二 中哈可再生能源合作

习近平主席强调，要坚持以人民为中心的发展思想，走经济、社会、环境协调发展之路；要坚持发展导向，支持全球发展事业特别是落实联合国2030年可持续发展议程，努力实现清洁低碳可持续发展，同时帮助发展中国家打破发展瓶颈，更好融入全球价值链、产业链、供应链并从中受益。①

总体上看，中国企业在哈萨克斯坦新能源市场所占份额不高，绿色项目的规模和市场占有率弱于欧洲和俄罗斯企业。欧洲复兴开发银行与哈政府建立了可再生能源发展基金，为相关项目提供本币融资，使得欧洲企业相对容易获得支持。

截至2021年年底，中哈在可再生能源领域的合作项目如下。

中信建设公司承建（中国政府援建项目）1兆瓦太阳能电站（位于阿拉木图市的阿拉套创新技术园区）和5兆瓦风能电站（位于阿拉木图州的马萨克农业区）。该项目系2017年9月中哈两国政府确定的无偿援助项目。2017年12月开工建设，2018年11月竣工投产。两座电站全部采用中国产设备。太阳能电站采用了多晶硅与单晶硅两种电池板，以及固定支架和可调节支架两种安装方式。风电采用单机2.5兆瓦的机组设备（哈国内单台装机容量最大）。作为示范工地，在建设过程中，中方向哈方传授技术和安装工艺，还将光伏项目和农业大棚种植项目相结合，让项目发挥最大经济和社会效益。

寰泰能源公司投资建设100MW光伏电站项目。该项目是中哈产能合作的重点项目之一，位于阿拉木图州卡普恰盖市，总投资约7100万美元（由寰泰能源与哈方伙伴共同投资），包括占地270公顷的光伏场区和220千伏变电站，设计年发电量达1.55亿千瓦时，可有效解决当地10万户居民用电，每年减排二氧化碳15.6万吨。项目于2018年开工建设，2019年9月并网发电。② 该光伏电站项目采用"100%中国制造，100%哈国施工，哈国金融机构融资"的建设开发模式，由哈萨克斯坦当地十多家分包商、500多名工人承建，哈国内

---

① 习近平：《在第二届"一带一路"国际合作高峰论坛记者会上的讲话》，《人民日报》2019年4月28日。
② 中国驻哈萨克斯坦使馆经商参赞处：《寰泰能源卡普恰盖100MWp光伏电站正式并网运营》，2019年9月8日，商务部网站，http://kz.mofcom.gov.cn/article/todayheader/201909/20190902897205.shtml。

金融机构提供了约合3.1亿元人民币的融资支持（哈萨克斯坦开发银行提供约2亿元人民币，哈萨克斯坦开发银行融资租赁公司1.1亿元人民币），项目所用的500多箱中国设备共启用了12列中欧班列从国内运输到现场。可以说，该项目有效带动了中国光伏组件和电力设备出口，并为当地税收和就业做出贡献。

中国电力建设集团谢列克60MW风电项目。该项目系中国电建与哈萨克斯坦萨姆鲁克能源公司合资合作并以EPC方式实施的项目，属于2017年9月制定的"中哈产能合作重点项目清单"所列项目，也是中国电建在俄语区控股投资的首个新能源项目。位于阿拉木图州卡普恰盖区的伊犁河谷地带，距离中国霍尔果斯口岸约210公里，距离阿拉木图市约150公里。当地风力资源较好，每年可等效发电3800小时以上。[1] 项目已于2019年6月正式开工，安装24台2.5MW风机机组，总装机容量60MW，年均上网电量约为2.28亿千瓦时，总投资约为1.0266亿美元。[2] 项目使用中国金风科技的GW_130_2500机型设备，90米4段式塔架，最大直径为4.3米，最小直径为3.3米，单套塔筒重197吨，总高度为87.3米。

国家电投集团札纳塔斯100兆瓦风电项目。该项目是国家电投集团在中亚地区投资建设的第一个项目，位于哈萨克斯坦江布尔州萨雷苏区的札纳塔斯市，总投资为1.5亿美元，共建设40台2.5MW智能风电机组，每年可实现发电量3.5亿千瓦时。项目于2018年签约，2019年7月开工，2020年9月首批风机实现并网发电，2020年10月获得亚投行和欧洲复兴开发银行等国际金融机构融资，2021年6月完成全部40台风机吊装和全容量并网发电。哈方合作伙伴认为，该项目利用当地风能资源（年可利用小时数约3500小时），可有效缓解哈南部地区的缺电现状。另外，与同等容量的火电相比，每年可为

---

[1] 杨明玺：《60MW！哈萨克斯坦谢列克一期风电项目开工建设》，2019年7月4日，中国能源网，https://www.china5e.com/news/news-1062691-1.html。

[2] 参见中国电建网站《电力板块》，http://pr.powerchina.cn/1285.html。

当地节约标准煤约 11 万吨，减少二氧化碳排放量约 30 万吨，减少烟尘排放量近 14 吨。对国电集团而言，该项目是集团"第一次走向中亚，参与中亚区域'一带一路'国家工程建设；第一次在零下 40 度左右的高寒地带开工建设；整个项目进程中未发生一起安全事故；项目提前投产设备调试并网一次成功；项目参建各方近 400 余名人员无一人感染新冠"。①

中哈可再生能源合作还表现在技术人员培训上。来自哈萨克斯坦的学员在中国系统学习风力发电技术、太阳能发电技术、小水电技术，并与中国同行进行学术交流。例如，2006 年 11 月，科技部委托中亚科技经济信息中心承办"新能源技术交流培训班"；2010 年 6 月，科技部国际合作司主办、新疆中亚科技经济信息中心在乌鲁木齐承办"中亚太阳能电源开发利用技术国际培训班"；2011 年 7 月，新疆中亚科技经济信息中心承办"中亚太阳能电源开发利用技术国际培训班"；2013 年 7 月，科技部主办，内蒙古自治区对外科技交流中心、内蒙古自然能源研究所承办"基于气候变化的风能太阳能应用技术推广培训班"；2014 年 11 月，科技部国际合作司主办，云南省科技厅、云南师范大学（太阳能研究所）承办"热带、亚热带地区新型太阳能应用技术国际培训班"；2015 年 6 月，华北电力大学举办"中亚地区可再生能源发电及入网技术国际培训班"。

除投资可再生能源电力项目外，中国企业还承包（EPC）若干哈萨克斯坦的新能源项目工程。

特变电工下属新能源公司承建江布尔州奥塔尔光伏电站。这是哈萨克斯坦第一座太阳能电站，于 2013 年 1 月投产，一期产能 504 千

---

① 章寅生：《中国电力札纳塔斯风电：把党员尖刀作用发挥到刃口》，2021 年 6 月 28 日，国家电投网站，http://www.spic.com.cn/tg/202106/t20210628_316152.htm；《中电国际、中国电力与亚投行正式签署哈萨克斯坦札纳塔斯 100MW 风电项目融资协议》，2021 年 10 月 27 日，新华网，http://www.xinhuanet.com/energy/2020-10/27/c_1126662652.htm。

哈萨克斯坦札纳塔斯二期100MW风电项目（设备来自金风科技）

瓦，由51组可使用25年的模块组成（每组42张电池板 X 235 瓦）。光照良好时可满足周边200座房屋的供电需求。

浙江的东方日升公司（光伏板制造商）总承包建设40MW（卡拉干达州阿克托盖区古里沙特）和50MW（图尔克斯坦州丘拉克库尔干）三个光伏电站项目等。该企业开发哈萨克斯坦市场时，获得欧洲复兴开发银行的融资支持。其中40MW项目选用325Wp Poly 1500VDC多晶组件，年均发电量5000万千瓦时。于2018年6月开工，12月并网发电。50MW电站于2019年7月开工建设，当年投产并网，使用东方日升的330W多晶组件、华为的组串式逆变器、中信博的跟踪支架的组合形式，经受住极热极寒等严酷环境考验，运行稳定性高，展示了中国产品和设备的品质，赢得了声誉。

除此之外，中哈还在水电和电力设备材料等领域密切合作。

中国水利电力集团承建哈萨克斯坦水利工程。2008年4月中哈签署协议，由中国水利电力对外公司、中国地质工程集团公司和中国水电顾问集团成都勘测设计研究院共同承建玛伊纳水电站工程。该水电站是哈建国以来自主开发的第一座水电站，也是中哈两国在非资源领域的第一个重大基础设施合作项目，还是上海合作组织银联体成立以来的第一个大型联合融资项目。项目投资总额 3.3 亿美元，其中 1.3 亿美元由哈萨克斯坦开发银行承担，其余两亿美元由中国国家开发银行提供。

2013 年 9 月 7 日习近平主席访哈期间，中国水利电力集团与萨姆鲁克能源公司签署《伊犁河凯尔布拉克反调节水电站建设项目实施协议》。哈方称，该水电站建设项目总投资额约为 1.9 亿美元，装机容量为 33 兆瓦，对满足哈南部地区电力需求意义重大，还可在冬季贮水，在必要时期进行水资源利用。

2014 年 12 月 14 日，中哈企业家委员会第二次全体会议在哈首都阿斯塔纳举行。其间，中国水利电力集团与萨姆鲁克能源公司签署《奇利克流域电力资源合作开发协议》，包括水电、风电、输变电等多项内容，建设资金总额超过 18 亿美元。

大唐电力集团与萨姆鲁克卡兹纳国家福利基金在电力领域的合作。2008 年 10 月，时任中国政府总理温家宝访哈期间，中国大唐电力集团与哈萨克斯坦萨姆鲁克—卡泽纳国家福利基金签署《电力和煤炭领域合作备忘录》、与哈萨克斯坦哲尔苏工业投资集团公司签署《联合开发阔克苏河梯级水电站（科泽尔库金、科泽尔布拉克）的合作协议》。阔克苏河梯级水电站位于哈萨克斯坦阿拉木图州中部地区，分为两级，总装机容量为 20 万千瓦。2010 年 11 月 11 日，大唐电力集团与萨姆鲁克—卡泽纳国家福利基金签署《可再生能源领域合作备忘录》，探讨在哈萨克斯坦的奇利克地区建设风电项目。

# 第五章 经济合作：历程与前景

哈萨克斯坦著名诗人阿拜曾经说过："无论是最好的时代，还是最坏的时代，请坚信，你我皆可乘风破浪，没有什么不可能。"作为世界上最大的内陆国、"丝绸之路经济带"的首倡地、中国西出国门后的首站，哈萨克斯坦是中国陆上经济合作的重点对象之一。30年来，中哈经贸与投资合作规模与范围不断扩大，合作机制不断深入，合作规划日益完善，探索出诸多适合自己国情的合作模式与理念。"合作为两国人民带来实实在在福祉，也为国际社会树立了典范。"①

30年来，中哈经济合作大体以十年为一个阶段，分为三个上升期。

第一阶段（1991—2000年）为合作起步阶段。两国自建交后，开始相互接触磨合，签署了20多份政府间合作文件，为双边合作打下了坚实的法律基础。涉及投资保护方面的协定有《中华人民共和国政府和哈萨克斯坦共和国政府经济贸易合作协定》（1991年12月22日）、《中华人民共和国政府和哈萨克斯坦共和国政府关于鼓励和相互保护投资协定》（1992年8月10日）、《中华人民共和国政府和哈萨克斯坦共和国政府成立经贸和科技合作委员会的协定》（1992年2月26日）。涉及各主管部门间以及各业务领域的合作协定主要有《中华人民共和国铁道部和哈萨克斯坦交通部过境铁路协定》（1992年8月10日）、《中华人民共和国政府和哈萨克斯坦共和国政府汽车

---

① 《习近平同哈萨克斯坦总统托卡耶夫通电话》，《光明日报》2021年6月3日。

运输协定》（1992年9月26日）、《中华人民共和国政府和哈萨克斯坦共和国政府航空运输协定》（1993年10月18日）、《中华人民共和国政府和哈萨克斯坦共和国政府关于使用中国连云港海港加工和运输哈萨克斯坦过境货物的协定》（1995年9月11日）、《中华人民共和国政府与哈萨克斯坦共和国政府关于保证进出口商品质量和相互认证的合作协定》（1996年7月5日）、《中国人民银行与哈萨克斯坦国家银行合作协定》（1996年7月5日）、《中华人民共和国政府和哈萨克斯坦共和国政府关于在石油天然气领域合作的协议》（1997年9月24日）、《哈萨克斯坦共和国能源和自然资源部与中国石油天然气集团有限公司总协定》（1997年9月24日）、《中华人民共和国政府和哈萨克斯坦共和国政府海关合作与互助协定》（1997年9月26日）、《哈萨克斯坦共和国政府和中华人民共和国政府关于在反垄断政策和打击不正当竞争领域合作的协定》（1999年11月23日）等。

第二阶段（2001—2013年）为进一步发展阶段。这一阶段，中国正式提出西部大开发战略，哈萨克斯坦则积极落实"2030年战略"，双方的互补需求大增。随着中国企业尤其是中国石油等能源企业加速进入哈市场，两国经济合作日益密切，领导人提出的经贸合作目标屡屡被刷新并提前完成。尽管其间经历2008年国际金融危机冲击，双边进出口额短暂下降，但很快恢复。从地区和国际环境看，2001年上海合作组织成立，中哈共同成为该组织成员国，合作也从双边拓展到多边。另外，这个阶段国际大宗商品市场价格涨幅较大，企业经营利润较高，进一步夯实了后续合作的信心，也解决了资金需求。

第三阶段（2014年至今）为合作提质增效阶段。这个时期，习近平主席于2013年9月在哈萨克斯坦首倡共建"丝绸之路经济带"，拉开了中国与包括哈萨克斯坦在内的丝绸之路沿线各国共建"一带一路"的序幕。哈萨克斯坦则为落实"2050年战略"，提出"光明之路"新经济政策和第二期工业创新计划等一系列国家发展战略和行业规划。"对接"和"经济转型"成为中哈两国合作的主题词。双方经济合作进入更加有序的新发展阶段，无论是合作机制，还是合作规划、项目清单等，均较前期有大幅深化和细化。从地区和国际环境看，数字经济等新业态对传统产业形成较大冲击，整个国际市场需求总体低迷，油气等大宗商品价格总体下跌，迫使各国加速调整经济结构。

中哈均有发展基础设施、开发地方潜力、调整经济结构、提高民众生活水平等强烈需求，两国的发展战略具有诸多共性。对中国来说，哈是中国推进"丝绸之路经济带"建设的积极伙伴。哈萨克斯坦幅员辽阔，GDP产值占中亚五国的一半多，在中国西部邻国中市场规模最大。哈萨克斯坦作为欧亚经济联盟成员国，可为中国进入该联盟其他成员国市场提供便利条件。对哈萨克斯坦来说，"中国是上帝赐予的邻居。中国经济正高速发展，哈萨克斯坦应当充分利用与中国的积极互动，来促进哈萨克斯坦的蓬勃发展"。[①] 可以说，中哈两国的经济合作具有牢固的基础。在建设"一带一路"的进程中，两国的相互依赖关系会进一步加深，经济合作潜力巨大。

## 第一节 贸易合作

中国是哈萨克斯坦的主要贸易伙伴之一，而哈萨克斯坦是中国在中亚的第一大贸易伙伴。建交30年来，双方贸易经历了增长与下降起伏交替的曲折发展过程，贸易额从1994年的最低值3.34亿美元增至2013年的最高值285.96亿美元，增长84倍多，经历了快速发展时期，远超中国与其他中亚国家的贸易额和增长率。2014年至今，

---

[①] 沙赫拉特·努雷舍夫：《关于中哈关系》，《哈萨克斯坦真理报》2021年3月31日。

随着油气和矿产等大宗产品的国际价格涨跌，双方的贸易额也随之波动。

### 一 贸易发展历程

从发展历程看，中哈贸易合作大体分为以下三个阶段。

第一阶段（1991—2000年），中哈贸易合作开始起步。1991年中哈建交后，边境口岸逐渐开放，两国得以直接开展贸易往来，而无须再经俄罗斯或其他国家中转。当年，中哈贸易总额为3.68亿美元，占哈外贸总额的20%，中国成为哈萨克斯坦第一大贸易伙伴。但受苏联解体初期经济下滑影响，中哈贸易总额在1994年下降，只有3.34亿美元，同比下降了22.7%，中国不再是哈最大贸易伙伴，被瑞士取代。1995—2000年，随着哈萨克斯坦走出独立后初期的困境，经济开始止跌回升，中哈贸易重新出现大幅增长，到2000年已达15.57亿美元，占当年哈141.92亿美元外贸总额的约11%。[1]

第二阶段（2001—2013年），中哈贸易进入快速增长期。得益于两国油气合作大发展，中国自哈大量进口石油，成为哈最重要的贸易伙伴，两国贸易依存度不断提高。与此同时，中国对哈贸易逆差增加，自哈进口远大于向哈出口。2005年，中哈双边贸易额达到68亿美元，同比增长51.2%，超额实现了两国领导人2004年提出的将两国贸易额增至50亿美元的目标。2007年中哈贸易额首次超过百亿美元大关，达到139亿美元，再一次提前实现了两国元首2006年提出的到2010年贸易额达到100亿美元的目标。2013年，中哈贸易达到创纪录的285.96亿美元，这也是哈独立30年里中哈贸易的峰值，其中，中国对哈出口125亿美元，自哈进口160亿美元。

第三阶段（2014年至今），中哈贸易合作进入提质增效的调整期。一方面，自2013年9月习近平主席在哈首都阿斯塔纳提出"丝

---

[1] 王海燕主编：《经济合作与发展——中亚五国与中国新疆》，新疆人民出版社2003年版，第283页。

绸之路经济带"倡议后,两国在"丝绸之路经济带"与"光明之路"新经济政策战略对接框架内,贸易结构逐渐改善,哈对华出口,尤其是农产品出口大幅增加。另一方面,受国际市场总体低迷,以及大宗商品市场(如油气、铀矿等)价格波动变化大等消极因素影响,中哈贸易额起伏较大,但总体保持了 130 亿美元以上的规模。2014—2016 年,两国贸易额呈下滑趋势,从 2013 年峰值时的 285.96 亿美元降至 2016 年的 131 亿美元。从 2017 年开始,中哈贸易又总体呈恢复性增长态势,但贸易规模始终未能恢复到 2013 年水平。2017 年贸易额为 179 亿美元,同比增长 32.9%,2018 年贸易额为 198 亿美元,同比增长 11.4%,2019 年贸易额为 220 亿美元,同比增长 23.1%。2020 年即使经历新冠疫情影响,双方贸易仍达到 214 亿美元,说明双方合作的韧性和可持续性已较为稳定,中国已稳居哈贸易伙伴前三位之列。

2020 年和 2021 年,中国是哈第二大出口市场和第一大进口来源地。中哈贸易额在中国与独联体国家的贸易中位居俄罗斯之后的第二位,而哈中贸易额在哈萨克斯坦同所有亚洲国家的贸易中居第一位。

**中哈贸易额** (单位:亿美元)

| 年份 | 进出口总额 | 中对哈出口 | 中自哈进口 | 中方贸易差额 |
| --- | --- | --- | --- | --- |
| 1992 | 3.68 | 2.27 | 1.41 | 0.86 |
| 1993 | 4.35 | 1.72 | 2.63 | -0.91 |
| 1994 | 3.34 | 1.37 | 1.97 | -0.60 |
| 1995 | 4.91 | 1.75 | 3.16 | -1.41 |
| 1996 | 5.6 | 1.95 | 3.65 | -1.70 |
| 1997 | 5.2741 | 0.9463 | 4.3278 | -3.3815 |
| 1998 | 6.3554 | 2.0468 | 4.3086 | -2.2618 |
| 1999 | 11.3878 | 4.9438 | 6.4440 | -1.5002 |
| 2000 | 15.5696 | 5.9875 | 9.5821 | -3.5946 |
| 2001 | 12.8837 | 3.2772 | 9.6065 | -6.3293 |
| 2002 | 19.5475 | 6.0010 | 13.5465 | -7.5455 |
| 2003 | 32.9188 | 15.7190 | 17.1998 | -1.4808 |

续表

| 年份 | 进出口总额 | 中对哈出口 | 中自哈进口 | 中方贸易差额 |
| --- | --- | --- | --- | --- |
| 2004 | 44.9809 | 22.1181 | 22.8627 | -0.7446 |
| 2005 | 68.0611 | 38.9675 | 29.0936 | 9.8739 |
| 2006 | 83.5775 | 47.5048 | 36.0727 | 11.4321 |
| 2007 | 138.7777 | 74.4586 | 64.3191 | 10.1395 |
| 2008 | 175.5234 | 98.2451 | 77.2783 | 20.9668 |
| 2009 | 141.2913 | 78.3345 | 62.9568 | 15.3777 |
| 2010 | 204.4852 | 93.2007 | 111.2845 | -18.0838 |
| 2011 | 249.6123 | 95.6653 | 153.9470 | -58.2817 |
| 2012 | 256.8157 | 110.0073 | 146.8084 | -36.8011 |
| 2013 | 285.9596 | 125.4512 | 160.5084 | -35.0572 |
| 2014 | 224.5167 | 127.0985 | 97.4182 | 29.6803 |
| 2015 | 142.9019 | 84.4124 | 58.4895 | 25.9229 |
| 2016 | 130.9767 | 82.9259 | 48.0508 | 34.8751 |
| 2017 | 179.4313 | 115.6444 | 63.7869 | 51.8575 |
| 2018 | 198.7814 | 113.5153 | 85.2661 | 28.2492 |
| 2019 | 220.0277 | 127.2910 | 92.7367 | 34.5543 |
| 2020 | 214.3 | 117.1 | 97.2 | 19.9 |

资料来源：1992—2020年《中国统计年鉴》，中国统计出版社。

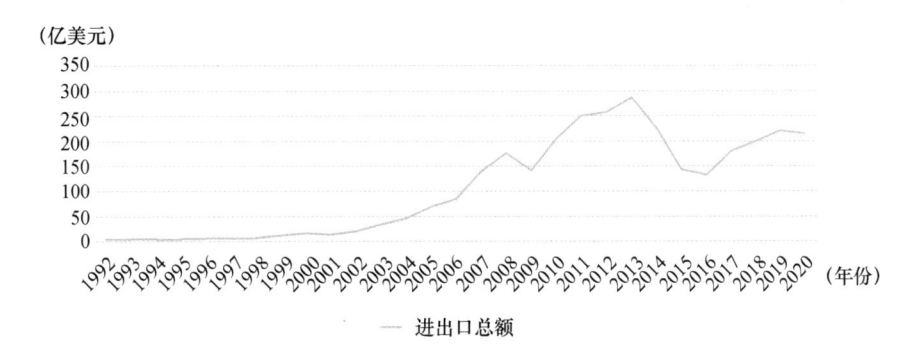

**中哈贸易额走势**

资料来源：1992—2020年《中国统计年鉴》，中国统计出版社。

## 二 贸易结构

贸易结构指某一时期贸易的构成情况。贸易结构有广义和狭义之分。广义的贸易结构指一定时期内货物贸易和服务贸易的构成情况；

狭义的贸易结构通常仅指货物贸易的构成情况，不包括服务贸易。本书中的贸易结构为狭义的货物贸易结构，即有形（商品）贸易的结构。另外，本书中的商品分类主要参照《哈萨克斯坦海关统计年鉴》中进出口商品品类总表的分类法，对有形商品作出系统分类，共分21类97章。

从统计分析看，中哈建交30年来，两国的商品贸易结构总体稳定，变化不大。中方以机电产品、轻工制品为主，哈方以资源性产品为主。哈对全球出口和对中国出口商品结构基本一致，以矿产品、贱金属及其制品为主；哈自全球进口和自中国进口商品结构基本一致，以轻工业、机电产品和贱金属及制品等产品为主。

贸易结构稳定的主要原因是两国具有多重的互补关系，表现在以下几个方面：第一，哈是"丝绸之路经济带"的重要通道，但哈作为内陆国家，没有出海口；第二，中国是世界矿产消费大国，而哈自然资源丰富，中国需要的石油、铀矿、铜矿等在哈储量丰富；第三，中国生产体系较完整；哈发展非资源领域经济面临诸多困难，尽管加工业成就不小，但依然未能改变原料出口型经济发展模式；第四，中国需要"走出去"，扩大对外投资，而哈需要引进外资，促进产业结构调整。

（一）中哈贸易结构变化过程

中哈30年来贸易结构变化过程与贸易发展历程同步，大体可以分为三个阶段。

第一个阶段是1992—2000年。这个时期，双方的贸易规模不大。原因之一是双方交往刚刚开始，相互不了解对方的市场情况，另外，哈独立不久，各项规章制度和国家管理体系也在逐步建立和完善。原因之二是中哈间的口岸和交通等基础设施刚刚建立和运营。中苏关系恶化后，中哈之间没有直接的人员和物资往来，之前的基础设施在近30年时间里已经破旧，需要重建。由此，中哈双方在选择可以交易的商品时都比较慎重，通常都是价格不高、便于运输、市场需求较旺盛的商品。中国自哈进口商品主要集中在废金属等初级原材料及其制品,对哈出口则主要是服装鞋帽、日用品等低附加值的劳动密集型产品,因价格低廉,很受哈民众欢迎,也极大地缓解了哈物资短缺的困境。中方自哈进口原材料商品,也帮助中国解决原材料不足难题。

1993年,中国西北五省区在乌鲁木齐召开了首届联合协作会议,提出了五省区"共建大通道,联合走西口"的对中亚五国开放的思路,使中哈贸易从主要由新疆扩展到西北五省区。1994年,由于哈关税立法发生变化,贸易方式开始从易货贸易向现汇贸易转变。1995年,经国家批准,中国新疆16个地州市全部享有国家贸易经营权,打破了对外贸易只由少数单位经营的局面,这使中哈贸易开始较快发展。

第二阶段是2001—2013年,中哈经贸合作的质量和规模不断提升,商品种类也日渐丰富。到2003年,中哈两国进出口贸易规模首次突破30亿美元,在大宗商品基本保持稳定的基础上,中国对哈出口商品从最初的鞋靴等低附加值商品增加了机动车辆等机电产品、电视机等电子产品,自哈进口商品也由初期以贱金属为主变为以石油、铀矿、铜矿等矿产品以及皮毛、苜蓿等农产品为主。

随着中国的石油企业进入哈能源市场以及中哈原油管道和中土天然气管道开通运营,中哈两国的具体贸易商品出现明显变化,原油和天然气进口大增,而贱金属则大幅下降。2006年,中国自哈进口矿产品的规模达到17.4亿美元,占中国自哈进口总额的48.3%,首次超过当年中国自哈进口的贱金属(13.8亿美元,占中国自哈进口总额的38.5%)。从此,矿产品(尤其原油)一直是中国自哈进口的最大品类。[①]

第三阶段是2014年至今。在"丝绸之路经济带"倡议与"光明之路"新经济政策对接的背景下,中哈贸易结构多元化程度进一步

---

[①] 王海燕等:《贸易投资便利化:中国与哈萨克斯坦》,华东师范大学出版社2012年版,第1712页。

提升。哈萨克斯坦积极搭乘中国与"丝绸之路经济带"沿线国家贸易高速发展的快车，努力调整对中国出口商品结构，增加农产品、加工制品等非原料商品出口。这个时期，从贸易额看，哈对中国出口的前两位商品依然是矿产品和贱金属及制品，基本每年都占哈对中国出口总额的约80%。不过，同期哈对中国出口的化工产品大幅增加，从2007年占哈对中国出口额的1.1%增至2018年的10.9%（达到6.8亿美元）和2019年的7.9%（6.14亿美元），纺织品及原料、食品、饮料和烟草、动物和动物产品、机电产品、皮革制品和箱包、小麦等，也成为哈对中国出口排名前10位的产品。这说明，随着哈萨克斯坦加快非资源领域发展，加工业制成品的出口能力不断增强，中国也成为吸纳哈企业出口商品的重要消费市场。

（二）中哈贸易结构的特点

第一，中国自哈进口商品结构始终比较单一，一直以初级产品为主，矿产品和贱金属及其制品一直占进口总额的80%以上。不过，随着中哈合作日益深入，两国的贸易商品种类也逐渐丰富，哈对中国出口中制成品的数量和价值在增长。特别是"丝绸之路经济带"倡议提出后，两国检验检疫、海关和农业等部门密切配合，积极落实双边协议，为哈农产品进入中国市场打开大门。据哈萨克斯坦农业部数据，截至2021年6月底，哈境内获准对外出口各类农产品的企业共计3834家，其中对中国87家。到2021年年底前，11种农作物被纳入中国海关总署准入清单，包括麦麸、大豆、菜籽粕、苜蓿草、大麦、小麦粉、玉米、小麦和大麦饲料粉、亚麻等。另外，哈农业部正在研究签署有关马铃薯、甜菜浆、红花、豌豆、扁豆、油菜籽、燕麦片、油渣和油粕9种农产品出口中国议定书的可能性。[①]

第二，中国对哈出口的主要品类从建交后的前10年以服装鞋

---

① 中国驻哈萨克斯坦大使馆经商参处：《哈萨克斯坦制定农产品输华计划》，商务部网站，http://kz.mofcom.gov.cn/article/scdy/202108/20210803193487.shtml。

帽等轻工业产品为主发展成为以机电产品和交通工具等高附加值商品为主[1]，即从劳动密集型的低附加值商品向资本技术密集型的高附加值商品转变。这是中国对哈出口贸易结构不断优化、贸易水平不断提升的表现。进入 21 世纪以来，纺织原料及纺织制品对哈出口大幅下降，由 2002 年的第 4 位降至 2007 年的第 11 位（跌出中国对哈出口商品品类前十名），且占中国对哈出口总额的比重也由 2002 年的 8.6% 降至 2007 年的 1.75%。机械设备、电气、音像设备，贱金属及其制品、石料、陶瓷、玻璃及制品、车辆及有关运输设备等始终是具有优势的出口商品。机电产品占比一直较高，超过 30%，其他绝大多数产品占比都在 10% 以内。

第三，总体来看，在哈萨克斯坦市场上，中国的劳动密集型产品占有较大优势，如鞋靴伞和箱包、塑料橡胶、陶瓷玻璃、家具、玩具等轻工产品，但面临土耳其和乌兹别克斯坦等国产品的竞争。中国的机电等产品具有一定优势，但面临美国、德国、意大利等国产品的竞争。

第四，中哈双方的贸易差额呈现阶段性变换。2005—2009 年和 2014 年至今这两个阶段，中方一直保持顺差，其他年份则为逆差。2005 年之前，中方始终处于逆差，主要原因是中国企业未能大规模开发哈萨克斯坦市场。2005—2009 年中方居于顺差，主要原因是中国企业大量进入哈市场，能源和工程承包等项目开发需要哈方从中方进口大量工程设备和原料，从而带动哈方自中国进口。2010—2013 年中方重新陷入逆差，主要原因是中国自哈大量进口原油以及铀矿、铜矿等原材料。2014 年至今中方又处于顺差，主要原因是哈大力发展非资源领域经济，由此对中国质优价廉的商品需求增加，加上国际市场的原油价格大幅下降，导致中国自哈进口的原油价值减少（但

---

[1] 低附加值商品指在产品的原有价值的基础上，通过生产过程中的有效劳动新创造的价值较低，一般是指初级产品。高附加值商品是指在产品加工过程中通过工艺、技术、服务甚至品牌等手段使产品得到较大的增值，而不是单纯的要素投入形成的物化价值，一般指工业制成品。

进口的实物量未减少)。

**中国自哈进口额排名前 5 位的商品** （单位：亿美元）

| 1995 年 | | | 2002 年 | | | 2006 年 | | | 2019 年 | | |
| --- | --- | --- | --- | --- | --- | --- | --- | --- | --- | --- | --- |
| 商品名称 | 金额 | 占比(%) | 商品名称 | 金额 | 占比(%) | 商品名称 | 金额 | 占比(%) | 商品名称 | 金额 | 占比(%) |
| 黑金属 | 1.076 | 36.2 | 贱金属 | 8.499 | 10.7 | 矿产品 | 17.368 | 48.3 | 矿产品 | 39.620 | 50.7 |
| 纺织制品 | 0.457 | 15.4 | 矿产品 | 1.096 | 83.1 | 贱金属 | 13.834 | 38.5 | 贱金属 | 28.120 | 36.0 |
| 肥料 | 0.413 | 13.9 | 化工产品 | 0.341 | 3.3 | 化工产品 | 2.063 | 5.7 | 化工产品 | 6.140 | 7.9 |
| 生皮、皮革 | 0.208 | 7.0 | 生皮、皮革 | 0.144 | 1.4 | 生皮、皮革 | 1.984 | 5.5 | 植物产品 | 2.010 | 2.6 |
| 植物产品 | 0.151 | 5.1 | 纺织制品 | — | — | 纺织制品 | 0.553 | 1.5 | 动植物油脂 | 1.000 | 1.3 |

资料来源：Агентство Республики Казахстан по статистике. Статистический ежегодник Казахстан. https://stat.gov.kz/。

**中国对哈出口额排名前 5 位的商品** （单位：亿美元）

| 1995 年 | | | 2002 年 | | | 2006 年 | | | 2019 年 | | |
| --- | --- | --- | --- | --- | --- | --- | --- | --- | --- | --- | --- |
| 商品名称 | 出口额 | 占比(%) | 商品名称 | 出口额 | 占比(%) | 商品名称 | 出口额 | 占比(%) | 商品名称 | 出口额 | 占比(%) |
| 服装及其附件 | 0.048 | 13.9 | 机器、电气 | 0.759 | 24.2 | 机器、电气 | 6.939 | 36.1 | 机电产品 | 25.880 | 39.7 |
| 糖及罐头制品 | 0.046 | 13.2 | 贱金属 | 0.452 | 14.4 | 贱金属 | 3.061 | 15.9 | 贱金属 | 7.470 | 11.5 |
| 通信设备 | 0.037 | 10.6 | 化工产品 | 0.425 | 13.6 | 车辆设备 | 2.178 | 11.3 | 塑料、橡胶 | 4.760 | 7.3 |
| 机械设备 | 0.030 | 8.5 | 纺织制品 | 0.269 | 8.6 | 石料、陶瓷 | 1.327 | 6.9 | 纺织品及原料 | 4.470 | 6.9 |
| 各类肥料制品 | 0.026 | 7.3 | 石料、陶瓷 | 18.600 | 5.9 | 塑料制品 | 1.094 | 5.9 | 运输设备 | 3.740 | 5.7 |

资料来源：Агентство Республики Казахстан по статистике. Статистический ежегодник Казахстан. https://stat.gov.kz/。

### (三) 贸易主体和贸易方式的变化

从贸易主体看，中哈贸易主体呈现多样化的格局，投资领域逐渐拓宽。贸易主体由初期以个体户、边贸小公司为主的易货贸易发展到以集体企业和大中型国有企业为主的正规贸易；从最初的个体、小范围合作到中期的全民介入，再到现在的规范市场。尤其是 2013 年中国"丝绸之路经济带"倡议提出以来,在中国对哈出口的贸易主体中,民营企业始终成为主力,出口规模占总出口的比重年均超过70%,以出口机电产品和民生用品为主。在中国自哈进口的贸易主体中,国有企业始终是主力,以进口大宗能源资源矿产品为主。

从贸易方式和范围看,在中国对哈出口贸易中,起初以边境小额贸易为主,主要交换一些日用商品和部分初级原材料。2000年以后,中国的石油勘探设备、番茄酱、烟草、蔬菜汁、成品油、固体氢氧化钠、氰化钠、柠檬酸、塑料编织袋、铝箔等商品开始通过一般贸易、加工贸易、对外工程承包、租赁贸易等方式对哈出口,从此一般贸易方式的比重不断提高。在中国自哈进口贸易中,以一般贸易为主,进料加工贸易占比不断上升,贸易范围不断扩大。进入21世纪后,中哈贸易方式日益呈现多元化态势,包括边境贸易、正规贸易、双方互派政府或企业代表团、互办产品展销会、举办经济技术合作洽谈会、开办合资、合作或独资企业、互派专家和技术人员、提供成套设备等多种形式。如乌鲁木齐对外经济贸易洽谈会(简称"乌洽会")创办于1992年,2010年更名为"中国—亚欧博览会",影响和范围不断扩大。[1]

### 三 案例分析

中国新疆毗邻哈萨克斯坦,由于特殊的地缘关系,中国对哈开通的所有陆路口岸都在新疆,伴随中哈关系的发展,中国新疆企业在对哈经贸合作中起到重要的作用。自中哈建交开始,在1992—2012年的20年时间里,中国新疆的企业无论是数量还是规模,均在中哈合作中占绝对优势,尤其是阿拉山口口岸和霍尔果斯口岸,铁路、公路、管道三线并行,成为中国对哈合作和通往欧洲的重要通道。

1981年,中国逐步放开外贸经营权,新疆地区开始出现外贸企业。从20世纪90年代开始,中国新疆的外贸企业由几十家到发展到

---

[1] 王海燕:《新地缘经济:中国与中亚》,世界知识出版社2012年版,第1802页。

上千家，从最初的以单纯的边境贸易为主发展到 21 世纪以来的一般贸易为主。21 世纪，随着中国新疆周边的哈萨克斯坦等国贸易投资环境明显改善，中哈伙伴关系不断升级，市场前景看好，中国新疆外贸企业锐增，一批贸、工、农一体化的出口导向型、加工贸易型企业迅速成长，进入国有企业、外资企业和民营企业三分天下的时代。2003 年以后，中国新疆民营企业出口比重开始跃居首位，在塔城、伊犁、阿勒泰等有对哈口岸的外贸重地，外贸主体由国有企业为主转变为三资企业为主，民营企业已成为推动外贸出口的最大亮点。自 2013 年以来，随着"丝绸之路经济带"发展，国内针对中亚市场到新疆布局的企业增加，边境贸易快速发展和经营总体水平不断提高，中国新疆从事边境贸易的企业从数量增长到质量提升，企业经营实力从弱到强，龙头企业不断涌现，大型企业数量大大增加，企业素质进一步提高，经营规模迅速扩张，边贸企业朝着集约化、规模化方向发展。截至 2020 年年底，中国新疆共有边境小额贸易企业 1000 余家，对哈贸易合作的企业占比超过七成。

2013 年，习近平主席提出"丝绸之路经济带"倡议之后，中哈企业积极响应，其他地区尤其是中国西部、中东部地区越来越多的企业积极进入哈萨克斯坦市场，中国新疆在中哈经济合作中的比重才有所下降，但仍居主力位置。与此同时，哈萨克斯坦企业也积极通过新疆开拓中国市场，哈对中国投资项目基本全部落户在新疆。从贸易伙伴看，哈萨克斯坦始终稳居中国新疆第一大贸易伙伴地位，贸易对象多元化发展势头日益明显，中国新疆向哈主要出口机电产品和服装、鞋帽等轻工业商品，自哈进口天然气、农产品等。中国新疆企业开发哈萨克斯坦市场的主要方法是"贸易先行，投资跟进"。因此，以中国新疆的龙头企业为例分析中哈经贸合作历程，具有一定的代表性。

中国对哈贸易企业的成长过程与中国对哈贸易发展历程的三个阶段同步，即：1992—2000 年为起步阶段，中国企业开始进入哈萨克斯坦市场；2001—2013 年为快速增长阶段，中国企业从单纯外贸向多元化经营发展；2014年至今为借助"丝绸之路经济带"倡议的提质增效阶段。如果以案例来看，中国新疆野马集团、三宝集团和中哈霍尔果斯国际边境合作中心可以代表30年来中国企业开拓哈萨克斯坦市场的不同模式。

（一）边境贸易和货物贸易的代表——新疆野马集团有限公司

中国新疆野马集团的创业、发展和成长壮大几乎伴随哈萨克斯坦独立至今的发展历程，30年来，在众多前仆后继的赴哈企业中，野马集团适时把握发展机遇，走出了一条从小到大、从单一外贸到多元化经营、从易受国际形势影响到稳健经营、可持续发展的成功之路，可以说，野马集团的发展极具代表性，是开拓哈萨克斯坦市场的中国外贸企业的缩影。

对外贸易是野马集团近30年的传统业务。拥有1175千米边境线的中国新疆阿勒泰地区与蒙古国、俄罗斯和哈萨克斯坦交界。野马集团的前身是1991年在中国新疆北部阿勒泰地区成立的中哈贸易商行——野马商场。1992年年底，哈萨克斯坦东哈州州长带领经贸考察团到阿勒泰考察并寻求合作。在地方政府推荐下，经贸考察团参观了野马商场。刚刚独立的哈萨克斯坦正处于商品匮乏、短缺经济的时期，经贸考察团看到野马商场里琳琅满目的商品后，当场签署合作协议。野马集团创始人陈志峰带着600余种中国名优商品走出国门，由此开始了对哈贸易。初期，为规避货币汇率风险以易货贸易为主，用哈急需的白砂糖、酒精等生活必需品换取哈积存的大量毛皮、水泥和废铜烂铁，获得了第一桶金。1993年，野马商场转制为阿勒泰野马实业公司，随着在哈贸易业务的扩大，2003年将公司总部迁至乌鲁木齐，并更名为新疆野马经贸有限公司，2005年再次更名为新疆野马集团有限公司，开始从单纯贸易转向多元化发展，成为集货物贸易、金融投资和文化旅游为一体的企业集团，贸易额多次占据新疆企业对哈贸易前三位。在出口业务方面，从初期的民用品拓展到工程机械、商用车辆、成套设备、建材、百货等，是国内诸多一流生产企业的代理商；在进口业务方面，积极开拓哈萨克斯坦等周边国家，进口粮油、金属矿产、食品、酒类及其他植物性产品；并建立国际物流运输和代理体系。

开拓哈萨克斯坦市场近30年，野马公司的成功经验如下。

一是积极响应国家对外发展战略，紧跟不同时期的国家政策和战略方向，如旅游兴疆战略、西部大开发战略、"走出去"战略、"丝绸之路经济带"倡议等，积极参与中哈政府、上合组织举办的活动，充分发挥民间外交的作用，获得双方政府和相关部门的认可与支持。

二是借力出海，借助中国商品质优价廉的优势，与大厂商合作，开拓海外市场。中国工程车辆有限公司是野马集团在哈萨克斯坦注册成立的全资子公司，主要在哈经销和代理徐工、重汽、陕汽等国内一线品牌工程机械、重型车辆、生产线设备的销售和维修服务。

三是尊重当地的风土人情、历史和文化，以文化促贸易。野马集团董事长陈志峰认为，该公司能够在中亚市场长期生存并成功经营的最大秘诀在于，深入了解周边贸易国的历史文化、民俗风情。"如果不了解一个国家，你很难和他们维持长久的贸易关系，而且在商言商的效果未必好。""这些国家希望了解中国，我要通过文化、经济全面吃透中亚市场。"在贸易谈判桌上，野马集团创始人陈志峰往往会引经据典地和对方探讨他们的历史文化，而感慨于一个外国人竟如此了解本国文化的中亚商人也会毫不犹豫地在合作书上签字。野马集团投资于介绍中国历史文化和风土人情的哈萨克语杂志《友邻》和反映中国经济的俄文杂志《大陆桥》，每期杂志都被送到哈总统的办公桌上，在哈获得了很好反响。

（二）服务贸易的代表——新疆三宝实业集团有限公司

1989年，中国政府批准中哈边境城市——位于中国新疆维吾尔自治区的塔城为边贸开放城市。1990年10月20日，与塔城相对应的哈萨克斯坦（当时还属于苏联）巴克图口岸临时开通，这个沉寂了30年的口岸开始恢复生机。1992年哈萨克斯坦刚刚独立后，中国国务院下发第33号文件《关于进一步积极发展与原苏联各国经贸关系的通知》，中哈经贸合作就此开启。

在全民经商的热潮中，1992年6月，为解决当地共青团经费不足问题，作为塔城团地委机关的团办企业"塔城地区青少年服务公司"以3000元的流动资金和一间办公室、几张桌椅和一辆旧吉普车开始创业。初创时的经营范围主要是对哈边境小额进出口业务。公司瞄准哈国内日用品奇缺的商机，用白砂糖、服装、鞋等日用品与哈商人换化肥、钢材、废钢、废铜、废铝等物资。随着业务发展，原来的"塔城青少年服务公司"于1993年变更为"塔城地区三宝有限公司"，并于2000年改制成为民营企业，2006年扩展为新疆三宝实业集团有限公司。经过近30年的发展，三宝集团已经由最初"提着篮子做小生意"的小型贸易公司成长为新疆外贸行业的领头羊，成为集进出口贸易、境外工程承包、生产加工、仓储物流、旅游购物为一体的综合性外贸企业，先后在哈萨克斯坦、俄罗斯、塔吉克斯坦等国家设立分公司或办事处。

三宝集团深耕哈萨克斯坦市场的经验主要有以下两个方面：

一是善于抓住商机，开拓多元化市场。三宝集团从对哈贸易起家，能够根据哈方需要及时调整发展战略，逐渐发展到以工程承包、成套设备出口、工程机械车辆及售后服务等为主的多元化经营格局。例如，2003年，三宝集团涉足哈油气田勘探开发和石油工程技术服务，与哈国内石油企业共同开发阿克托别州拜加宁油田，出口配套车装钻机开展钻井技术服务。2008年，三宝集团承建哈萨克斯坦国家级重点项目——年产200万吨熟料的科克舍套5000T/D水泥生产线水泥厂，这是当时中亚生产能力、技术水平最高的水泥厂项目。三宝集团还是中国在哈萨克斯坦阿克套海港经济特区"中国工业园区建设项目"的承办方。实践中，三宝集团始终保持全方位服务，在哈萨克斯坦建立完善的服务网络，不仅出售车辆及工程机械，还建起多个售后服务中心。截至2021年年底，三宝集团已累计向哈萨克斯坦等中亚国家出口油罐车、公交车等各种车辆及工程机械设备5000多辆

（台），多项产品填补了中国出口哈萨克斯坦等中亚国家的空白。

二是将企业的发展与国家发展战略紧密结合。三宝集团公司董事长康和平表示："以前，我们在中亚发展是单打独斗，同时受企业规模影响，错失了一些参与当地重大项目的机会。'一带一路'倡议提出后，公司发展格局发生了根本性变化。我们利用了解中亚市场的优势，和国内大企业联手共同参与到中亚国家的重大建设项目中去。例如三宝集团正在参与哈萨克斯坦阿拉木图地铁项目的建设。这样的大项目，在过去我们是想都不敢想的。但是现在借助'一带一路'的东风，企业参与境外投资的领域和范围扩大了。"①

中国与中亚五国贸易额统计　　　　　　　　　　　　（单位：亿美元）

| 年份 | 1992 | 2000 | 2005 | 2010 | 2012 | 2013 | 2014 | 2015 | 2016 | 2017 | 2018 | 2019 |
|---|---|---|---|---|---|---|---|---|---|---|---|---|
| 哈 | 3.68 | 15.56 | 68.06 | 204.48 | 256.81 | 285.96 | 224.52 | 142.91 | 130.37 | 180.01 | 198.95 | 219.9 |
| 乌 | 0.53 | 0.51 | 6.80 | 24.83 | 28.75 | 45.52 | 42.76 | 34.96 | 36.40 | 42.24 | 62.67 | 76.2 |
| 吉 | 0.36 | 1.77 | 9.72 | 41.99 | 51.62 | 51.38 | 52.98 | 43.41 | 57.11 | 54.48 | 56.01 | 63.46 |
| 塔 | 0.03 | 0.17 | 1.57 | 14.32 | 18.56 | 19.58 | 25.16 | 18.47 | 17.41 | 13.71 | 15.03 | 16.74 |
| 土 | 0.04 | 0.16 | 1.09 | 15.69 | 103.72 | 100.31 | 104.70 | 86.43 | 59.02 | 69.43 | 84.36 | 91.16 |

数据来源：历年《中国统计年鉴》，其中2018年数据来自哈中央银行、乌中央银行、吉国家统计委员会。

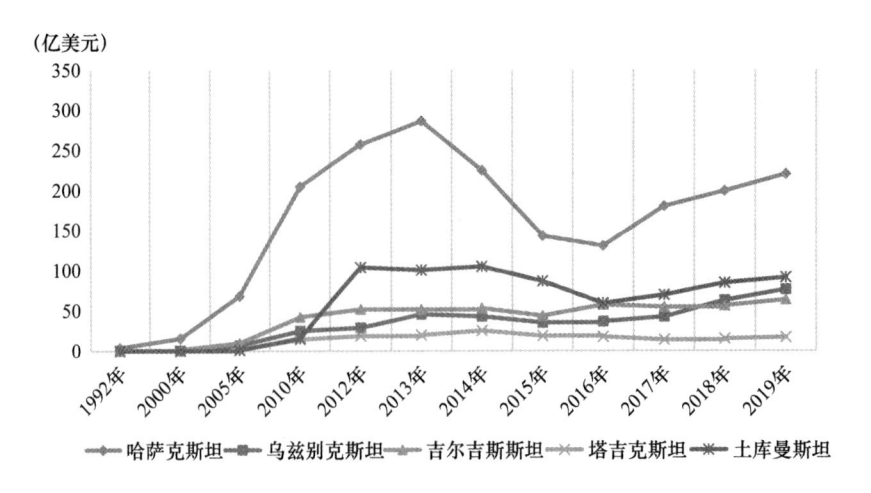

中国与中亚五国双边货物进出口总额

---

① 《三宝集团深耕中亚市场》，《新疆日报》2018年8月30日。

## 第二节 投资合作

据中国商务部统计，截至2020年年底，中国2.8万家境内投资者在全球189个国家（地区）共设立对外直接投资企业4.5万家，年末境外企业资产总额7.9万亿美元，对外直接投资累计净额2.58万亿美元，境外企业从业员工总数达到361.3万人（2019年为374.4万人），其中雇用外方员工218.8万人（2019年为226.6万人），占比60.6%。2020年，境外企业向投资所在国家（地区）缴纳各种税金总额445亿美元（2019年为560亿美元）。[①]

据中国商务部统计，截至2020年年底，中国在哈直接投资存量214亿美元，主要集中在矿产勘探开发、交通运输、石化、加油站、农产品加工、餐饮住宿等领域。同期哈在华累计投资总额约1.54亿美元，主要涉及物流运输、化工、食品加工等领域。截至2019年年底，中国在哈贷款余额为110亿美元，在哈有1200家中国企业及其分公司或办事处，共有4397名中国劳务人员。截至2020年年底，中方在哈工程承包累计合同额为389.7亿美元，累计完成营业额约277.9亿美元。

据中国国际贸易促进会数据，2005—2019年，中国对哈萨克斯坦企业投资和联合项目投资合同金额达349.3亿美元，其中70%资金流向能源行业（242.8亿美元），其次是化工行业（37亿美元）、交通运输行业（37亿美元）、金属加工行业（23亿美元）。[②]

中国具有较为完善的产业体系、有竞争力的现代制造业、相当规

---

[①] 中国商务部、国家统计局和国家外汇管理局联合发布：《2020年度中国对外直接投资统计公报》，2021年9月29日，商务部网站，http://images.mofcom.gov.cn/www/202109/20210929084957284.pdf。

[②] 中国国际贸促会：《企业对外投资国别（地区）营商环境指南——哈萨克斯坦2020》，贸促会网站，http://www.ccpit.org/yingshanghuanjing/date/hasakesitan.pdf。

模的优势产能和资金优势,而哈萨克斯坦具有较强的资源保障能力。双方的比较优势有助于形成较强的产业互补格局,是开展投资合作的重要基础。中国企业对哈投资不是简单地占领市场为己谋利,而是尽最大可能实现共赢,充分调动当地资源,完善产业链和供应链,填补哈国内产业空白,助力其经济发展。

## 一 投资合作历程

从投资额看,30年来,中哈投资合作以中国对哈单向投资为主,哈萨克斯坦成为中国在独联体国家中仅次于俄罗斯的第二大投资对象国。"丝绸之路经济带"倡议提出后,哈萨克斯坦成为中国对外投资规模增长最快的国家之一,同时也是中国对中亚第一大投资对象国,对哈一国的投资额度超过对其他中亚四国投资的总和,这与哈经济总量及中哈贸易规模较为一致。2017—2019年,哈萨克斯坦连续三年居中国投资对象国前20位之列,中国也位列哈投资来源国前5位,两国投资合作进一步深化。

总体上看,建交30年来,中哈投资合作可分为三个阶段:

1991—2000年为第一阶段,是中哈投资合作启动和相互了解期。中哈之间的投资合作晚于贸易合作,起点较低,以哈方允许的合资企业为主。由于哈刚刚独立,各项法律法规还不健全,投资环境较差。而到哈投资的中国企业以中小民营企业为主,对外投资经验不足,对哈国情和法律法规缺乏了解。因此,中国企业未能抓住哈独立初期的私有化浪潮良机,失去了开拓市场的先机,很多优质企业和资产项目被欧美国家获得,如哈最大的两个油气田——田吉兹油田和卡拉恰干纳克油田被美国雪弗龙石油公司1993年竞得。这一时期,哈国内企业也未认识到中国对哈投资的重要性,热衷于吸引西方国家的投资,中国对哈投资起步较为艰难。以美国为主的西方国家对哈投资远远超过中国对哈投资。1993—2000年,哈萨克斯坦吸引外资共计125.6亿美元,其中,美国和中国对哈投资总额累计分别为41.6亿美元和

5.51亿美元,①占哈吸引外资总额的比重分别为33.1%和4.4%。

这一时期,中国对哈投资可谓"野蛮生长、前仆后继、乱象丛生"。据哈萨克斯坦投资委员会统计,1992年6月,中国在哈注册的合资企业为37家,1993年10月增至131家,到1995年上半年已达到380家。1992—1995年,在哈注册的中资企业(含合资、独资企业,企业代表处)有1000多家,但仍在经营的生产企业和贸易企业不足100家,另有企业代表处20余家。后来由于哈政府整顿有名无实的合资企业,到1996年上半年,中国在哈合资企业只剩73家。这一时期,虽然中国在哈合资和独资企业数量不少,但大都属于中小型,尤其是小型企业居多;贸易投资型企业多于生产投资型企业;投资主体主要来自新疆等西部地区。

中国企业对哈投资出现转机的标志性事件,是1997年6月中国石油购买阿克纠宾能源公司60.3%的股份,这标志着中哈能源合作正式启动,开启了中国大型国有企业投资哈萨克斯坦的进程。中油阿克纠宾油气公司中方员工仅120人,雇用当地员工7600多人,到2007年的10年里,公司总投资超过20亿美元,主要用于更新改造老旧的让纳诺尔天然气处理厂,完善油气生产、储存及运输的基础设施建设,对当地社会经济发展做出巨大贡献。

2001—2012年是第二阶段,中哈投资合作进入快速发展时期。随着中国提出"西部大开发"战略,中国其他地区的企业开始进入哈萨克斯坦市场,哈成为中国实施"走出去"战略的重点国家之一。在中哈双边贸易额连年攀升的同时,两国成功实施的一系列大型投资合作项目也提升了经贸合作的层次和水平。

这个时期,哈萨克斯坦开始对中国投资(1992—2000年的投资额度极小,可以忽略不计)。尽管投资总额不大,但毕竟已经开始投资于中国市场。截至2012年年底,哈对中国累计投资约6100万美

---

① 王海燕等:《贸易投资便利化:中国与哈萨克斯坦》,华东师范大学出版社2012年版,第39页。

元，主要投资于皮革加工、建材、食品、汽车维修等领域，主要集中在中国新疆的乌鲁木齐和边境口岸地区。截至2019年年底，哈对华累计投资总额1.5亿美元，有384个投资项目，主要涉及物流运输、化工、食品加工等领域。[①]

这个时期，中国对哈投资快速增长。对哈投资存量从2003年的近0.2亿美元增至2012年年底的62.5亿美元，增长了310多倍。2012年，中国对哈投资流量达到30亿美元，是中哈建交后的中国对哈投资最高峰。据哈萨克斯坦投资委员会统计，中国在哈注册的合资及独资企业到2001年年底共有336家，到2007年年底有1500多家（实际运行的企业约200多家），到2012已增至3000多家。主要投资于石油、农副产品加工、皮革加工、餐饮、贸易等领域。

在这个时期，中哈投资合作大发展的环境背景，是在经济快速发展的同时，哈领导人希望改变本国单一的资源导向型经济。为落实"2030年战略"，哈政府于2003年发布《2003—2015年哈萨克斯坦共和国工业创新发展战略》，旨在调整产业结构，发展加工工业和高科技产业，逐步降低国家经济对原材料出口的依赖，提高国家的整体竞争力。哈政府将建材生产、纺织业、冶金业、食品生产、能源机械设备制造、旅游业以及运输业等行业确定为优先发展领域，并把继续实施国家经济现代化和多元化战略、有效推进与世界经济的一体化进程、大力发展交通和电力等基础设施建设作为年度经济工作的主要任务。2008年国际金融危机、能源价格大幅下挫的冲击，使哈政府更加意识到发展经济结构多元化的必要性和紧迫性。为此，与中国合作，吸引中国投资和开发中国市场成为哈萨克斯坦的优先工作方向。哈政府多次表示，希望中国的大企业能够到哈投资办厂或开发当地的资源，积极支持在哈境内投资的中国企业，特别是投资机械设备制

---

① 中国驻哈萨克斯坦大使馆经商参赞处：《2018年中哈经贸合作简况》，商务部网站，http://www.mofcom.gov.cn/article/i/jyjl/e/201903/20190302841709.shtml。

造、食品、纺织、交通、物流、冶金、建材和旅游等领域的企业。

这个时期,许多中资企业在哈已初具规模,在一些领域享有很高的知名度和影响力。在继续合作实施大型油气能源项目(管道、勘探、开发、服务等)的同时,中哈双方开始探讨和实施在电力、电信、建筑、有色金属加工、高科技等非原料领域的一批大项目,为后来的两国的战略对接奠定了良好基础。

2013年至今是第三阶段,中哈投资合作全面提升。中国提出与包括哈萨克斯坦在内的国家共建"丝绸之路经济带"后,哈积极响应,视中国投资为重要的发展机遇,希望搭上中国的发展快车。除西北地区外,中国东南部发达省区的大中型企业也越来越多地关注到哈萨克斯坦,对哈投资迅速增长。中哈投资合作借助"丝绸之路经济带"的契机进入全面提升的新发展阶段,由原来的以央企为主发展为央企、地方国有企业、民营企业均积极参与的局面。

**中国对哈直接投资流量和存量** (单位:万美元)

| 年份 | 2003 | 2005 | 2007 | 2009 | 2010 | 2011 | 2012 |
|---|---|---|---|---|---|---|---|
| 直接投资流量 | 294 | 9493 | 27992 | 6681 | 3606 | 58160 | 299599 |
| 直接投资存量 | 1971 | 24524 | 60993 | 151621 | 159054 | 285845 | 625139 |
| 年份 | 2013 | 2014 | 2015 | 2016 | 2017 | 2018 | 2019 |
| 直接投资流量 | 81149 | -4007 | -251027 | 48770 | 207047 | 11835 | 79000 |
| 直接投资存量 | 695669 | 754107 | 509546 | 543227 | 756145 | 734000 | 725000 |

资料来源:中国商务部2003—2012年《中国对外直接投资统计公报》,http://www.fdi.gov.cn。

**哈对中国直接投资流量统计** (单位:万美元)

| 年份 | 2001 | 2002 | 2003 | 2004 | 2005 | 2006 | 2007 | 2008 | 2009 | 2010 |
|---|---|---|---|---|---|---|---|---|---|---|
| 中方统计 | 33 | 276 | 70 | 196 | 233 | 333 | 159 | 663 | 2240 | 155 |
| 哈方统计 | — | — | — | — | 190 | 690 | 5100 | 3470 | 5200 | 1510 |
| 中方统计 | 1127 | 555 | 363 | 3655 | 953 | 275 | 561 | 1968 | 1116 | — |
| 哈方统计 | 2820 | 2890 | 4730 | 7640 | 6100 | 5820 | 3860 | 4190 | 4940 | 5590 |

资料来源:中国国家统计局《中国对外直接投资统计公报》,https://data.stats.gov.cn/easyquery.htm?cn=C01;哈萨克斯坦国家银行,https://nationalbank.kz/ru/news/pryamye-investicii-po-napravleniyu-vlozheniya。

**中国在中亚五国的工程承包额** （单位：亿美元）

| 年份 | 2013 | 2014 | 2015 | 2016 | 2017 | 2018 |
|---|---|---|---|---|---|---|
| 哈萨克斯坦 | 29.17 | 23.58 | 23.47 | 27.58 | 22.38 | 22.23 |
| 乌兹别克斯坦 | 7.06 | 4.98 | 6.12 | 4.91 | 5.03 | 5.03 |
| 吉尔吉斯斯坦 | 7.12 | 5.87 | 5.49 | 5.57 | 4.79 | 4.79 |
| 塔吉克斯坦 | 4.45 | 4.09 | 6.44 | 7.08 | 1.90 | 1.90 |
| 土库曼斯坦 | 20.98 | 12.40 | 6.89 | 3.19 | 2.53 | — |

数据来源：中国商务部《中国对外直接投资统计公报》，其中2018年数据来自哈中央银行、乌中央银行、吉国家统计委员会。

中哈在"一带一路"框架内已签署的文件主要有：《中华人民共和国政府与哈萨克斯坦共和国政府经贸合作中长期发展纲要（2020年前）》（2013年9月）、《中华人民共和国政府与哈萨克斯坦共和国政府关于加强产能与投资合作的框架协议》（2015年8月3日）、《中华人民共和国政府和哈萨克斯坦共和国政府关于"丝绸之路经济带"建设与"光明之路"新经济政策对接合作规划》（2016年9月2日）。2015年12月签署《中华人民共和国政府和哈萨克斯坦共和国政府关于产能与投资合作框架内便利双方人员办理商务签证的协定》（2016年7月正式生效），2017年6月签署《中华人民共和国政府与哈萨克斯坦共和国政府关于中哈产能合作基金在哈萨克斯坦进行直接投资个别类型收入免税协议》，哈政府对中哈产能合作基金在哈直接投资获得的个别类型收入予以免税。

2014年12月李克强总理访问哈萨克斯坦期间，与哈领导人共同提出了开展中哈产能与投资合作的倡议，中哈签署了180亿美元的产能合作框架协议，中哈产能合作正式开始实施。据国家发展和改革委员会数据，2014—2021年，中哈共举办19轮产能与投资合作对话会议，确定55个投资总额约276亿美元的产能合作重点项目。截至2020年年初，已有15个项目正式投产，11个项目正在实施，投产和正在实施的项目总投资金额达到77亿美元。哈外交部2019年11月起针对中哈产能合作项目专门出台"无须返签号"的特殊签证制度。

中哈产能投资合作项目主要以在当地投资建厂或中方设计、施工方式进行，涵盖钢铁、矿业、化工、水泥、平板玻璃、医药、农产品、汽车、电力、能源等领域，涉及基础设施、能源、矿产、农业、交通、物流、金融、化工和工业园区等十多个行业门类，涵盖2015年中国出台的装备制造"走出去"相关指导意见提及的12个重点行业。

中哈产能合作项目可为哈创造逾2.5万个当地工作岗位，[①] 增进哈民生福祉，有力推动哈工业化进程。通过对哈医疗、数字、电信等领域的投资，中哈双方还携手共建"健康丝路""数字丝路"，夯实后疫情时代中哈全方位合作，推动构建人类命运共同体。随着合作项目的逐步落地和投产，双方合作共赢成效不断显现，不仅填补了哈国工业领域空白，促进哈国经济社会发展，还有效带动了中国装备制造业出口，被视为"一带一路"国际产能合作的典范。正如习近平主席强调："双方要继续推动高质量共建'一带一路'，加强产能、贸易、农业、基础设施等领域合作，不断提升互联互通水平，同时着力在绿色能源、人工智能、电子商务、数字金融等领域培育合作新增长点，共同打造'绿色丝绸之路'、'健康丝绸之路'、'数字丝绸之路'。"[②]

据中国产业海外发展协会副秘书长王克文回忆道："最初在2014年12月，李克强总理在哈萨克斯坦提出开展产能合作的倡议以后，应该说同期李克强总理出访欧洲的时候，哈萨克斯坦的代表团就到中方来了，来中方寻找合作伙伴，特别是来自中方的投资。我们当时是在发改委牵头下组织了大概四个行业的对接，包括钢铁、有色、电力、建材，还有一个综合组，五个组分别就这些项目，中哈双方企业进行对接，同期也由发改委的产业司和我们协会的领导牵头磋商政府间产能合作的机制。两天的会议结束以后，项目的对接我们形成了

---

[①]《第三届哈中产能与投资合作论坛在北京举行》，2020年11月27日，新华丝路，https://www.imsilkroad.com/news/p/436347.html。

[②]《习近平同哈萨克斯坦总统托卡耶夫通电话》，《光明日报》2021年6月3日。

18个合作意向，机制上也出台了一个最初的中哈产能合作的纲领性的东西。在一个月的时间里，开了三次中哈产能合作的部长级会议，第三次由现在的国际援助署的王晓涛署长带队，我们中方180人的代表团到哈萨克斯坦举办了第三次中哈产能合作对话会，签署了两国部门间产能合作的框架协议，由中国的国家发改委和哈萨克斯坦的投资发展部签署。协议里也附了18个项目的清单，就是由我们前三轮对话磋商的一个重点项目，这是最初的中哈产能合作项目合作清单文本的形成。"①

**"丝绸之路经济带"与"光明之路"对接的主要投资项目**

| 类别 | 主要项目 |
| --- | --- |
| 产能 | 中哈产能合作规模较大，投资领域呈现多样化，涉及化工、装备制造、电力、清洁能源、矿产冶炼、农产品加工、环保产业、建材、金融、基础设施、生物制药、工业园区等。这些项目填补了哈萨克斯坦电解铝、铜采选、高端油品、特种水泥等行业的空白。中哈产能合作规划涉及55个重点项目，投资总额约为276亿美元。截至2020年年初已有15个项目正式投产，11个项目正在实施，投产和正在实施项目总投资额达到77亿美元。<br>1. 阿克托盖年产2500万吨铜选矿厂<br>2. 巴甫洛达尔年产25万吨电解铝厂<br>3. 梅纳拉尔年产100万吨水泥厂<br>4. 阿特劳炼厂石油深加工项目<br>5. 阿拉木图钢化玻璃厂<br>6. 10万吨大口径螺旋焊钢管<br>7. 中哈金土地高科技产业园区（加工骆驼奶和马奶）<br>8. 里海年产100万吨沥青厂<br>9. 哈中工业园，位于哈萨克斯坦的曼吉斯套州的阿克套海港经济区<br>10. 北哈州彼得罗巴甫洛夫斯克市的汽车产业园<br>11. 科力生工业园。宜昌市科力生实业公司在哈萨克斯坦阿拉木图州"霍尔果斯—东大门"经济特区内<br>12. 爱菊农业园。由陕西爱菊集团投资，主攻农业种植、加工和贸易<br>13. 中哈（连云港）物流基地、连云港上合组织国际物流园区、"霍尔果斯—东大门"经济特区等物流基地 |

---

① 《王克文：中哈产能合作是"一带一路"的最佳实践》，2019年9月11日，中国能源网，https://www.china5e.com/news/news-1069778-1.html。

续表

| 类别 | 主要项目 |
| --- | --- |
| 基础设施 | 1. 首都阿斯塔纳市的西南环城公路项目（中国通用技术集团新兴建设开发公司）<br>2. 卡尔巴套—麦卡普沙盖公路改造项目（中国通用技术集团新兴建设开发公司）<br>3. 梅尔克—布鲁拜塔尔国家级公路改造项目（中国通用技术集团新兴建设开发公司）<br>4. 塔尔迪库尔干—卡尔巴套—乌斯季卡缅诺戈尔斯克公路（中信集团）<br>5. 卡拉干达—巴尔喀什公路改造项目（中信集团）<br>6. 江布尔州塔拉兹市的引水灌溉项目（中国土木工程集团公司）<br>7. 中信建设公司承建（中国政府援建项目）1 兆瓦太阳能电站（位于阿拉木图市的阿拉套创新技术园区）和 5 兆瓦风能电站（位于阿拉木图州的马萨克农业区）<br>8. 国家电力投资集团下属的中国电力国际发展有限公司的巴丹莎 100MW 风电项目（位于江布尔州萨雷苏区札纳塔斯市）<br>9. 中国电力建设集团有限公司的谢列克 60MW 风电项目（位于阿拉木图州卡普恰盖区）<br>10. 光伏板制造商东方日升公司在欧洲复兴开发银行的融资支持下在建设运营 40MW（卡拉干达州阿克托盖区古里沙特）和 50MW（图尔克斯坦州丘拉克库尔干）两个光伏电站项目 |

## 二 中国对哈投资地区和行业

从投资主体看，中国对哈投资的主体越来越多元化，民营企业占比越来越大。除了能源与矿产勘探、开采和加工领域、金融业等领域以国企为主外，其他各领域都活跃着中国的民营企业，且以独资企业为主。中国新疆、江苏、浙江、陕西、广东、山东、四川、湖北等地的民营企业是投资主力，投资地以哈交通、设施、金融等比较便利的首都和地区中心城市为主。投资形式多样，主要包括建厂、工程承包、合作开发、合建工业园区和自由经济区等。

从投资地域潜力看，根据哈政府发布的国土功能区规划，[①] 可将哈各地的投资潜力分为 5 个等级：

一是中东部地区，包括卡拉干达州、东哈萨克斯坦州、巴甫洛达尔州。该区域拥有哈 30% 的投资潜力。最吸引投资的项目包

---

① Постановление Правительства Республики Казахстан от 30 декабря 2013 года № 1434 "Об утверждении Основных положений Генеральной схемы организации территории Республики Казахстан" (с изменениями по состоянию на 12.05.2017 г.). https://online.zakon.kz/Document/? doc_id=31499343.

括煤炭开采、电力能源、黑色及有色金属、重型机械制造。卡拉干达州是哈的煤炭和黑色金属生产基地，东哈萨克斯坦州则是有色金属生产基地。巴甫洛达尔州的工业产值约占哈工业总产值的1/3，主要包括煤炭开采、电力、氧化铝、磷铁合金的开采加工、车辆制造。该区域工业结构完善，市场经济水平较高，工人素质高，而且有宜居的自然环境和气候条件。

二是东南部地区，包括阿拉木图市和阿拉木图州。该区域拥有哈25%的投资潜力。该区域小麦生产、轻工业、制药业及机械制造业较为发达，消费潜力巨大、市场体制完善。阿拉木图市虽然不是首都，但拥有劳动力、消费和基础建设方面的优势和潜力，是哈真正的金融中心。

三是中部地区，包括阿斯塔纳市、阿克莫拉州、科斯塔奈州和北哈萨克斯坦州。该区域拥有哈18%的投资潜力。这里交通运输设施发达，市场体制完善，出产铝土矿、铁矿石、消费潜力不断增长，最吸引投资的领域在于农业方面。阿斯塔纳是哈萨克斯坦的首都，举全国之力打造的国际化大都市，具有高度的投资和基础建设潜力。科斯塔奈州拥有哈萨克斯坦全部的铝土矿和83%的铁矿。

四是西部地区，包括阿克托别州、阿特劳州、曼吉斯套州和西哈萨克斯坦州。该区域拥有16%的投资潜力。首先是石油天然气资源的开采，该区域在哈萨克斯坦经济中的地位逐步增加。阿克托别州除油气外，还出产铬铁矿石和全国1/4的铁合金。阿特劳州拥有较高的石油生产能力和硫黄资源。西哈萨克斯坦州生产哈萨克斯坦一半的天然气。

五是南部地区，包括克孜勒奥尔达州、江布尔州和图尔克斯坦州。该区域拥有哈萨克斯坦11%的投资潜力。该区域农业、石油加工、小麦生产、化工工业较为发达，出产黄金和重晶石。克孜勒奥尔达州的电信服务水平较高，江布尔州是哈传统农业区，图尔克斯坦州的石油加工能力最高。

从投资的产业分布看，对于中国投资者来说，哈萨克斯坦最具吸引力的投资项目是矿产原料以及重工业和专业原料。中哈建交30年来，由于哈资源禀赋和产业结构原因，中国企业对哈投资的产业分布广泛，涉及种植、养殖、农产品加工、地质勘探、采矿、制造、建筑、通信、金融、商贸、交通运输、物流、旅游、医疗、文化产业等三大类产业的各个领域。与此同时，哈是唯一在中国有大宗投资的中亚国家，主要涉及物流运输、化工、食品加工和机械制造等领域。

随着哈萨克斯坦鼓励投资的领域越来越广泛，中国对哈投资企业数量不断增长，尤其是21世纪以来，出现了一批较有代表性的中资企业。

第一，基础设施领域。业务涉及公路、铁路、港口、航空港、油气管道、电力和通信等的设施建设和保障。投资该领域的中国企业主要有中国石油天然气集团公司、中国石油化工集团公司、中国海洋石油总公司和中国中信集团公司等。

第二，农业及农产品加工领域。业务涵盖种植业和畜牧业生产，包括肉类、果蔬、罐头、米面、点心、奶制品、饮料、酒、油料等食品以及饲料、烟草等的加工、制作、冷藏等，还有纺织、服装、毛皮的加工制作。投资该领域的中国企业主要有新疆新康番茄制品厂、霍尔果斯索斐娅有限公司、黑龙江大西江农场、新疆屯河型材有限公司、大庆金土地有限公司（哈萨克斯坦金骆驼集团）、西安爱菊粮油工业集团等。

第三，工业及加工工业领域。业务非常丰富，几乎涉及工业生产的各个领域，主要涵盖能源资源、矿产及其加工、建材、工业机械、工业电子产品、日用电器产品、化工制品，机电项目及其他高新机械、设备及工具生产等。投资该领域的中国企业主要有中国石油天然气集团公司、中国石油化工集团公司、中国海洋石油总公司、中国黄金集团公司、中国中信集团公司、新疆鑫岩科工贸有限责任公司、新疆屯河型材有限公司、华星投资公司、立欣塑钢门窗厂、诚丰家具公司、天津城建集团、哈萨克斯坦茂林纸厂、喀什三德（集团）国际经贸有限公司等。

第四，服务业领域。业务涵盖跨国劳务、工程承包、通信、商业流通、房地产、文化旅游、餐饮、商贸等。投资该领域的中国企业主要有中国地质工程集团公司、中国有色矿业集团有限公司、中国水利水电建设集团公司、中国建材国际工程公司、中国电力工程顾问集团、中兴通讯股份有限公司、华为技术有限公司、中国电信集团有限公司、中国远洋运输集团、乌鲁木齐亚联贸易有限公司、新疆野马国际集团有限公司、新疆三宝实业集团、新疆金百胜贸易有限公司等。

### 三 投资模式创新

中哈投资合作过程中，产生了很多具有示范性和里程碑意义的合作方式与合作项目：

第一，对接。加强政策沟通和对接机制建设是中哈投资合作行稳致远的强大保障。国际经验表明，当项目合作进展到一定阶段后，就需要加强机制建设，以推动政策磋商常态化、项目建设规范化，有效降低制度性交易成本，稳定各方预期。"丝绸之路经济带"倡议提出后，中哈合作便非常重视"对接"，包括战略、规划、机制、政策、项目、信息、平台等各层次和各领域的合作机制，支持对方的理念和发展模式，强调双方的共识和共同感兴趣的内容，积极解决分歧与矛盾，合理规划合作清单和路线图等方式，建立有效的官方和民间、双边和多边交流保障机制。国家层面的战略对接使企业获得更多国家支持，投资行为更具有可预见性，企业之间更加协调配合。

中哈于2012年建立"总理定期会晤机制"，形成"总理年度会晤+中哈合作委员会+10个分委会"为主导的官方合作平台。分委会分别涉及经贸、交通、铁路、口岸和海关、科技、金融、能源、地质矿产、人文、安全。中哈开启产能合作后，由中国国家发展和改革委员会与哈萨克斯坦投资和发展部设立"中哈产能与投资合作协调委员会",负责框架协议的执行,双方的部长担任委员会主席。双方政府部门指定中国产业海外发展协会和哈萨克斯坦国家投资公司作为双方的执行机构,负责项目的推进和落地,并且负责双方便利化签证的执行工作。双方约定定期举办部长级对话会,更新重点项目清单,协调解决项目推进中存在的问题和困难,由此形成"政府+协会+企业"的工作机制,在融资贷款、投资基金、税收减免、签证办理等方面形成了专项支持性安排,为两国实施产能合作的企业提供指导和服务。

2015年5月8日,习近平主席在阿斯塔纳会见哈总统纳扎尔巴耶夫时表示,愿在平等互利基础上,推进"丝绸之路经济带"建设同哈方"光明之路"新经济政策的对接,实现共同发展繁荣;双方要继续抓好基础设施互联互通大型合作项目,推动能源和金融合作,深化人文合作,继续加强安全合作。纳扎尔巴耶夫总统表示,哈方支持中方提出的"一带一路"倡议,愿成为"丝绸之路经济带"建设的重要伙伴,做好"丝绸之路经济带"建设同"光明之路"经济发展战略的对接,加强同中方在经贸、产能、能源、科技等领域合作。[1]由此可以看出,中哈两国领导人均高度关注"丝绸之路经济带"与"光明之路"实现战略对接,希望借此为两国经济合作注入新的增长动力。

第二,产能合作。选择投资项目和地点,是所有企业开展投资活动首先需要考虑的问题。中哈两国经过磋商后认为,从产能,特别是能够填补哈国内产业空白、帮助哈降低进口依赖并向非资源领域经济转型的产业入手,最受哈企业的欢迎,也最有盈利保障。

产能合作是涵盖从立项投资,到建厂生产,再到销售和配套服务在内的全流程合作模式,涉及项目实施、资金保障、市场营销、

---

[1] 《习近平同哈萨克斯坦总统纳扎尔巴耶夫举行会谈》,《光明日报》2015年5月8日。

后期服务等众多环节。"一带一路"产能合作原则是国家推动、市场运作、企业参与、合作广泛、合作目标多元,具有能力建设导向和包容性,以长期利益为着眼点,远近结合、内外兼顾,注重带动沿线国家提升自生能力建设。

实践中,中哈两国的产能合作按照"企业主体、市场导向、商业原则、国际惯例"的原则,有效推动了哈经济转型,增加就业与税收,加快加工业和农业发展,填补若干产业空白,优化产业结构,降低进口依赖。例如,中哈天然气管道哈萨克斯坦支线将拥有丰富天然气资源的哈西部地区与人口众多的南部地区连接起来,让哈南部告别从乌兹别克斯坦进口天然气的历史,极大提高了哈国的能源安全。中信集团投资建设的阿特劳里海沥青厂不仅让哈结束了道路沥青完全依赖进口(用原油换沥青)的历史,还完全满足了哈交通建设的沥青需求。

第三,改善投融资机制。随着中哈合作广度和深度不断拓展,对项目资金的需求也大幅增加,进而带动两国投融资模式的升级,从初期的企业利用自有资金为主,转为从金融机构融资或与第三方合作为主,以便扩大投资规模,减少投资风险。例如,中国电力国际发展有限公司和哈萨克斯坦 VISOR 公司于 2019 年 7 月合资建设札纳塔斯风电项目,总投资 1.5 亿美元。该项目建设过程中,探索出了一套高效的投资模式,即由国家电投中电国际和 Visor 公司共同投资,中国电力受托管理。项目资金采用亚投行与跨国银行组合融资,项目施工采用中国设计、中国设备、中国建设、国际监理的方式。

中国"一带一路"框架内的金融合作(截至 2019 年年初)

| 合作形式与内容 | 合作内容 | 合作主体 |
| --- | --- | --- |
| 发布合作指导文件 | 1.《"一带一路"融资指导原则》<br>2.《"一带一路"债务可持续性分析框架》 | 财政部 |

续表

| 合作形式与内容 | 合作内容 | 合作主体 |
|---|---|---|
| 建立政府间金融合作机制 | 1. 与35个沿线国家的金融监管当局签署合作文件<br>2. 成立中国—中东欧银联体<br>3. 成立中国—阿拉伯国家银行联合体<br>4. 成立中非金融合作银行联合体<br>5. 建立"一带一路"PPP工作机制 | 央行 |
| 政策性优惠金融服务（优买优贷），重点支持基础设施建设和产业发展 | 截至2018年年底，中国出口信用保险公司对沿线国家的出口和投资业务累计支持超过6000亿美元<br>截至2018年年底，中国人民银行与世界银行集团下属的国际金融公司、泛美开发银行、非洲开发银行和欧洲复兴开发银行等多边开发机构开展联合融资，已累计投资100多个项目，覆盖70多个国家和地区 | 政策性银行 |
| 商业金融业务（存款、公司融资、金融产品、贸易代理、信托、开设办事处或分行等）<br>人民币走出去（提高人民币的国际支付、投资、交易、储备等功能） | 1. 2014年11月，中国政府宣布出资400亿美元成立丝路基金，2017年5月又增资1000亿人民币。截至2018年年底，丝路基金协议投资金额约110亿美元，实际出资金额约77亿美元<br>2. 成立产能合作基金。丝路基金出资20亿美元成立中哈产能合作基金<br>3. 发行人民币债券。截至2018年年底主要有：<br>A. 熊猫债发行规模已达2000亿人民币左右<br>B. 中国进出口银行发行20亿人民币"债券通"绿色金融债券<br>C. 金砖国家新开发银行发行30亿人民币绿色金融债<br>4. 双边本币互换安排。已与20多个沿线国家建立<br>5. 人民币清算安排。已与7个沿线国建立<br>6. 人民币跨境支付系统（CIPS）。业务范围已覆盖近40个沿线国家和地区 | 商业银行、非银行金融机构、国际多边金融机构等 |
| 证券合作（股权、业务、技术） | 1. 上海证券交易所、德意志交易所集团、中国金融期货交易所共同出资成立中欧国际交易所<br>2. 上海证券交易所与哈萨克斯坦阿斯塔纳国际金融中心管理局共同投资建设阿斯塔纳国际交易所<br>3. 2家中资证券公司在新加坡、老挝设立合资公司 | 非银行金融机构 |
| 能力建设 | 1. 中国—国际货币基金组织联合能力建设中心<br>2. "一带一路"财经发展研究中心挂牌成立 | |

资料来源：笔者根据相关政策文件整理。

实践中，为进一步助力中哈两国企业的投融资，中哈于 2011 年 6 月签署 70 亿人民币/1500 亿坚戈本币互换协议，有效期为三年。2014 年 12 月又签署 70 亿元人民币/2000 亿坚戈本币互换协议，有效期为三年。本币互换协议使得本币结算从边境贸易扩大到一般贸易，两国法人可用各自货币与对方进行商品和服务的结算与支付。2015 年 6 月，哈萨克斯坦作为意向创始成员国签署建立亚洲基础设施投资银行的协议。2016 年，中国丝路基金与哈萨克斯坦出口和投资署联合出资 20 亿美元，建立中哈产能合作专项基金，用于支持中哈产能合作及相关领域的项目投资，具体投资项目由双方共同推荐，哈方负责落实哈国内相关优惠政策，并协调各相关方解决合作中出现的问题。与商业银行的融资贷款不同，投资基金的特点是可以投资入股，参与企业管理，也可及时转让股份，更好地保障投资安全。2017 年 6 月，两国又签署《中华人民共和国政府与哈萨克斯坦共和国政府关于中哈产能合作基金在哈萨克斯坦进行直接投资个别类型收入免税协议》。2018 年，中哈产能合作基金收购阿斯塔纳国际交易所部分股权，这是中哈产能合作基金设立后首个落地项目。除此之外，中国国家开发银行设立了 150 亿美元中哈产能合作专项贷款，用于支持重点项目的融资。

### 四 案例分析[①]

中哈建交 30 年来，中哈投资合作从无到有，从中国对哈单向投资到开始双向投资，从初级加工到全产业链生产不断升级，走出了一条独特的合作共赢之路。其中，较有代表性的企业有中国对哈投资企业新康有限公司、西安爱菊粮油工业集团和中哈（连云港）物流合作基地。

---

① 参见王海燕《中国与中亚：区域经济合作的路径研究》，世界知识出版社 2021 年版。

（一）最早的本土化生产型企业——新康有限公司

20世纪90年代哈萨克斯坦独立之初，正是中国提出"走出去"战略的时期，鼓励和支持有比较优势的各种所有制企业跨出国门开展国际经济技术合作，开展跨国经营，通过境外投资带动国内技术和设备出口，充分利用国内国外两个市场、两种资源，推动整个国民经济跃上新台阶，形成一批有实力的跨国企业和著名品牌。

新康公司是新疆轻工集团公司（1997年前为新疆轻工供销总公司）的下属企业。苏联解体后开始探索开发中亚市场，1994年在哈萨克斯坦注册成立以外贸为主的轻工——哈萨克斯坦公司，与哈萨克斯坦工业食品研究院等单位建立了良好合作关系。1997年末在哈萨克斯坦启动新康番茄制品厂项目，开启了企业由外贸转向投资生产、由国内向国外投资的新发展阶段。新康番茄制品厂初期投入资金326万美元，生产设备选用中国一流的食品加工设备，2001年正式投产，在哈竞争激烈的番茄制品市场异军突起，发展成为拥有番茄制品、辣椒制品、特色纯果酱、特色蔬菜罐头等100余种产品的食品加工企业，各类产品年产量从2000年的1049吨增至2020年的近万吨；带动新疆番茄原料出口，从2000年的60万美元增加到2020年的上千万美元；解决当地几百人就业，员工收入远高于当地平均水平。公司员工以哈萨克斯坦当地人为主，包括哈萨克族、俄罗斯族、维吾尔族等多个民族。"新康"已成为哈萨克斯坦家喻户晓的消费者信得过的品牌，其主打产品番茄沙司在哈同类产品市场占有率已达30%左右。

新康公司之所以能够稳健快速发展，其成功经验在于：一是重视产品的销售和物流体系。新康公司将主流市场明确为各地的超市，为使产品迅速抢占市场、扩大市场份额，新康公司开展了大量的广告宣传活动，在哈主要媒体、影视、报刊、车体、街道广告牌发布产品广告，并在自销基础上采用订单式的销售方法，与上下游企业建立风险共担、利益共享的共赢合作关系，建立了一系列完整的营销管理制度、良好的运行体系和畅通的营销渠道，建成了覆盖哈萨克斯坦全境的营销网络。二是注重产品本地研发,即研发机构和研发人才都是哈萨克斯坦本地人。新康公司在哈设立了一个检测手段齐全的产品研发设计机构(实验室),还与哈萨克斯坦食品工业设计研究院合办一所研发机构——中亚食品研发中心,每年将销售收入的6%以上用于科研投入,还走访当地家庭采集民间配方,研发出适合当地口味的新产品,同时吸纳当地食品行业的优秀人才。三是注重自主品牌建设。新康公司坚持品牌战略,从商标注册、专利申请、质量认证和产品包装与研发等各个方面进行知识产权保护备案,获得几十项发明专利,"tsin-kaz"(Цин-каз)商标产品成为哈萨克斯坦市场上的高品质产品,在哈获得各类奖项20余个。

(二)全产业链投资——西安爱菊粮油工业集团

西安爱菊粮油集团有限公司(以下简称"爱菊集团")是响应"丝绸之路经济带"倡议,中国企业对哈农业"从田间到餐桌"的全产业链投资极具代表性的案例,也是中国"丝绸之路经济带"倡议与哈萨克斯坦"光明之路"计划对接框架内中哈产能合作的重点项目之一,是中哈两国友谊的见证。[①]

爱菊集团的前身是建于1934年的西安市群众面粉厂,2007年改组成立,是一家集粮油加工与经营、粮油储备、连锁网点、物流配送、房产开发等多元经营、产储销一体化的大型粮油集团、国家级农业产业化重点龙头企业。"丝绸之路经济带"倡议提出后,爱菊集团积极响应,经过反复调研,将哈萨克斯坦确定为新的粮源基地。截至2021年6月,爱菊集团共投资12亿,实现了国外规模种植,产地精炼加工,国内分装销售的合作模式,建立了以北哈萨克斯坦州为粮油集散中心,新疆阿拉山口为物流中转中心和西安国际港务区为粮油集散中心的国内国外双循环"三位一体"全产业链体系,实现了从种

---

① 《哈萨克斯坦总统纳扎尔巴耶夫参访西安爱菊粮油工业集团在哈农产品物流加工园区》,陕西省政府网,2018年9月4日,http://lswz.shaanxi.gov.cn/gzdt/25603.jhtml。

子到筷子,从田间到餐桌的全覆盖。产品范围也逐步从粮油拓展至乳制品、肉制品及主食、豆制品等。

爱菊集团探索了"丝绸之路经济带"倡议下中国农业走出去的新模式,其成功经验在于以"互利共赢"理念寻求当地民众的支持,积极构建多方共赢的共同利益圈。针对当地农民反对延长外国投资者租赁土地期限的难题,爱菊集团改变过去中国企业常用的租地种植模式,与当地政府和农民成立农业"合作社"和专业公司,采取"持股不控股"和"订单农业"的形式,既解决了当地农产品的生产和销路问题,又解除了哈农民对土地所有权的顾虑,从而得到当地政府和广大种植户的支持和欢迎,同意划拨150万亩(后期将逐步扩大至200万亩以上)用于种植优质小麦、亚麻、油菜等作物。哈政府将该项目作为国内土地改革的示范工程,安排专人与爱菊集团对接,及时解决各种问题。

为保证种子质量和安全,爱菊集团与中国西北农林科技大学和哈萨克斯坦国立农业大学联合成立育种实验室,根据哈国土壤特性科学培育粮食种子,研究适合于不同土壤类型的科学的田间管理方法,实施"种子研发、种植、管理、收割、收购、存储"一条龙运营,由集团负责按协议价收购、联合实验室负责技术支持,当地农场主负责具体种植,形成"政府+银行+企业+农场主+高校"的"新型订单农业"合作模式。为提高本地化产品增值,爱菊集团在哈萨克斯坦北哈州建立了爱菊农产品加工园区,占地面积5000亩,建成哈境内产能最大的油脂加工厂,具备年榨油30万吨、粮食储备10万吨、油脂加工10万吨能力。

(三)解决内陆国出海口难题的合作项目——中哈连云港—霍尔果斯国际物流港

中哈连云港—霍尔果斯国际物流港是"一带一路"倡议提出后建设的第一个中外实体合作项目,既对"一带一路"倡议从构想到落实具有标志性重大意义,又开辟了包括哈萨克斯坦在内的中亚国家和部分欧洲国家东向的一个出海口。该基地包括中哈（连云港）物流合作基地和哈萨克斯坦霍尔果斯东大门无水港。从地理位置看，该项目沿途拥有中哈物流合作基地、上合组织（连云港）出海基地、中欧班列、中哈霍尔果斯国际边境合作中心、霍尔果斯经济开发区、霍尔果斯东大门无水港等东联西出的重要平台，集聚优势和跨境合作优势突出。

中哈物流基地是基于双方的强烈合作需求和已有合作基础而产生的。1991年哈萨克斯坦等中亚内陆国家先后独立后，迫切需要将其经济逐渐融入世界经济体系，面临的共同问题就是如何通往海洋，更加方便地进入世界贸易网络中。1995年，时任中国国务院副总理李岚清和时任哈政府副总理伊辛加林在北京共同签署《中华人民共和国政府和哈萨克斯坦共和国政府关于利用连云港装卸和运输哈萨克斯坦过境货物的协定》，为日后中哈合作利用连云港进出、接卸、转运货物奠定了基础。2012年亚洲博鳌论坛两国元首会晤期间，哈方再次提出利用新亚欧大陆桥的区位优势及东桥头堡最便捷的出海口，作为哈进出口的战略通道，满足其利用连云港统一解决发往日韩和东南亚，以及日韩和东南亚发往哈以及经哈转运到第三国的货物过境运输需求。

2013年9月7日，习近平主席在哈萨克斯坦纳扎尔巴耶夫大学首次提出共建"丝绸之路经济带"倡议的当天，在中哈两国元首的共同见证下，连云港市政府与哈国家铁路集团签署了中哈连云港过境货物运输通道及货物中转分拨基地项目合作及协作协议，中哈（连云港）物流基地项目由此产生。习近平主席指出，这是中哈共建"一带一路"首个重点项目，也是两国启动陆海联运的良好开端。2014年5月19日，随着习近平主席与时任哈总统纳扎尔巴耶夫在上海西郊会议中心共同参加项目启用仪式，中哈（连云港）物流基地项目一期工程正式启用。该基地由连云港港口集团和哈国家铁路集团各持股51%和49%的合资公司管理运营。

根据哈萨克斯坦法律及总统令，哈萨克斯坦于 2011 年 11 月正式设立霍尔果斯东大门经济特区，具体由哈国家铁路集团建设经营，核心项目是霍尔果斯东大门无水港（2015 年正式投入使用）。2015 年 8 月 31 日，在习近平主席与哈总统纳扎尔巴耶夫的共同见证下，江苏省政府与哈国家铁路集团在北京签署关于共同发展哈萨克斯坦霍尔果斯东大门经济特区和中国连云港上海合作组织国际物流园区项目的战略合作框架协议。2017 年 5 月，中方获得哈萨克斯坦霍尔果斯东大门无水港项目的 49% 股权，这是继连云港中哈物流基地之后，中哈两国间的第二个国际物流合作项目。

2017 年 6 月 8 日，习近平主席与纳扎尔巴耶夫共同出席中哈亚欧跨境运输视频连线仪式，两国元首先后共同推动中哈连云港物流基地和霍尔果斯东大门无水港两个分会场四列火车操控杆鸣笛开行，标志着由连云港—霍尔果斯串联起的新亚欧陆海联运通道正式运作，实现东北亚、东南亚、中国的货物与中亚、高加索国家、俄罗斯、欧洲和波斯湾国家双向乃至多向的陆海联运，可极大推动中国东部发达地区与哈萨克斯坦的合作，并辐射中亚和里海地区，更好地发挥哈萨克斯坦在区域经济中的作用。中哈经营者共同管理，两地采取人员互派、信息互通、资源互享、服务互认的运行模式，形成两个物流基地之间的互动。截至 2020 年，中哈连云港—霍尔果斯国际物流港已运输了 20 多万个 20 英尺集装箱。

中哈连云港—霍尔果斯国际物流港的合作模式和合作机制改善了哈萨克斯坦等中亚的内陆国困境，已逐步形成双核驱动、东西双向、陆海联运的物流大通道，构建了面向广阔的亚太地区的中哈陆海运输多节点的架构，开启了中哈两国物流领域的双向投资，践行了"共商共建共享"和"互利共赢"的原则和理念。由于中哈国际物流港项目实现了哈萨克斯坦走向海洋的梦想，哈方参与"一带一路"建设的热情高涨，并带动整个中亚国家的积极参与。而该项目的建设也保障了中国—欧洲运输通道的畅通，形成了良性循环的局面。

中哈连云港—霍尔果斯国际物流港对"一带一路"具有极大的示范和带动意义：一是拓展了中哈两国的国际影响和发展格局。从地缘政治方面看，中哈国际物流港项目将哈萨克斯坦等中亚国家与海洋联通，改变了中亚内陆国家与世界其他国家的时空关系，将对哈萨克斯坦等中亚国家的外交取向和外交格局产生一定影响，并扩大中亚国家的经济合作空间，增加其与东南亚、东北亚乃至非洲、美洲等更多国家发展贸易和投资的机会，使得跨区域、跨集团、跨机制合作成为可能。二是开辟了新的合作路径与模式。中哈物流基地与沿线铁路、航运企业加强合作，努力降低班列运输成本，提高效率。连云港至阿拉木图的中亚点对点班列，将原来的运行时间从 12—15 天缩短到 6 天。另外还创新铁空、海铁、陆空等多式联运业务，有效整合利用交通资源[①]，如与土耳其在哈萨克斯坦的航空公司无缝衔接，为跨境业务开拓新型高效物流运输方式。

## 第三节　经济合作前景广阔

建交 30 年来，中哈两国已和平地彻底解决了历史遗留的边界问题，没有领土争端等传统安全问题；两国领导人一直保持较好的关系，互访不断，互信不断加深。两国 2019 年升级为永久全面战略伙伴关系，成为中国与中亚国家中最高级别的伙伴关系，达到前所未有的高水平。两国在经贸、能源、安全、人文等领域开展了广泛合作，在联合国、上海合作组织、亚信会议等多边框架内密切协调配合，具备相互投资和大宗长期项目合作的良好政治基础。双方经济合作的质量不断提升，

---

① 刘卫东主编：《"一带一路"建设案例研究：包容性全球化的视角》，商务印书馆 2021 年版，第二十一章"中哈国际物流港"。

合作模式不断创新,金融支持不断加强,成为中国与"丝绸之路经济带"沿线国家合作的典范。

### 一 发展战略有诸多共同性

中国拥有庞大的经济规模和市场容量以及巨大的储蓄和投资能力,在很大程度上能够消化周边国家的商品生产、满足这些国家的投资需求。据世界银行统计,1991年中国GDP总值为19580亿元(约合3834亿美元),哈萨克斯坦为249亿美元。2020年中国GDP总值为14.7227万亿美元,哈萨克斯坦GDP总值为1698亿美元。中国的GDP规模从1991年是哈萨克斯坦的15倍变为2020年是哈萨克斯坦的87倍。另外,在联合国划分的41个工业大类、191个中类和525个小类中,中国全部拥有,并且许多产品具有国际竞争优势,这个全产业链的体系布局和经济韧性成为支撑中国可持续增长的物质基础。即使在新冠疫情肆虐的不利环境下,中国经济依旧持续增长,成为全球经济复苏的希望之所在。2012年以来,中国将"两个百年"目标作为发展动力,计划分两步走,在21世纪中叶实现中华民族的伟大复兴:第一个阶段,2020—2035年,在全面建成小康社会的基础上,再奋斗15年,基本实现社会主义现代化。第二个阶段,2035年到21世纪中叶,把中国建成富强民主文明和谐美丽的社会主义现代化强国。全面提升物质文明、政治文明、精神文明、社会文明、生态文明,实现国家治理体系和治理能力现代化。

哈萨克斯坦的经济发展潜力巨大。刚独立时,哈萨克斯坦GDP总值与乌兹别克斯坦和土库曼斯坦差不多。但进入21世纪后,哈已将其他中亚四国远远甩在后面,经济规模在中亚地区一家独大,超过其他中亚四国的总和。2012年,哈GDP总值为2080亿美元,排名世界第50位,提前实现"2030年战略"确定的"进入世界前50强行列"目标。哈政府随即提出"2050年战略",目标是经济总量进入世界前30强行列,达到经合组织标准。

哈 GDP 规模在 2014 年世界油气价格最高时达到独立后的峰值 2214 亿美元，世界排名第 48 位，当年人均 GDP 历史性地突破万元，达到 1.2712 万美元，进入中等发达国家行列。此后，受国际油价大跌和本币坚戈贬值影响，哈按美元计价的 GDP 总值大幅下跌（但依照本币坚戈统计的 GDP 规模逐年扩大）。2019 年（即新冠疫情前），哈 GDP 折合成美元后为 1801.62 亿美元，同比增长 4.5%。主要驱动力来自建筑、运输、贸易和通信等领域。在全球经济持续低迷的情况下，哈萨克斯坦持续巩固采矿冶金、油气行业和主要产粮国的战略地位，大力发展交通物流、住房保障、社会公共服务等基础设施建设，保持了经济平稳发展。农业、工业、服务业三大产业占 GDP 比重分别为 11.48%、33.05% 和 55.47%。2020 年受新冠疫情影响，哈 GDP 总值为 70.1 万亿坚戈（约合 1698 亿美元），同比增长 -2.6%。不过，尽管服务业大幅下降 5.4%，固定资产投资下降 3.4%，但实体经济却逆势增长 2%。其中建筑业增长 11.2%，信息和通信业增长 8.7%，农业增长 5.6%，制造业增长 3.9%，加工业在工业中的比重达 48.8%（增长了 9.4%）。加工业对经济的贡献率首次超过采掘业，这是在实施国家工业化计划中取得的重要成果。这说明，经济结构调整（发展非资源领域经济）效果明显，成为推动哈经济增长的重要因素。

哈总统纳扎尔巴耶夫在 2017 年《国情咨文》中提出"第三次现代化"计划（第一次是独立，第二次是建国，第三次是高质量发展），提出要利用好第四次工业革命提供的机遇和有利元素，加快发展创新经济和社会现代化。未来的工作重点是：利用新技术发展工业，进一步开发资源潜力，发展智慧农业，提高交通物流基础设施利用效率，在建筑和市政建设方面应用新技术，金融创新和加强监管，开发人力资源，提升公共管理，打造智慧城市，打击腐败和加强法治。

哈现任总统托卡耶夫秉持"延续政策、渐进改革、发展经济、保障民生"的原则，积极落实"2050年战略"，为此制定了"2025年前国家发展战略"，落实"简单物品经济"和"商业路线图"，推进第二期"光明之路"基础设施建设计划和工业创新计划，大力发展数字经济（争取数字产业的出口在2025年达到5亿美元），保障粮食安全，将通胀率维持在4%—6%的水平。

从中哈两国的战略目标任务及其落实路径可知，两国均希望抓住第四次工业革命的契机，特别是数字经济，努力调整自身经济结构，以适应时代发展的大趋势；两国均将发展作为第一要务，努力提高经济增长和民生福祉、完善国家治理体系、提高工作效率和经济增长率；两国均将和平友好和周边关系作为外交重要目标，致力于开展区域和国际合作，实现互利共赢。对哈萨克斯坦来说，中国作为哈前三位贸易伙伴的地位越加稳固，是哈能源资源和农产品出口对象国，哈发展工业创新和农业，其新增产能需要中国的巨大市场，实施国家战略也需要中国大量投资，落实数字经济战略需要借鉴中国的多年实践经验。对于中国来说，哈萨克斯坦是保障西部地区的稳定与发展的重要因素，与亚欧大陆其他伙伴的陆上联系需要过境哈萨克斯坦，中国从中亚的陆上油气进口也离不开哈萨克斯坦协助。实践中，中哈正在形成互嵌式的利益相互交融、相互依赖、共同发展的经济合作格局，对双方未来经济发展与合作产生持久而深远的影响。

**哈萨克斯坦历年主要经济指标与上年同比** （单位：%）

| 经济指标 | 1995年 | 2000年 | 2005年 | 2010年 | 2015年 | 2018年 | 2019年 |
| --- | --- | --- | --- | --- | --- | --- | --- |
| 国内生产总值 | 91.8 | 109.8 | 109.7 | 107.3 | 101.2 | 104.1 | 104.5 |
| 工业总产值 | 92 | 116 | 103 | 110 | 98.4 | 104.4 | 103.8 |
| 农业总产值 | 76 | 96 | 107 | 90 | 103.4 | 103.5 | 100.9 |
| 固定资产投资 | 57 | 149 | 134 | 97 | 103.7 | 117.5 | 108.5 |
| 货运量（不包括管道运输） | 73 | 145 | 104 | 116 | 99.8 | 103 | 104 |
| 零售贸易总额 | 105 | 107 | 114 | 118 | 97 | 106 | 106 |

续表

| 经济指标 | 1995年 | 2000年 | 2005年 | 2010年 | 2015年 | 2018年 | 2019年 |
|---|---|---|---|---|---|---|---|
| 往独联体国家出口 | 154 | 155 | 99.3 | 117 | 69.4 | 113.9 | 106.8 |
| 往其他国家出口 | 174 | 148 | 149 | 141 | 55.6 | 128.1 | 92.2 |
| 从独联体国家进口 | 122 | 170 | 133 | 113 | 72.6 | 105.1 | 101.6 |
| 从其他国家进口 | 83 | 113 | 138 | 99 | 73.4 | 114.3 | 125.2 |

资料来源：Основные макроэкономические показатели Республики Казахстан в1995－2019 г.（в ％ к соответствующему периоду предыдущего года）. http：//www.cisstat.ru/。

**中国历年主要经济指标与上年同比**　　　　　　　　　　（单位：％）

| 经济指标 | 1995年 | 2000年 | 2005年 | 2010年 | 2015年 | 2018年 | 2019年 |
|---|---|---|---|---|---|---|---|
| 国内生产总值 | 110.2 | 108.0 | 109.9 | 110.3 | 106.9 | 106.6 | 106.1 |
| 工业总产值 | 114.0 | 109.9 | 111.4 | 112.1 | 105.9 | 106.1 | 105.7 |
| 农业总产值 | 104.5 | 102.4 | 105.2 | 104.3 | 103.9 | 103.5 | 103.1 |
| 固定资产投资 | 118.8 | 109.3 | 125.7 | 123.8 | 109.8 | 105.9 | 105.1 |
| 货运量（不包括管道运输） | 106.5 | 107.1 | 107.7 | 113.4 |  | 107.1 | — |
| 零售贸易总额 | 126.6 | 109.7 | 112.9 | 118.3 | 110.7 | 109.0 | 108.0 |
| 对外贸易总额 | 118.6 | 131.5 | 123.2 | 134.7 | 93 | 109.7 | 103.4 |
| 出口 | 122.9 | 127.8 | 128.4 | 131.3 | 98.2 | 107.1 | 105.0 |
| 进口 | 114.2 | 135.8 | 117.6 | 138.7 | 86.8 | 112.9 | 101.6 |

资料来源：中国1995—2019年《国民经济和社会发展统计公报》，http：//www.stats.gov.cn。

## 二　经济互补性强

从中哈两国的国家发展战略文本看，两国经济互补性至少表现在基础设施、产业发展、地区发展、经济结构调整四个方面。

第一，基础设施互补。中哈两国都是发展中国家，交通、工业、能源、公共事业、供水系统、住房、社会事业等诸多民生和经济基础设施都面临"提质增量"重任，形成市场互补。除各自国内建设外，中哈交通基础设施能够互联互通，如连接欧亚的交通走廊、油气外运管道、水利基础设施等，均具有跨国意义，可将两国市场紧密结合，从而形成更大规模的市场和后勤保障平台。在发达国家已基本结束大规模基础设施建设阶段，当今世界上有实力组织大规模基础设施建设的国家为数不多，中国是其中最突出的一个。中哈是邻国，形成能力互补格局。随着亚投行和丝路基金的建成运行，可为项目提供充足的资金保障，依照哈当前经济实力也有能力偿还，形成资金互补格局。

哈希望在中俄两大市场间发挥桥梁作用，希望从两个市场中同时获益，带动地区发展，同时又要避免在一体化方向问题上陷入选边站队的窘境。对中国而言，哈萨克斯坦作为第二亚欧大陆桥的重要地段，是中国通往欧洲腹地的必经之地，这条大动脉的畅通和活跃离不开哈萨克斯坦的支持与合作。对哈萨克斯坦而言，其经济发展存在"先天不足"——地处亚欧大陆腹地，不仅没有出海口，还远离海洋，区位劣势成为哈未来经济发展的瓶颈之一。因此，开辟一条方便、快捷、畅通的出海通道是其经济发展的重要条件及与国际社会联系的必要条件之一。独立后，哈萨克斯坦主要出海通道是途经中国通往东亚、太平洋地区。新亚欧大陆桥不仅是中国与中亚国家的重要通道和经济走廊，也是欧亚贸易的重要通道。另外，中哈有5个重要的一类开放陆路口岸。从地理上看，过境哈萨克斯坦，中国不仅可与中亚国家更便利往来，也缩短了与欧洲、西亚、北非的陆路距离。

第二，产业发展互补。从中哈各自国家发展战略规划文件看，中国希望的产业合作重点有四个方面：一是过剩产能。"过剩"是相对市场需求而言，不代表技术落后，相反，有时正是因为技术先进，才造成产量大于需求。根据中国《工业和信息化部关于下达2014年工业行业淘汰落后和过剩产能目标任务的通知》（分三次发布），2014年共有十六大行业列入落后或过剩产能名单，分别是炼铁、炼钢、焦炭、铁合金、电石、电解铝、铜（含再生铜）冶炼、铅（含再生铅）冶炼、水泥（熟料及磨机）、平板玻璃、造纸、制革、印染、化纤、铅蓄电池（极板及组装）、稀土等。二是因经济布局调整需转出的产能（到外地消化）。如根据《京津冀协同发展规划纲要》提出的、地区内无法消化的钢铁、平板玻璃、水泥等产能。三是具有国际竞争力、通过全球布局可获得更合理产业链的产业，如油气、风电、光伏、手机、汽车配件、农业种植和加工等。四是有助于消化中国巨额外汇储备的、利润较高、投资相对安全的海外产业，如矿产资源、租赁农业、工业园区、高新技术和服务企业等。2015年5月13日国发〔2015〕30号《国务院关于推进国际产能和装备制造合作的指导意见》提出："将与我国装备和产能契合度高、合作愿望强烈、合作条件和基础好的发展中国家作为重点国别，并积极开拓发达国家市场，以点带面，逐步扩展。将钢铁、有色、建材、铁路、电力、化工、轻纺、汽车、通信、工程机械、航空航天、船舶和海洋工程等作为重点行业，分类实施，有序推进。"

与此同时，《2015—2019年哈萨克斯坦共和国工业创新发展国家纲要》确定的16个重点发展行业分别是黑色冶金、有色冶金、炼油、石化、食品、医药、化工、交通工具及配件和发动机制造业、电气、农业机械制造业、铁路设备制造、采矿业机械设备制造、石油炼化开采机械设备制造、建材、创新、航天工业。由此可以看出，中哈两国至少在建材（如水泥、玻璃等）、交通工具及其配件、化工、冶金、农业等行业领域具有广泛合作空间。

第三，地区发展互补。即发展经济走廊沿线城市群，塑造网络型经济增长点，带动沿线经济社会发展。中国已于2015年6月8日公布"一带一路"落实措施计划确定的六大"经济走廊"，即中蒙俄经济走廊；新亚欧大陆桥经济走廊；中国—中亚—西亚经济走廊；中国—中南半岛经济走廊；中巴经济走廊；孟中印缅经济走廊。这说明，"一带一路"的经济理论基础是"点轴理论"。每个点都是一定区域范围的经济中心，点与点之间的联系，即陆海空交通线、管道、电网、电缆等基础设施，便是所谓的"轴"。产业和人口向两点和轴线聚集，并在轴线两侧一定范围内分布，便会形成"经济走廊"，多个点、轴、经济走廊连在一起，还可形成网络状的区域经济分布图，从而最大限度地实现资源优化配置，促进区域统一市场的建立和发展，并使区域经济发展水平从不平衡转向平衡。

中国提出的"经济走廊"规划与哈萨克斯坦提出的产业布局规划方案"两个增长极、若干地区产业中心"有异曲同工之处。"两个经济增长极"分别是一南一北的阿拉木图市和阿斯塔纳市。这两个城市基础设施完备，人才储备完整，配套设施相对齐全，对外联系方便，周边城镇密布，除自身具备经济增长潜力外，还可带动周边地区发展。"地区产业中心"是各地区根据自身特点和优势，发展自己的优势产业，并以此为中心，形成产业集群，例如，在阿特劳发展石化产业，在卡拉干达发展钢铁产业，在巴甫洛达尔发展有色冶金产业，在科斯塔奈发展农机制造，在乌斯季卡缅诺戈尔斯克发展运输工具制造业等。

第四，经济结构调整互补。中哈两国均面临结构失调难题。两国在经济结构调整方面具有诸多共性，双方战略对接，既有利于双方改善产业结构和产业布局，又可改善两国间的贸易商品结构，为未来增长提供动力。

中国产业结构调整的基本思路是"加强基础工业能力、大力发展先进制造业、改造提升传统产业、推动生产型制造向服务型制造转变"，产业布局调整的基本思路是"将初级产业由沿海向内地转移，将国内过剩产能向海外转移"，产业组织方式调整的基本思路是"推进工业化与信息化深度融合、提升品牌质量、推行绿色制造和智能制造、发展创新能力、寻求重点领域战略突破"。

哈萨克斯坦产业结构调整的基本思路是"传统产业为中心，大力发展非资源领域经济"，产业布局结构调整的基本思路是"打造增长极和产业中心"（尤其是奇姆肯特、阿拉木图、阿斯塔纳、阿克托别），产业组织方式调整的基本思路是"借助欧亚经济联盟扩大市场、借助入世与国际先进规则和标准接轨、借助自由经济区发展产业聚集、借助创新产业提升制造能力、借助改善营商环境吸引外资等"。

## 三 贸易和投资环境不断改善

哈萨克斯坦不断改革创新,努力调整经济结构,提高应对危机的能力,增强经济调控和管理,取得了不俗经济成就。从经济规模、对外开放程度、金融管理和服务业发展水平等因素看,哈萨克斯坦是公认的中亚经济领头羊,发展成就得到世界认可。从联合国开发计划署发布的人类发展指数看,哈萨克斯坦得分一路攀升,从1991年的0.684到2000年的0.7,再到2010年的0.772和2020年的0.825(排名世界第51位)。在世界经济论坛发布的2021年度《全球竞争力报告》中,哈萨克斯坦在全球名列第35位。

从经济自由度看,哈萨克斯坦2015年加入世贸组织后,贸易环境持续改善。据美国"2021经济自由度指数",[①] 在参评的186个国家中,哈萨克斯坦进步很大,从2017年的中等自由经济体(69分)升级为2021年的较自由经济体(71.1分),排名为34位,在独联体国家中最高,贸易环境明显优于其他中亚国家。

从营商环境看,哈萨克斯坦已经成为一个营商环境良好、有利于投资合作的国家。自独立后至2019年年底,哈萨克斯坦吸收的外国直接投资存量为1956.76亿美元,这足以证明国际社会和外资对哈萨克斯坦的信心与评价。根据世界银行2020年度《营商环境报告》,哈萨克斯坦的营商环境在全球190个经济体中排名第25位,相比2019年上升3位。根据世界经济论坛2019年度《全球竞争力报告》,哈萨克斯坦的全球竞争力在全球141个经济体中排名第55位。

---

① 经济自由度指数涵盖全球186个国家和地区,其观点是,具有较高经济自由度的国家或地区与那些较低经济自由度的国家或地区相比,会拥有较高的长期经济增长速度和更繁荣。各个指标累加后的平均值可以计算出总体系数。2007年起,世界经济自由度指数采用百分制(0—100)的评分办法,得分越高,说明经济自由度越高;反之,经济自由度越低。依据得分情况,各个经济体被列入五个不同的自由度区间,即"自由经济体"(得分在80—100)、"较自由经济体"(70—80)、"中等自由经济体"(60—70)、"较不自由经济体"(50—60)和"受压制经济体"(0—50)。

**中亚国家 2021 年经济自由度比较**

| 国别 | 世界排名（位） | 地区排名（位） | 得分 | 商业自由度（%） | 劳动自由度（%） | 货币自由度（%） | 贸易自由度（%） | 投资自由度（%） | 财务自由度（%） | 性质 |
|---|---|---|---|---|---|---|---|---|---|---|
| 哈 | 34 | 8 | 71.1 | 70.0 | 74.6 | 50 | 50 | 70.0 | 74.6 | 较自由经济体 |
| 吉 | 78 | 13 | 63.7 | 77.5 | 72.8 | 60 | 50 | 77.5 | 72.8 | 中等自由经济体 |
| 乌 | 108 | 21 | 58.3 | 60.3 | 55.4 | 20 | 20 | 60.3 | 55.4 | 较不自由经济体 |
| 塔 | 134 | 29 | 55.2 | 68.5 | 69.6 | 25 | 30 | 68.5 | 69.6 | 较不自由经济体 |
| 土 | 167 | 37 | 47.4 | 72.8 | 74.2 | 10 | 10 | 72.8 | 74.2 | 受压制经济体 |
| 俄 | 92 | 42 | 61.5 | 92 | 74.0 | 30 | 30 | 74.0 | 30 | 中等自由经济体 |

资料来源：2021 Index of Economic Freedom，https：//www.heritage.org/index/about。

**2020 年中亚国家营商环境比较**

| 国别 | 得分 | 排名 |
|---|---|---|
| 哈萨克斯坦 | 79.6 | 25 |
| 乌兹别克斯坦 | 69.9 | 69 |
| 吉尔吉斯斯坦 | 67.8 | 143 |
| 塔吉克斯坦 | 61.3 | 169 |
| 土库曼斯坦 | — | — |

资料来源：2020 Doing Business，https：//chinese.doingbusiness.org/zh/doingbusiness。

随着各国数字经济的发展，哈政府也适时调整经济发展战略。2017 年 12 月，哈通过《"数字化的哈萨克斯坦"国家规划》，[①] 实施期限为 2018—2022 年，中期目标是通过数字技术加快哈经济发展速度，提高人民的生活质量，长期目标是为哈经济走上创新发展道路创造条件，确保未来的数字经济，使哈在全球通信技术发展中的排名从 2016 年 175 个国家中的第 52 位，上升到 2022 年的第 30 位，2025 年的第 25 位，2050 年的第 15 位。该规划确定了五个优先方向发展，即

---

① Об утверждении Государственной программы "Цифровой Казахстан". http://adilet.zan.kz/rus/docs/P1700000827.

经济部门的数字化、向数字国家过渡、实施"数字丝绸之路"、发展人力资本、建立创新型生态系统。哈总统托卡耶夫认为，数字化与公路和电一样必需，是哈所有改革的基本要素，是实现国家竞争力的关键步骤。新冠疫情后，哈萨克斯坦数字转型的意愿更加强烈。2020年10月将《"数字化的哈萨克斯坦"国家规划》的优先方向由此前的5个增至10个，包括社会关系数字化、建立能源和产业"工业4.0"技术平台、建立农业科技平台、建立电子政务技术平台、保障高质量信息通信技术基础设施和信息安全、打造"智慧城市"技术平台、开发公共安全数字化工具、发展金融科技和电子商务、发展人工智能、建立创新生态体系等。

# 第六章 安全保障

安全有广义和狭义之分。广义的安全又称"综合安全"或"总体安全",通常涉及政治、国土、军事、经济、文化、社会、科技、信息、生态、资源、核能、海外利益等。狭义的安全通常指国家专政机关(军队和政法机构,或称强力部门)业务范围内的安全。当前区域合作机制中的安全合作通常指狭义安全范围内的合作,合作主体一般涉及内务、情报、国防、司法、检察院、法院、安秘会等部门。

中哈两国都具有国土面积广阔、地理环境多样、民族宗教众多、社会环境复杂、边界漫长等特点,均面临"三股势力"、跨国有组织犯罪、信息安全、军事冲突、领土纠纷等传统和非传统安全威胁,受到冷战后地缘争夺升温、中东的极端势力回流、黑客攻击、国际安全理念和规则调整等威胁,加上一些内外不法活动具有极强的流动性和跨国性,从而对两国安全稳定造成较大危害。

建交后,中哈在安全领域始终遵循相互尊重原则,在双边和多边机制框架内密切合作,探索适合地区和各国国情的合作模式和方法,签署众多合作协议,在执法安全(以公安内务和情报部门为主)、军事防务(以国防部门为主)、司法(以检察院、法院、司法部等部门为主)、安全战略磋商(以安秘会等部门为主)等方面取得诸多成果,有效维护了两国以及整个地区的安全秩序。从历次中哈元首发表的《联合声明》可知,两国非常注重在双边和多边框架内深化防务、执法和司法等部门合作,合作范围涉及情报交流、大型活动安保、边境加强管控，打击"三股势力"、跨国有组织犯罪（尤其是贩毒和武器走私）、网络犯罪、洗钱等。双方一致认为，国际社会只有共同努力才能有效应对新的威胁和挑战。中国和哈萨克斯坦愿在国际和地区事务中开展更加密切有效的协作，共同促进地区及世界的和平稳定和繁荣发展。[①]

双跨机制是两国间的跨层级（"中央+地方"，如"中央+新疆"）或跨行业（如"外交+安全""安全+商务"）的合作机制。除各部门间的日常沟通交流外，中哈之间的双边安全合作机制主要始于2004年的中哈合作委员会框架内的安全合作分委会，由两国外交部牵头，参加人员有外交、国防、公安（内务）、安全等部门代表。通常，中哈安全合作分委会会议与中哈外交部磋商会议同时举行。

为维护两国和地区安全稳定，多年来，中哈双方以双跨机制合作为抓手，努力落实两国元首重要共识，围绕打击"三股势力"和跨国有组织犯罪、维护网络安全、重大活动安保、共建项目安保、边境地区执法、人员培训等重点和热点问题积极磋商，密切合作。

**中哈合作委员会安全合作分委会**

|  | 时间和地点 | 主要内容 |
| --- | --- | --- |
| 第一次 | 2004年7月2日<br>北京 | 中哈合作委员会及其分委会首次会议 |
| 第二次 | 2005年7月12日<br>阿斯塔纳 |  |
| 第三次 | 2007年5月23日<br>阿斯塔纳 | 分委会双方主席——中国外交部部长助理李辉和哈副外长叶尔梅克巴耶夫共同主持召开会议。双方全面总结中哈安全合作分委会第二次会议以来两国安全合作领域取得的成果，并提出分委会未来合作任务及工作设想。会后签署了《中哈合作委员会安全合作分委会第三次会议纪要》 |

---

① 《中华人民共和国和哈萨克斯坦共和国联合声明》，2018年6月8日，中国政府网，http://www.gov.cn/xinwen/2018-06/08/content_5296969.htm。

续表

|  | 时间和地点 | 主要内容 |
| --- | --- | --- |
| 第四次 | 2008年6月12日 北京 | 外交部部长助理李辉与中哈合作委员会安全合作分委会哈方主席、哈萨克斯坦副外长叶尔梅克巴耶夫共同主持召开安全合作分委会第四次会议。两国外交、国防、公安（内务）、安全等部门代表参加。双方积极评价分委会第三次会议以来中哈安全领域合作取得的成果，确定了下一阶段工作重点和任务。双方决定进一步密切两国国防、执法、安全等部门的交流，加大打击"三股势力"、毒品走私和跨国有组织犯罪力度，加强在上海合作组织等多边框架下的安全协作，共同维护中哈两国和本地区的安全与稳定。双方指出，确保2008年北京奥运会的安全是两国共同的责任。双方将深入开展奥运安保合作，消除一切隐患，使北京奥运会成为一届隆重热烈的奥林匹克盛会。会后，李辉部长助理和叶尔梅克巴耶夫副外长签署了《中哈合作委员会安全合作分委会第四次会议纪要》 |
| 第五次 | 2009年11月19日 北京 | 外交部副部长王光亚与中哈合作委员会安全合作分委会哈方主席、哈萨克斯坦副外长叶尔梅克巴耶夫共同主持召开安全合作分委会第五次会议。两国外交、国防、公安（内务）、安全、司法、最高法院、最高检察院等部门代表参加。双方全面总结分委会第四次会议以来中哈执法安全领域合作取得的成果，讨论了下一阶段工作任务和方向。双方表示进一步密切两国执法、安全等部门的交流与合作，共同严厉打击"三股势力"，加强在上海合作组织框架内的安全协作，共同维护中哈两国和本地区的安全与稳定 |
| 第六次 | 2012年10月5日 阿斯塔纳 | 外交部副部长程国平在阿斯塔纳与哈萨克斯坦副外长萨雷拜举行中哈合作委员会秘书长磋商、安全合作分委会第六次会议和外交部磋商。双方就双边关系、两国安全合作以及共同关心的国际和地区问题深入交换意见，商定继续认真落实两国领导人达成的重要共识，以庆祝建交20周年为契机，以中哈合作委员会机制为有效平台，保持高层交往，全面深化包括安全在内的各领域互利合作，推动中哈全面战略伙伴关系不断迈上新台阶，共同维护两国及中亚地区的安全稳定 |
| 第七次 | 2014年10月29日 北京 | 外交部副部长程国平与哈萨克斯坦副外长穆西诺夫举行了两国外交部磋商和中哈合作委员会安全合作分委会第七次会议，就双边关系、两国安全合作、分委会下一阶段工作深入交换意见。双方均认为，应认真落实两国领导人达成的各项重要共识，全面深化包括安全在内的各领域互利合作，推动两国关系不断迈上新台阶 |
| 第八次 | 2015年11月11日 北京 | 外交部副部长程国平同哈萨克斯坦副外长穆西诺夫在北京举行外交部磋商和中哈合作委员会安全合作分委会第八次会议，就两国关系、高层互访、重点领域合作、上海合作组织、亚信以及国际热点问题深入交换意见。双方一致认为，在国际和地区局势复杂深刻变化的背景下，中哈双方有必要进一步加强战略协调，深化各领域合作，维护共同利益 |

续表

|  | 时间和地点 | 主要内容 |
| --- | --- | --- |
| 第九次 | 2016年12月7日 阿斯塔纳 | 外交部部长助理李惠来在阿斯塔纳同哈萨克斯坦副外长卡马尔季诺夫举行两国外交部磋商和中哈合作委员会安全合作分委会第九次会议。双方就两国关系和务实合作、上海合作组织、亚信以及共同关心的国际和地区问题深入交换意见，决定继续认真落实两国领导人达成的重要共识，推进"一带一路"倡议和"光明之路"新经济政策对接，全面提升各领域合作水平，推动中哈全面战略伙伴关系不断迈上新台阶。双方充分肯定两国安全合作成果，商定继续发挥安全合作分委会作用，进一步密切交流与合作，严厉打击"三股势力"，共同维护两国和地区的安全稳定 |
| 第十次 | 2017年12月21日 北京 | 双方就两国在安全和国防领域的合作、迫切的国际和地区问题，以及分委会的进一步工作计划深入交换了意见 |
| 第十一次 | 2021年6月22日 线上视频 | 外交部副部长乐玉成同哈萨克斯坦第一副外长努雷舍夫以视频方式举行中哈合作委员会安全合作分委会第十一次会议和两国外交部磋商，就两国关系发展、共建"一带一路"合作以及共同关心的国际和地区问题深入交换意见。双方表示，2021年对中哈两国均有特殊意义。中国共产党迎来百年华诞，哈也迎来独立30周年，中哈关系发展面临新的重要机遇。双方将认真落实两国元首达成的重要共识，增进政治互信，推进高质量共建"一带一路"，提升两国合作"含金量"，推动中哈永久全面战略伙伴关系不断向前发展<br>双方积极评价两国安全合作取得的丰硕成果，商定继续发挥安全合作分委会作用，进一步密切对口部门交流合作，坚决打击"三股势力"，共同维护两国和本地区安全稳定 |

资料来源：根据外交部网站发布的历次会议新闻信息整理。

## 上海合作组织的安全合作成果文件

| 领域 | 文件名称 |
| --- | --- |
| 边境安全 | 1.《关于在边境地区加强军事领域信任的协定》（1996年4月26日）<br>2.《关于在边境地区相互裁减军事力量的协定》（1997年4月24日）<br>3.《边防合作协定》（2015年7月11日） |
| 反恐安全 | 1.《打击恐怖主义、分裂主义和极端主义上海公约》（2001年6月15日）<br>2.《关于打击非法贩运麻醉药品、精神药物及其前体的协议》（2004年6月17日）<br>3.《反恐怖主义公约》（2009年6月15日）<br>4.《关于在上海合作组织成员国境内组织和举行联合反恐行动的程序决定》（2006年6月15日）<br>5.《关于查明和切断在上海合作组织成员国境内参与恐怖主义、分裂主义和极端主义活动人员渗透渠道的协定》（2006年6月15日） |

续表

| 领域 | 文件名称 |
| --- | --- |
| 反恐安全 | 6.《组织和举行联合反恐演习的程序协定》（2008 年 8 月 28 日）<br>7.《合作打击恐怖主义、分裂主义和极端主义构想》（2005 年 7 月 5 日）<br>8.《反恐专业人员培训协定》（2009 年 6 月 15 日）<br>9.《反极端主义公约》（2017 年 6 月 9 日）<br>10.《打击恐怖主义、分裂主义和极端主义 2007 年至 2009 年合作纲要》（2006 年 6 月 15 日）<br>11.《打击恐怖主义、分裂主义和极端主义 2010 年至 2012 年合作纲要》（2010 年 6 月 11 日）<br>12.《打击恐怖主义、分裂主义和极端主义 2012 年至 2015 年合作纲要》（2012 年 6 月 15 日）<br>13.《打击恐怖主义、分裂主义和极端主义 2016 年至 2018 年合作纲要》（2015 年 7 月 10 日）<br>14.《打击恐怖主义、分裂主义和极端主义 2019 年至 2021 年合作纲要》（2018 年 6 月 10 日）<br>15.《打击恐怖主义、分裂主义和极端主义 2022 年至 2024 年合作纲要》（2021 年 9 月 17 日） |
| 打击有组织犯罪 | 1.《成员国政府间合作打击非法贩运武器、弹药和爆炸物品的协定》（2008 年 8 月 28 日）<br>2.《上海合作组织成员国政府间合作打击犯罪协定》（2010 年 6 月 11 日） |
| 信息安全 | 1.《关于国际信息安全的声明》（2006 年 6 月 15 日）<br>2.《保障国际信息安全行动计划》（2007 年 8 月 16 日）<br>3.《成员国保障国际信息安全政府间合作协定》（2009 年 6 月 16 日） |
| 禁毒 | 1.《上海合作组织阿富汗问题特别会议宣言》（2009 年 3 月 27 日）<br>2.《上海合作组织成员国和阿富汗伊斯兰共和国打击恐怖主义、毒品走私和有组织犯罪行动计划》（2009 年 3 月 27 日）<br>3.《上海合作组织成员国和阿富汗伊斯兰共和国关于打击恐怖主义、毒品走私和有组织犯罪的声明》（2009 年 3 月 27 日）<br>4.《2011—2016 年上海合作组织成员国禁毒战略》及其《落实行动计划》（2011 年 6 月 15 日）<br>5.《2018—2023 年上合组织成员国禁毒战略》及其《落实行动计划》（2018 年 6 月 10 日）<br>6.《上海合作组织秘书处与联合国毒品和犯罪问题办公室谅解备忘录》（2011 年 6 月 15 日） |

资料来源：上海合作组织官网，http：//www.sectsco.org/CN11/。

## 第一节 执法安全合作

执法安全合作是中哈全方位合作的重要组成部分。双方不断深化安全合作，加强对口部门交流，维护国家边境安全，共同打击"三股势力"、毒品和武器弹药走私、网络犯罪、严重暴力犯罪以及跨国有组织犯罪活动,加大联合执法力度,维护两国安全和稳定。[①] 总体上看,中哈警务合作以反恐为主线和基石,并在此基础上逐步扩展到禁毒、跨国有组织犯罪、网络安全等,在形式上,既有双边合作,也有在上海合作组织等多边机制框架内的合作,合作主体是公安内务和情报部门。通过高层互访、团组交流、合作办案、信息交换、对外援助、联合安保、外警培训等形式,中哈执法安全合作已形成"全方位、宽领域、多层次、讲实效"的对外合作格局,中国公安部与哈内务部建立了工作层面的直接沟通协调机制,边防、刑侦、出入境管理、禁毒、反恐等部门对口合作,在信息共享、案件协查、调查取证、联合办案、缉捕嫌犯等方面的务实合作日益深化。中国在驻哈萨克斯坦大使馆内也设置了警务联络官,专门负责两国警务合作。

## 一 反恐合作

中国一直是"三股势力"的受害者。"三股势力"在毗邻中亚的新疆地区尤其活跃,其中以"东突"势力最为代表。"东突"势力在19世纪就已出现。20世纪90年代开始,特别是2001年"9·11"事件后,受国际环境变化和境外恐怖与极端势力影响,"三股势力"也逐渐活跃,打着"宗教自由"的幌子,非法开办地下传经班,培训暴恐和极端分子,并与境外的"三股势力"互动,为达目的而不惜采取恐怖和暴力手段,残害无辜、危害社会。

哈政府发布的《2013—2017年反对宗教极端和恐怖主义国家纲要》认为,哈境内极端主义和恐怖活动增多是国内外因素共同作用的结果。在国际层面,极端主义泛滥是国际现象,哈周边形势不稳,进一步加剧暴恐和极端势力增长。在国内层面,国内经济社会问题、

---

[①]《中华人民共和国和哈萨克斯坦共和国联合声明》,2018年6月8日,中国政府网,http://www.gov.cn/xinwen/2018-06/08/content_5296969.htm。

民众的宗教知识少、爱国主义教育不足、宗教人士水平低等因素为极端主义思想扩散提供了可乘之机。哈萨克斯坦境内极端主义和恐怖主义的传播途径主要有：境外宣传品；网络等媒体；境外恐怖组织训练营；赴海外经商、留学、旅游、工作，尤其是在中东、北非、南亚等宗教学校学习的学生；非法传教；监狱等矫正机构。因管理不善，极端分子和恐怖分子不但未能有效管教，反而获得"集中学习和交流"的机会。[①]

反恐是中哈执法安全合作的重中之重。自建交以来就已开始。除上合组织等多边框架内合作外，双边的反恐合作主要涉及以下三个方面。

一是边境管控。两国边境接壤地区的边防和警务部门已建立常态化合作机制，及时互通情报信息和违法犯罪活动线索，加强边境管理和口岸边防检查，打击走私、贩毒、偷运武器弹药和爆炸物品、非法移民等跨境犯罪以及非法越境活动。

二是人员培训。自2012年起，中哈两国反恐部门每年都在上海和阿斯塔纳开展定期专项反恐培训。如2012年10月山东警察学院承办哈内务部反恐培训班。

三是情报交流，共享信息。尤其是相互通报警情，打击跨境流窜案犯，使各国反恐部门对暴恐和极端组织及其成员有更完整的认识。

四是举行代号"天山"的反恐演习。该演习也是上海合作组织框架内的合作项目之一，由两国执法安全部门（非军队）的反恐特警参加。首次演习于2006年8月分别在哈萨克斯坦的阿拉木图州和中国新疆的伊宁市进行。演习过程中建立了情报交换、共享信息、共同指挥决策的联席会议制度，为双方反恐合作探索了良好合

---

[①] Перечень государственных программ, Перечень с изменениями, внесенными указами Президента РК от 29.11.2010 № 1113（вводится в действие с 01.01.2011）; от 21.12.2011 № 199, от 27.04.2012 № 311, от 08.01.2013 № 464, от 16.09.2013 № 644; Указ Президента Республики Казахстан от 24 сентября 2013 года № 648 "Государственная программа по противодействию религиозному экстремизму и терроризму в Республике Казахстан на 2013 – 2017 годы".

作模式。①

## 二 禁毒合作

据《2020年中国毒情形势报告》，截至2020年年底，中国有吸毒人员180.1万名，同比下降16.1%，连续第三年减少；戒断三年未发现复吸人数300万名，同比上升18.4%；2020年共缴获海洛因、冰毒、氯胺酮等主要毒品26.3吨，其中来源境外的22.4吨（其中"金新月"海洛因186公斤），占全部主要毒品的84.9%；全年破获走私、贩卖、运输毒品案件4.7万起，抓获犯罪嫌疑人7万余名，缴获毒品43.9吨。②

哈萨克斯坦也是深受毒品威胁的国家，哈虽不是毒品的产地，却是阿富汗毒品销往俄罗斯和欧洲的主要过境国之一。从吸毒致死率看，哈在全球93个国家中排名第33位。每年缉获20—40吨各种毒品。世界上登记了483种新的精神活性物质，其中约60种在哈及其邻国境内被发现。截至2020年年初，戒毒所登记的吸毒人员有5.2137万人。为加强中亚国家在打击毒品生产和贩运方面的合作，阻隔阿富汗毒品进入欧洲的通道，中亚五国于2006年一致同意在哈萨克斯坦最大城市阿拉木图建立"中亚地区禁毒信息协调中心"。

阿富汗是当今世界最主要的毒品生产地，中亚则是阿富汗毒品的最主要走私通道之一。阿富汗等西亚和南亚国家的毒品主要经过三条路线销往地区以外的市场，其一是巴尔干路线，从阿富汗经东南欧到西欧和中欧。其二是南线，经由巴基斯坦或伊朗，从海路向海湾地区、非洲（特别是东非）、南亚和少量向东南亚、大洋洲区域和北美洲销售。其三是北线，从阿富汗经中亚邻国、俄罗斯和其他独联体国

---

① 《歼灭"国际恐怖团伙"中哈联合反恐演习收兵》，2006年8月27日，新浪网，http://news.sina.com.cn/c/2006-08-27/09309859564s.shtml。

② 《2020年中国毒情形势报告》，2021年7月16日，中国禁毒网，http://www.nncc626.com/2021-07/16/c_1211244064.htm。

家运往欧洲。①

可以说，中哈共同的毒品威胁来源地是阿富汗。为有效拦截"金新月"毒品入境，除在上海合作组织多边框架内合作外，中哈也在双边层面开展禁毒执法合作，特别是在情报交流、缉捕毒枭、打击贩毒网络等方面有效配合，实施了一系列的共同行动，还经常交流经验和成果，培训缉毒人员。例如，2014年3月3日，21岁的哈萨克斯坦公民阿克扎尔根因贩毒在广州机场被捕。2015年1月，哈执法部门向中国通报信息，称有一批毒品会通过"金新月"地区并过境哈萨克斯坦走私贩运到中国上海。公安部禁毒局立即部署上海市公安局查控该物流渠道，并与哈方共同确认一名外籍嫌疑人。1月30日，当犯罪嫌疑人在快递公司查验运输货物时，当场缴获毒品海洛因30余公斤。② 2021年11月，中国、哈萨克斯坦和意大利三国警方联合行动，破获阿富汗国际贩毒集团，缴获26公斤运往意大利的海洛因，45公斤运往中国的甲基苯丙胺，总价值为1600万美元。③ 2018年6月，中国刑事警察学院承办哈萨克斯坦禁毒执法培训班，培训内容有中国国情概况、中国警察制度、禁毒国际执法合作、毒品预防、毒品非法合成等。④

### 三　网络安全

根据国际标准化组织（ISO）的定义，信息安全指为信息数据处理系统而建立和采用的技术和管理上的安全保护，目的是保护数据不因偶然和恶意的原因而遭到破坏、更改和泄露。信息安全起初主要指计算机和网络安全，随着技术发展和应用扩大，该概念的外延也逐渐

---

① 联合国《2016世界毒品报告》（中文版摘要），http://www.unodc.org/wdr2016/。
② 《上海与哈萨克斯坦合作破获跨国贩卖毒品案》，2015年3月17日，公安部网站，https://www.mps.gov.cn/n2253534/n4904351/c5073366/content.html。
③ Казахстанские оперативники ликвидировали наркоцепь в Афганистане, Италии и Китае. https://zakon.kz/6000510-kazakhstanskie-operativniki-likvidirovali-narkotsep-v-afganistane-italii-i-kitae.html.
④ 《学院举行2018年哈萨克斯坦禁毒执法培训班开班典礼》，2018年6月26日，中国刑事警察学院网站，http://www.cipuc.edu.cn/info/2707/2749.htm。

扩展，泛指一切涉及信息的机密性、完整性、可用性（简称"CIA"三大特性）的方法、策略和行为。实践中，通常因强调的角度或领域不同而经常使用信息安全（Information Security）、网络安全（Network Security）、网络空间安全（Cyberspace Security）、数据安全（Data Security）等术语概念。

随着信息和通信技术发展，网络安全已经成为各国国家安全面临的新挑战。比如暴恐和极端组织利用互联网宣传极端思想和招募成员，有组织犯罪集团利用互联网进行诈骗或传播淫秽资料等，部分不明真相的民众通过互联网传播谣言，破坏社会秩序，黑客利用信息系统的各类漏洞制造病毒并入侵合法运行的数据库，非法曝光公民信息和隐私，泄露国家秘密等。

当前，全球范围内并未形成维护信息和网络安全的统一认知和治理体系，国际社会共同打击网络犯罪和维护网络安全仍存在一定的障碍。实践中主要表现为：其一，主权国家因素。网络空间的主权意识和主导权竞争趋向激烈，各国维护网络安全的管辖主体也不相同，主管部门的管辖权限有交叉，存在跨国协作障碍。各国在对网络犯罪领域的认知和完善网络犯罪治理的立法过程中存在不同观点，缺乏普遍公认的网络犯罪的分类，对可能采取的技术和立法应对措施产生重要影响。[①] 其二，国际组织协调效率低。因程序复杂，信息处理效率通常不及规模较小的专业组织，造成国际组织框架内的合作行动过程中，各方往往反应不够及时。另外，由于任务执行者是主权国家，而非国际刑警组织本身，导致不具有实质执法权的国际刑警组织难以实施实质性行动，仅能给予国家执法活动部分支持，在促进和协助"警察跨界合作"上发挥一些作用。其三，技术本身因素。网络犯罪往往具有排他性和隐蔽性特质，导致法律空白点较多，网络空间的无

---

① A. Alkaabi, et al., *Dealing with the Problem of Cybercrime*, *Digital Forensics and Cyber Crime*, Berlin Heidelberg: Springer, 2011, pp. 1–18.

国界性导致嫌犯容易躲避。数字技术在全球各地分布不均衡，加上治理体系不一、权属有别和理念差异问题，使得一些国家和地区越来越成为网络犯罪分子的避风港。[1]

哈萨克斯坦向来重视网络安全。据统计，中亚地区85%的互联网攻击发生在哈萨克斯坦。截至2021年年底，哈境内大约有400个电子政府的信息储存和管理系统。由于各存储和管理系统之间的交互很差，个人信息安全存在隐患。因此在网络安全领域，哈政府正努力加强个人信息数据库建设，保障个人数据安全，防止个人信息数据泄露和网络诈骗[2]。据哈总检察院数据，2021年前10个月，哈强力部门登记的网络诈骗案件高达1.78万起，几乎是上年同期的2倍。在阿斯塔纳和阿拉木图市、卡拉干达州、科斯塔奈州和东哈萨克斯坦州等地登记的互联网欺诈数量最多。[3] 网络欺诈的常见方法是：欺诈者使用黑客软件将呼出号码替换为哈萨克斯坦移动运营商的用户号码，通过在线广告接收产品或服务的预付款或全额付款（8200起案件），在小额信贷组织的网站上发放虚构的在线贷款（2700起案件），假冒银行安保部门打电话从银行账户窃取资金（2300起），通过虚假链接或其他方式获取个人数据或钱款（1300起）。为防范和打击网络犯罪，哈政府曾在2017年提出，要在哈萨克斯坦建立一个特殊的保护系统"哈萨克斯坦网络盾"。

中哈两国的网络安全合作有着坚实的基础和相互需求。两国领导人和相关部门负责人都将网络安全合作视为落实两国全面深化互信和务实合作的重要领域，在各种会晤中都提到要加强网络安全领域合作，以便应对地区安全形势变化，为共同发展营造良好安全环境。除

---

[1] Grabosky, Peter, "The Global Dimension of Cybercrime", *Global Crime*, Vol. 6, Issue 1, Feb. 2004, pp. 146–157.

[2] Багдат Мусин: К работе над платформой будут привлечены отечественные IT-специалисты. https://kapital.kz/tehnology/98627/bagdat-musin-k-rabote-nad-platformoy-budut-privlecheny-otechestvennyye-it-spetsialisty.html.

[3] Вдвое выросло количество интернет-мошенничеств в Казахстане. https://profit.kz/news/62084/Vdvoe-viroslo-kolichestvo-internet-moshennichestv-v-Kazahstane/.

在上海合作组织等国际多边机制框架内密切合作外,中哈在双边框架内的合作也日益深化,表现为以下两个方面。

第一,交流和磋商网络管理办法和法律规范。中哈一致同意建立多边、民主、透明的全球互联网治理体系,在开展网络空间国际交流与合作时遵循和平、主权、共治、普惠的基本原则,倡导信息技术产品和服务的供应链安全稳定,反对利用信息技术从事危害他国国家安全和社会公共利益的行为,如针对他国的大规模监控、非法采集他国公民个人信息等。中国支持哈萨克斯坦保护个人数据信息的措施,即要求所有涉及个人信息的网络平台和数据企业(无论是国内还是外资)均须将其创建和接收的数据存储在哈萨克斯坦境内。

第二,完善硬件和软件设施,提高自身防卫能力。2017年,中国向哈萨克斯坦的一所大学提供超级计算机,帮助解决网络安全问题。[①] 设立3亿美元规模的"中哈光明投资基金"(China-Kazakhstan Nurly Investment Fund),助力哈萨克斯坦发展高科技、创新和科技密集型项目,提高数字和网络技术水平。

## 第二节 防务合作

中哈两国的国防军事合作自哈独立后便已开始,苏联解体、哈萨克斯坦独立后,中哈在20世纪90年代的军事合作主要集中在边境安全领域。伴随边界谈判,边界安全话题随之提上日程。经过多年协商,中哈在"上海五国"框架内(中、哈、吉、塔、俄)分别于1996年和1997年签署关于在边境地区加强军事领域信任和在边境地

---

① Китай предоставит Казахстану суперкомпьютер и поможет с кибербезопасностью. https://tengrinews.kz/kazakhstan_news/kitay-predostavit-kazahstanu-superkompyuter-pomojet-319845/.

区相互裁减军事力量的两项协定,使得中哈两国在边境地区大幅减少军事力量,加强透明度,提高互信水平。进入 21 世纪后,中哈军事合作重点是围绕打击"三股势力",开展团组互访、举行联演联训、提供军事援助、军事情报交流、中方培训哈方军事指挥人员、共同参与上海合作组织框架内多边防务安全领域合作。2013 年中国提出"一带一路"倡议后,两国军工技术合作在产能合作框架内加快步伐。另外,从中哈元首共同发表的《联合宣言》中可知,双方均愿在《不扩散核武器条约》基础上巩固核不扩散国际秩序,积极推动禁止与销毁生物武器和化学武器进程。①

### 一 军事国防战略

根据 2019 年 7 月 24 日国务院新闻办公室发布的《新时代的中国国防》白皮书,中国认为"当今世界正经历百年未有之大变局,世界多极化、经济全球化、社会信息化、文化多样化深入发展,和平、发展、合作、共赢的时代潮流不可逆转,但国际安全面临的不稳定性不确定性更加突出,世界并不太平"②,表现为国际力量加快分化组合,新兴市场国家和发展中国家力量持续上升,国际战略竞争呈上升之势,军事竞赛日益激烈,全球和地区性安全问题持续增多,地区热点和争议依然存在,世界经济和战略重心继续向亚太地区转移,亚太地区成为大国博弈的焦点,给地区安全带来不确定性。在国家安全依然面临严峻挑战面前,中国依然始终不渝奉行防御性国防政策,坚持永不称霸、永不扩张、永不谋求势力范围,努力贯彻新时代军事战略方针,即"坚持防御、自卫、后发制人原则,实行积极防御,坚持人不犯我、我不犯人,人若犯我、我必犯人,强调遏制战争与打赢战

---

① 《中华人民共和国和哈萨克斯坦共和国联合声明》,2018 年 6 月 8 日,中国政府网,http://www.gov.cn/xinwen/2018-06/08/content_5296969.htm。
② 国务院新闻办公室:《新时代的中国国防》,2019 年 7 月 24 日,中国政府网,http://www.gov.cn/zhengce/2019-07/24/content_5414325.htm。

争相统一，强调战略上防御与战役战斗上进攻相统一"，维持现役人员200万的规模，合理适当使用军费。

独立后，哈萨克斯坦分别于1993年、2000年、2007年、2011年和2017年出台五版《军事学说》（大体相当于国防政策白皮书）。各版《军事学说》根据变化中的国内和国际形势，阐述各时期对于战争目的、性质、方法，以及国家和军队建设等一系列重大问题的观点和看法。1993年《军事学说》的主要目的是接收原苏联军队、保卫新生独立国家的主权和领土完整。2000年《军事学说》的主要目的是在十年独立发展的基础上，建立与市场经济体制相适应的、能够应对非传统安全的新型军队。2007年《军事学说》的主要目的是在前期军事改革成果基础上，继续巩固提高，打造一支符合世界标准、能够快速反应、能确保国家军事安全的职业化军队。2011年《军事学说》的主要目的除继承前期目标和任务外，突出强调发展民族军事工业和军事国际合作。2017年《军事学说》更加重视武器装备现代化。

从各版《军事学说》可知，在20世纪90年代和21世纪第一个十年这20年时间，哈萨克斯坦认为国家安全面临的主要外部威胁是周边存在武装冲突发源地，个别国家正在研制大规模杀伤性武器及其运载工具，"三股势力"在邻国活动加剧。为此，哈需要在保持必要军事防御力量的同时，优先采取政治手段和预防性外交措施，充分利用伙伴关系、合作工具和对话等手段发展与其他国家和国际组织的关系。2010年后，随着西亚北非动荡和乌克兰局势发展，哈认为世界政治军事局势愈加复杂多变，不可预测性增加，大国间的权力对抗加剧，军备竞赛和军事冲突风险升温，应用"混合战争"方式越来越多，国际法和国际组织解决矛盾纠纷的能力下降，"三股势力"呈扩张趋势，网络安全威胁加大。为此，哈需要提高部队和武器的指挥和控制效率，对武器装备的要求也相应提高。

与此同时，各版《军事学说》均鉴于国土面积大、地形特殊

（遍布高山、丘陵、沙漠）、军事实力有限等国情，认为哈不可能维持大规模的武装力量，只能质量建军，奉行"独立防御与集体安全相结合、合理足够、质量建军"方针，建设一支数量少、装备精、机动性高、战斗力强、足以应付各种危机和武装冲突的军队。同时依托地区性军事合作，构建集体防御体系，如联合国、欧安组织、北约、集体安全条约组织、上海合作组织、亚信会议等。另外，军事斗争的目标强调以应付局部战争和边境武装冲突、打击恐怖主义为主。

从上述中哈两国的军事战略和国防政策可知，两国均奉行防御性国防政策，军事力量维持在合理足够水平，不具有进攻性；两国均努力发展军民两用产品，既助力经济和民生，又提高现代化装备水平；两国均希望维护地区稳定，为国内发展创造良好的周边和外部环境；两国均愿意不断加强安全领域的互信合作，共同为维护世界和平与安全作出贡献；两国都面临诸多共同的外部风险挑战，例如，部分大国的单边主义、霸权主义和强权主义威胁，国内和国际的"三股势力"作乱，大规模杀伤性武器扩散，以及太空、网络、生物、导弹防御能力亟待提高等。这些共性都成为推动和巩固中哈防务合作的基础。

## 二 联合军演

联合军演是参演各国军队显示能力和锻炼部队的重要平台，可提高战略磋商能力、远程投送能力、联合指挥能力和联合行动能力，促进成员国熟悉彼此的指挥体系、指挥方式、指挥手段，探索编组多国联合部队的方法和反恐特种作战的模式和方法，从而增强打击恐怖主义活动的能力。[1] 中哈两国的联合军演均以反恐为目标，主要包括上海合作组织框架内的"和平使命"，以及双边的"猎狐"系列演习。通过联合反恐军演，中哈两国相关实战部门密切了各方指挥系统和行动力量的协同关系，提高了应急、处突、快反能力，优化了相互协同

---

[1] 杨陶：《加强上海合作组织反恐合作面临的挑战与应对措施》，《湖北警官学院学报》2012年第3期。

力，增强了应对新挑战和新威胁的能力。

中哈联合军演最早是在上海合作组织框架内进行。上海合作组织框架内的首次联合反恐军演是 2003 年 8 月举行的"联合—2003"演习。由中国、哈萨克斯坦、吉尔吉斯斯坦、俄罗斯、塔吉克斯坦 5 国武装力量的作战小组、特种部队、空军航空兵、炮兵、防空部队和摩托化步兵部队等 1000 余人参加。演习地点位于哈萨克斯坦东部边境乌恰拉尔市 50 公里外的一处训练中心和中国新疆伊犁，主要演练包围和消灭国际恐怖主义分子营地，解救人质。这次演练具有地形复杂（高原高寒地带）、机械化协同和信息战三大特点，从而引起世界关注。

从 2005 年开始，上海合作组织成员国武装力量每两年举行一次代号为"和平使命"的联合军事演习。主要演练兵力投送、制定作战计划和兵力部署、侦察搜索、联合封控、分区清剿、联合火力突击、围点打援、纵深攻歼、甄别和营救人质、审讯俘虏等课目。参演部队运用多种战机和陆上火炮、装甲车、坦克等装备，对敌纵深要害目标实施空中侦察和精确打击，破坏敌防御体系，抢占纵深有利地形，立体围歼溃退之敌。演习紧贴实战，建立了联合导演部、联合反恐集群指挥部和实兵部队三级指挥机构，形成了"战略级磋商、战役级指挥、战术级行动"的演练组织模式。[1]

"猎狐"联合军演是中哈两国国防部门以"边境地区反恐联合清剿行动"为课题的联合演习，重点演练情报侦察、机动投送、联合封控、清剿抓捕、山地追剿 5 项内容，主要目的是提高双方军队的跨国追逃行动能力。首次"猎狐"联合军演于 2015 年 10 月在中国新疆和哈萨克斯坦阿拉木图州举行。两国部队以联手打击国际恐怖组织为背景，混合编成指挥组、侦察组、封控组、狙击组和突击队等作战分

---

[1] 2021 年 9 月 30 日国防部例行记者会《国防部新闻发言人就烈士纪念日、联勤保障部队建设发展等问题答记者问》，2021 年 10 月 1 日，中国政府网，http://www.gov.cn/xinwen/2021-10/01/content_5640672.htm。

队，采取先遣侦察、多路抵近、分区清剿、立体追歼、直升机搜索、无人机侦察和火力打击、夜间伏击等战术手段，对逃窜至边境山区某恐怖训练营地的恐怖分子实施联合打击。[1]

### 三 军工军技合作

哈萨克斯坦国防工业的国际合作主要表现在三个方面。

一是进出口贸易。主要合作伙伴是独联体国家，尤其是俄罗斯、白俄罗斯和乌克兰，其次是中国、南非、土耳其、以色列、欧盟等。哈萨克斯坦从这些国家采购武器装备，同时还通过承接代工订单的方式将产品出口至这些国家。俄罗斯在哈萨克斯坦武器供应和销售方面具有无可替代的地位。哈军工企业主要采用俄制标准，制造俄式武器装备，其出口市场也主要是俄罗斯。

二是建立合资企业。哈希望借助国外先进技术提高本国国防工业能力，减少对进口的依赖。已建立的合资企业主要是哈萨克斯坦技术工程集团与新加坡的技术工程公司、土耳其的阿塞尔桑公司和奥托卡公司、法国的泰利斯集团、西班牙的英德拉公司、欧洲直升机公司、以色列的军事工业公司、南非的帕拉芒特公司、俄罗斯卡玛斯公司等。

三是举办国际国防与军警设备展（KADEX）。这是哈国内规格最高的专业防务展，通常分为警用装备、海陆空国防军事装备、军事通信与IT技术、多功能车辆系统及装备四大板块，同期举办多场研讨会和高峰论坛。自2010年首届展会开始，每年展会都吸引三四十个国家的三四百家企业参展，规模和影响逐年加大。

中哈国防工业合作始于1996年，双方签署军事技术领域合作框架协议，主要目的是以俄罗斯军工企业的分包商身份参与执行中俄军备供应合作。当时，中国正从俄罗斯进口高速鱼雷，哈萨克斯坦作为

---

[1]《中哈举行"猎狐-2019"反恐联合演习》，《解放军报》2019年10月16日。

生产方之一而参与其中。总体来看，在哈独立后至 2010 年，中哈双方在军工军技领域的实质性项目合作很少。随着中国军工水平不断提高，哈对中国的先进国防军工技术也越来越感兴趣。哈国防部长贾克瑟别科夫 2009 年访华时曾表示：希望与具有竞争力、拥有先进生产技术和完整产业链，具备技术维护和维修网络的中国军工企业合作，但希望能在哈本地化生产。① 从此，中国军工企业开始开拓哈萨克斯坦市场，同时参与哈举办的国际国防与军警设备展（KADEX），展示中国军工实力。

为打造小而精的武装力量，哈萨克斯坦亟须使用现代化武器装备更新换代，实现"高精度、自动化和数字化"，对本国国防工业提出既满足强力部门需求，又开发海外市场的任务要求，因此对拥有先进技术和资金实力的军工企业有强烈合作需求。中国企业恰好具备此条件，并在哈方需要的数字技术、无人机、装甲战车、电子和通信等领域的技术产品性价比极高。可以说，中哈国防工业具有较强互补性，本着和平利用军工产品的原则，两国国防工业在军品和军民两用品生产和贸易、技术交流、人才培养等各领域有广阔合作空间。②

中哈军工合作项目主要有：

中兴通讯公司与哈技术工程集团 2004 年建立合资企业"光明通讯"（КазНурТел），基于 CDMA – 450 无线通信标准，生产电信设备和通信系统终端，完善哈国内的电信网络和基础设施。

购买翼龙无人机。双方于 2012 年开始谈判，2014 年哈方鉴于该无人机在联合军演中的出色表现而下定决心购买，2016 年第一架交付。截至 2021 年已交付 4 架。哈方购买的翼龙无人机飞行高度超过 4000 米，飞行时长达到 20 个小时左右，还装备侦察设备，可在远离

---

① Министр обороны Казахстана Адильбек Джаксыбеков,《Казахстан наладит связи с предприятиями китайской оборонной промышленности. https://www.nur.kz/139882 – kazahstan-naladit-svyazi-s-predpriyatiyami-kitajskoj-oboronnoj-promyshlennosti.html.

② 张宁：《哈萨克斯坦的国防工业发展》，《国际研究参考》2019 年第 7 期。

战场三四百公里之外对目标实施打击。

2018年9月，哈近卫军从中国采购1架运8运输机（Y8F200W），价值为3700万美元，最大航程4100公里，可搭载86人，载重量20吨。

积极参加哈萨克斯坦（阿斯塔纳）国际国防与军警设备展。中国每年都派出优势军贸商品参展，涉及陆海空三军。2018年5月，长征国际贸易公司、中国精密机械进出口公司、中航技进出口公司、中国北方工业公司、中电科技国际贸易公司、中国电子进出口公司、保利科技公司等7家中国大型军贸公司参展，亮出了FM3000导弹武器系统、翼龙系列无人机系统、VT4型主战坦克、REL-4中远程三坐标对空警戒雷达、"寂静狩猎者"激光防御系统、JY-27A对空警戒引导雷达、LY-80地对空导弹武器系统等一批中国军贸拳头产品。[①]

## 第三节　司法合作

司法即法律的适用和应用。国际合作中，往往将法院、检察院和司法部三者的职能归为国际司法合作的范畴，最常见的合作内容有引渡、刑事司法互助、反腐败、法律援助、法律信息共享、人员交流培训等。建交30年来，中哈两国的检察院系统已在反贪、禁毒、侦查取证、引渡或遣返在逃犯罪嫌疑人、犯罪资产追回国际合作、加强企业合法权益保护、环境保护、未成年人权益保护的检察监督、交流培训等方面取得很多成果。两国的最高法院系统在民事调查取证、法院

---

[①]《7家中国军贸公司将亮相第五届哈萨克斯坦防务展》，2018年5月18日，中国日报中文网，http://cn.chinadaily.com.cn/2018-05/18/content_36227269.htm。

裁判和仲裁裁决的承认与执行、法官培训、人口贩卖案件审理、保护名誉权和商业信誉案件审理、司法协助、最高法院职能定位、法院与媒体的合作、刑事诉讼中的职权配置、司法改革等领域达成诸多共识。

## 一 反洗钱合作

洗钱是经济领域一种常见的犯罪行为,通常指使用一系列金融作业流程操作,将违法和非法所得在形式上变得合法化的行为。洗钱常常与经济犯罪、毒品交易、恐怖活动、有组织犯罪、武器买卖、人口贩运、海盗、赌博、偷渡等重大犯罪有关联,也常以跨国方式进行。洗钱不仅影响到一国的政治、社会、经济和金融体系的安全、稳定与信誉,也威胁到国际政治经济体系的安全,刺激一系列违法犯罪活动,打击洗钱犯罪已成为国际社会的共识。

哈萨克斯坦金融系统监管存在许多漏洞,由此成为洗钱犯罪集团的目标地区之一。2009年,哈萨克斯坦制定《反洗钱和资助恐怖主义法》,规定所有金融机构至少指定1名反洗钱专家,该法强调国际反恐融资的情报交换机制,规定哈反洗钱主管机关有权以预防、发现和制止涉及洗钱和资助恐怖主义的行为为目的,与外国就请求和交换情报领域开展合作。

2004年10月,中国与俄罗斯、哈萨克斯坦、塔吉克斯坦、吉尔吉斯斯坦、白俄罗斯共同作为创始成员国,在俄罗斯莫斯科成立"欧亚反洗钱与反恐融资小组"(EAG)。2006年10月,第三届联合国打击有组织犯罪公约缔约方会议在维也纳召开,会议决定对中国、俄罗斯、阿富汗、塔吉克斯坦、哈萨克斯坦、乌兹别克斯坦和土库曼斯坦在打击洗钱和资助恐怖主义犯罪方面,提供法律上和技术上的支持。[①]

---

① 《联合国打击跨国有组织犯罪公约缔约方会议第三届会议文件》(2006年10月16日),维也纳。

在 2013 年 11 月 14 日欧亚反洗钱与反恐融资小组第 19 次会议期间，中国人民银行中国反洗钱监测分析中心与哈萨克斯坦财政部金融监管委员会签署并交换了《关于反洗钱和反恐怖融资金融情报交流合作谅解备忘录》，约定中哈两国金融情报机构（FIUs）基于互惠原则，在所掌握的金融信息范围内，在涉嫌洗钱和恐怖主义融资及其他相关犯罪的金融交易信息的收集、利用和分析等方面进行合作。[①] 该《备忘录》标志着中哈反洗钱与反恐怖融资金融情报交流合作进入了实质性阶段。

针对各金融机构提出的"离岸 POS"业务反洗钱监测难、人工识别能力薄弱、监测系统不完善等方面存在的问题，中哈边境地区的相关机构也加强了跨国反洗钱合作。例如，中国人民银行伊犁中心支行对中哈霍尔果斯国际边境合作中心"离岸 POS"业务强调反洗钱监管工作。

## 二 司法协助与引渡合作

司法协助包括引渡、诉讼移管、外国判决的承认和执行以及其他诉讼行为。它是国家间采取联合行动惩处国际性犯罪的一种重要途径和手段，也是诉讼国际化的反映，在一定程度上具有国家司法权的域外延伸性质。由于司法协助涉及国家主权，尤其是外国判决的承认和执行，以及查封、扣押、冻结、没收涉案财物、刑事诉讼移管等，在具体执行过程中非常困难，因此在国际司法协助实践中往往难于开展。中哈于 1993 年 1 月 14 日签署《中华人民共和国和哈萨克斯坦共和国关于民事和刑事司法协助的条约》（1995 年 7 月 11 日生效），1996 年 7 月 5 日签署《中华人民共和国和哈萨克斯坦共和国引渡条约》（1998 年 2 月 10 日生效），2011 年 2 月 22 日签署《中华人民共

---

① 《中哈签署反洗钱和反恐融资金融情报交流合作谅解备忘录》，2013 年 11 月 20 日，新浪网，http://finance.sina.com.cn/roll/20131120/052917374368.shtml。

和国和哈萨克斯坦共和国关于移管被判刑人的条约》（2015年9月30日生效），2018年5月17日签署《中华人民共和国司法部与哈萨克斯坦共和国司法部合作谅解备忘录》。

《中华人民共和国和哈萨克斯坦共和国关于民事和刑事司法协助的条约》规定司法协助的范围包括：代为执行送达文书、调查取证和本条约规定的其他民事与刑事诉讼行为；承认和执行法院民事裁决，以及本条约规定的其他协助。其中民事司法协助的范围包括相互送达司法文书和司法外文书，询问当事人、证人和鉴定人，进行鉴定和勘验，承认与执行法院裁决，包括采取措施向义务承担人追索抚养费，以及完成其他有关的诉讼行为。刑事司法协助的范围包括在刑事方面相互代为询问证人、被害人、鉴定人、嫌疑人和被指控犯罪的人，进行搜查、鉴定、勘验、检查以及其他与调查取证有关的诉讼行为；移交物证、书证以及赃款赃物；送达刑事诉讼文书，并通报刑事诉讼结果。该条约规定，如果被请求方认为提供某项司法协助有损于本国的主权、安全、公共秩序或违反本国法律的基本原则，可以拒绝提供该项司法协助，并将拒绝的理由通知提出请求的缔约一方。[①]

引渡是指将罪犯由一国遣返至另一国以起诉和执行刑罚。由于引渡涉及一国的司法主权以及保护国民的能力，因此向来谈判艰难。据中国外交部数据，截至2018年9月，中国已与76个国家缔结司法协助条约、资产返还和分享协定、引渡条约、打击"三股势力"协定及移管被判刑人条约共159项（128项生效），其中引渡条约54项（37项生效），刑事司法协助条约44项（35项生效），民刑事司法协助条约19项（全部生效），民商事司法协助条约20项（18项生效），资产返还和分享协定1项（尚未生效），打击"三股势力"协定7项

---

[①] 《中华人民共和国和哈萨克斯坦共和国关于民事和刑事司法协助的条约》，外交部网站，https://www.fmprc.gov.cn/web/ziliao_674904/tytj_674911/tyfg_674913/t422637.shtml。

（全部生效），移管被判刑人条约 14 项（12 项生效）。[①]

《中华人民共和国和哈萨克斯坦共和国引渡条约》围绕重罪引渡、徒刑引渡、政治庇护不引渡、利害关系不引渡、同国籍人申请不引渡等原则作出规定。为加强两国在打击犯罪方面的合作，双方一致同意"经请求相互引渡在本国境内的人员，以便追究其刑事责任或者执行发生法律效力的刑事判决"。[②] 该条约规定：（1）可引渡的犯罪系指根据缔约双方法律均构成犯罪并依照各自法律，均可处至少一年有期徒刑或者更重刑罚。（2）被请求方可以拒绝引渡的情形有三：一是自己有管辖权，拒绝引渡请求后，自己需提起刑事诉讼；二是不符合人道主义精神；三是正在就同一犯罪进行刑事诉讼。（3）应当拒绝引渡的情形有：一是被请求引渡人系被请求方的国民；二是被请求方已给予被请求引渡人受庇护权；三是被请求方有充分理由认为引渡请求因被请求引渡人的种族、宗教信仰、国籍、政治见解等原因而被提起刑事诉讼或者执行刑罚；四是引渡请求所涉及的犯罪纯属军事犯罪；五是在收到引渡请求时，根据被请求方的法律，由于时效或者其他法律理由不能提起刑事诉讼或者执行刑罚；六是在收到引渡请求前，被请求方主管机关已对被请求引渡人就同一犯罪作出发生法律效力的判决或者诉讼程序已经终止；七是根据缔约一方的法律，属于受害人告诉才受理的刑事案件。（4）引渡请求的联系途径是通过中国经由外交途径通知的指定机关和哈萨克斯坦司法部及总检察院进行联系，亦可通过外交途径进行联系。

《中华人民共和国和哈萨克斯坦共和国关于移管被判刑人的条约》规定案犯移交的具体程序，将之前的原则性商定变为具体可执行的程序，也有助于减轻双方监狱的监管压力。该条约规定，双方具

---

① 《司法协助类条约缔约情况一览表》，外交部网站，http://new.fmprc.gov.cn/web/ziliao_674904/tytj_674911/tyfg_674913/t1215630.shtml。
② 《中华人民共和国和哈萨克斯坦共和国引渡条约》，外交部网站，https://www.fmprc.gov.cn/web/ziliao_674904/tytj_674911/tyfg_674913/t422917.shtml。

体负责案犯移交的部门是中国的司法部和哈萨克斯坦的总检察院，被移管的被判刑人员须被判有期徒刑一年以上。

尽管中哈两国关于引渡的条约签署较早，但由于各种因素，实际操作仅在2013年才开始。当年7月，中哈两国警方在国际刑警组织配合下开展执法合作，相互移交了一名犯罪嫌疑人。哈方将涉嫌抽逃注册资本罪的犯罪嫌疑人李某引渡并代为押解回中国；中方也将一名哈籍经济犯罪嫌疑人移交哈方。①

中方犯罪嫌疑人李某2008年利用为一公司办理注册资本变更手续之机，抽逃注册资本950万元人民币，并于2009年潜逃至哈萨克斯坦。案发后，中国警方即组织开展境外追逃工作，并请国际刑警组织哈萨克斯坦中心局查找其下落、协助抓捕。2013年5月21日，李某被哈警方拘留。5月28日，我方协调外交部和驻哈使馆通过外交途径正式提出了引渡请求。经多方努力，哈总检察院作出同意将李引渡回国的决定，并派员于7月4日将李引渡并代为押解回中国。

2013年4月，哈萨克斯坦国家安全委员会和内务部国际刑警组织哈萨克斯坦国家中心局先后致函公安部，请求中国警方协查抓捕一哈籍经济犯罪嫌疑人科德里巴耶夫。该人涉嫌利用职务之便伙同他人诈骗公司2.09亿坚戈（约合900万元人民币），并于2009年10月逃匿至中国。哈方曾于2010年通过国际刑警组织对该人发布红色通缉令，请求协助查找该人下落并采取引渡临时羁押措施。公安部立即部署新疆及北京公安机关开展布控，查清了嫌疑人在华行动轨迹。2013年6月17日，北京市公安局成功抓获该犯罪嫌疑人。经中哈双方协商，于2013年7月7日在

---

① 《中国与哈萨克斯坦警方开展执法合作相互移交一名犯罪嫌疑人》，2013年7月8日，中国政府网，http://www.gov.cn/gzdt/2013-07/08/content_2442773.htm。

首都国际机场将其依法移交哈方押解小组带回哈萨克斯坦。

——中国公安部网站

## 三 反腐败

中哈两国均重视反腐败工作。据中国国家监察委员会统计，从2012年到2021年5月，纪检监察机关共立案审查省级以上领导干部392人，厅局级干部2.2万人，县处级干部17万余人、乡级干部61.6万人，立案审查的案件总数380.5万件，查处408.9万人。[①] 据哈萨克斯坦《2020年度国家反腐败报告》，2020年哈共查处腐败嫌疑人1021人，其中722人被定罪，包括1名州长、4名副州长、2名部执行秘书（副部长）、2名委员会主席、1名大使、5名法官、10名区长和市长。[②]

中哈双方均认为，腐败威胁国家和地区稳定，阻碍社会经济发展进程。两国于2008年和2019年签署《中华人民共和国监察部与哈萨克斯坦共和国反经济与腐败犯罪署合作备忘录》，约定以《联合国反腐败公约》和相关双边文件为基础，开展反腐败经验交流，扩大联合培训活动，加强反腐败司法执法、追逃追赃等反腐败多双边合作，携手打击跨国腐败。

哈萨克斯坦认为中国是世界上最成功的反腐败国家，有很多经验值得学习借鉴，如打击"裸官"（让贪官的钱财无法转移到国外）、提高收入（减少腐败动机）、官员轮换制度（让官员来不及形成腐败圈子和网络）、加大处罚（高压震慑）等。[③]

---

[①] 《官方：2012年12月以来392名省部级以上领导干部被查》，2021年6月28日，央视网，https://news.cctv.com/2021/06/28/ARTILtQGdYslTznWPDFVA4MX210628.shtml。

[②] Судьи, акимы, посол. Статистика по коррупции составили в Казахстане. Национальный доклад о противодействии коррупции. https://tengrinews.kz/kazakhstan_news/sudi-akimyi-posol-statistiku-korruptsii-sostavili-kazahstane-435835/.

[③] Сборник материалов по исследованию зарубежного опыта противодействия коррупции. https://www.gov.kz/memleket/entities/anticorruption/press/article/details/2281?lang=ru.

## 第四节　安全战略磋商

战略磋商就是两国就彼此关心的重大或具有战略意义的双边、地区和国际事务展开对话，交流意见，以便形成共识，甚至采取共同行动。中哈都处于百年未有之大变局的时代，面临地区和世界形势的变化，两国对国家安全战略的思考和应对越来越受关注。如何评价和判断国际形势和周边环境？如何利用自身条件把握机会和应对挑战？追求什么样的国际格局对自己最有利？回答这些问题都需要在战略层面去思考，去统筹规划。

自建交以来的30年时间里，中哈两国始终在很多重大的双边和多边问题上密切沟通、相互支持，努力维护地区和国际稳定。双方经常讨论的战略话题有：地区形势及其机遇和挑战；国际法基本原则和联合国的地位；国际秩序；军控与裁军；国际热点，比如叙利亚、伊朗核问题等；生态环境。鉴于中哈各自的行政管理体系，落实两国安全战略磋商的主要部门是哈萨克斯坦的安全会议（安秘会秘书）和中国的政法委（政法委书记）。

### 一　国家安全观

中哈两国对地区和国际形势有相同或相近的看法，均奉行和平外交政策，在处理矛盾分歧时，非军事手段优先于军事手段。两国均认可共同、综合、合作、可持续的"新安全观"，认为合作是发展的前提和基础，在共同的风险挑战面前，只有合作才能共赢。

中国2015年7月1日颁布《国家安全法》，将"国家安全"界定为"国家政权、主权、统一和领土完整、人民福祉、经济社会可持续发展和国家其他重大利益相对处于没有危险和不受内外威胁的状态，以及保障持续安全状态的能力"。中国的国家安全观以人民安全为宗旨，以政治安全为根本，以经济安全为基础，以军事、文化、社会安全为保障，以促进国际安全为依托，坚持党中央权威和集中统一领导，坚持统筹发展和安全，坚持政治安全、人民安全、国家利益至上相统一，维护各领域国家安全，构建国家安全体系，走中国特色国家安全道路。

在国际合作时，中国主张"新安全观"，即习近平主席在2014年5月的亚信上海峰会上提出的"共同、综合、合作、可持续"的安全观，其中"共同"就是要尊重和保障每一个国家安全，不能一个国家安全而其他国家不安全、一部分国家安全而另一部分国家不安全，更不能牺牲别国安全谋求自身所谓绝对安全。"综合"就是统筹维护传统领域安全和非传统领域安全，通盘考虑安全问题的历史经纬和现实状况，多管齐下、综合施策，协调推进地区安全治理。"合作"就是要通过对话合作促进各国各地区安全，增进战略互信，以合作谋和平、以合作促安全，以和平方式解决争端。"可持续"就是要发展和安全并重，以实现持久安全，聚焦发展主题，积极改善民生，缩小贫富差距，不断夯实安全根基。[①]

哈萨克斯坦独立后不久，便于1992年5月与俄罗斯、乌兹别克斯坦、吉尔吉斯斯坦、塔吉克斯坦、亚美尼亚等国签署《集体安全条约》。2002年5月14日，俄、哈、吉、塔、白、亚六国领导人决定建立集体安全条约组织，将条约升级为国际机制，目的是在集体安全的基础上保障成员国的主权独立与领土完整。1998年6月26日，哈颁布独立后首版《国家安全法》，2012年1月6日颁布新版《国家安全法》，将国家安全分为公共安全、军事安全、政治安全、经济安全、信息安全、环境安全六大部分。其中，公共安全就是保障公民的

---

[①] 习近平：《积极树立亚洲安全观　共创安全合作新局面——在亚洲相互协作与信任措施会议第四次峰会上的讲话》，《人民日报》2014年5月22日。

生命、健康和福祉，维护哈萨克斯坦社会的精神和道德价值观以及社会保障体系免受现实和潜在威胁的状态，确保社会的完整性和稳定性。军事安全就是保护公民个人、社会和国家的切身利益免受外部和内部武装威胁。政治安全就是保护宪法制度的基础、国家机构系统的活动和国家行政秩序免受现实和潜在威胁的状态。经济安全就是保护国民经济免受现实和潜在威胁的状态，确保可持续发展和经济独立。信息安全就是信息空间的保护状态，以及信息领域中的人和公民、社会和国家的权益免受现实和潜在威胁，确保可持续发展和国家信息独立。环境安全就是保护人和公民、社会和国家的重要利益和权利免受人为和自然因素引发的环境威胁。国家安全的保障由总统、安全会议、议会、政府、法院、国家相关机构分工协调进行。

为落实国家安全法，哈先后颁布了不同版本的《国家安全战略》，包括：1999—2005年国家安全战略、2007—2012年国家安全战略、2012—2016年国家安全战略、2016—2021年国家安全战略、2021—2025年国家安全战略。不同时期，对国家安全的风险判断并不相同。例如，2021—2025年国家安全战略更新了保护国家利益的方法，提出要重点应对生物安全、技术改革、金融经济风险和全球危机四大挑战。这个时期，新冠疫情成为影响国家安全的最大威胁因素，公共卫生安全和生物安全被提升至国家安全的首要层面。

从哈加入集体安全条约组织，以及发布的《国家安全法》和《国家安全战略》等文件可知，哈独立后一直奉行"综合安全观"和"集体安全观"。哈认为，各类国家安全相互联系、相互平衡，构成统一的国家安全体系。各种风险挑战也相互作用，相互影响，往往产生叠加效应。为维护国家安全，需要各部门各系统有机协调配合，各司其职，共同采取措施，努力应对。鉴于自身防御能力有限，仅凭一己之力无法保障安全，哈萨克斯坦决定建立有效的集体安全体系，形成相互合作、相互制约的地区安全机制，以此确保国家安全。正如哈总统纳扎尔巴耶夫在其《独立时代》一书中所说："国际局势与地区形势急剧变化，有时并不向好的方向发展。在此背景下，集体安全机制的作用在不断上升，哈萨克斯坦积极参与集体安全机制的建设，如联合国、欧安组织、北约、集体安全条约组织、上海合作组织和亚信会议等。"①

2003 年 6 月，纳扎尔巴耶夫在欧安组织议会大会论坛上演讲时指出："正在建立的中亚安全体系是多层级的，它的每一个环节都在维护地区平衡与稳定、应对威胁和挑战方面发挥着一定作用。地区内大多数国家参加集体安全条约组织有助于解决军事技术问题，这是防止军事威胁的保障之一。在上海合作组织框架内，已经成功解决了哈萨克斯坦、吉尔吉斯斯坦、塔吉克斯坦、俄罗斯和中国之间从帕米尔到太平洋岸边的边界问题，制定了一系列信任措施，首先是军事领域的信任。在上海合作组织框架内，正在就反对国际恐怖主义、极端主义和分裂主义威胁，发展经济联系和人文联系等进行多边合作。在亚信会议框架内，正在制定一揽子亚洲信任措施。中亚建立无核区的进程进入收官阶段。在中亚，保障地区安全的一个重要方面就是中亚各国参加北约和平伙伴关系计划。同时，中亚也是国际反恐联盟的参加国。所有这些环节都相互补充，因此总体上能够应对最棘手和最危险的地区安全问题。"②

## 二 共同的立场和看法

从 2019 年中哈宣布建立永久全面战略伙伴关系的《联合声明》可知，中哈对自身的发展阶段和进程有清醒的认识与共识，即"都处在国家发展、民族复兴和深化两国关系的关键阶段"。中哈均有强烈的合作愿望，"将对方的稳定和发展视为自身发展的良好机遇，把发展双边关系置于各自外交政策的优先方向"。两国在一系列重大国

---

① Нурсултан Назарбаев. Эра независимости. Астана. 2017. C. 445.
② ［哈］努·纳扎尔巴耶夫：《纳扎尔巴耶夫文集》，人民出版社 2017 年版，第 362 页。

际和地区问题上的立场相同或相近。哈方积极评价习近平主席提出的构建新型国际关系和人类命运共同体倡议,这为完善全球治理贡献了中国智慧。中方积极评价哈方的地区和国际合作倡议为应对国际政治、经济危机提供了有益平台,支持哈方在国际事务中发挥更大建设性作用。

(一) 相互尊重和支持各自的发展道路与核心利益

历次中哈元首发表的《联合声明》都强调,双方坚定支持对方重大政治议程。在涉及国家主权、安全和领土完整等核心利益问题上相互坚定支持。不参加任何损害对方主权、安全和领土完整的联盟或集团,不同第三国缔结此类国际条约。不允许第三国、任何组织、团体或人员在本国领土上从事损害对方国家主权、安全和领土完整的活动。哈方坚定奉行一个中国政策,重申中华人民共和国政府是代表全中国的唯一合法政府,台湾、西藏是中国领土不可分割的一部分。哈方反对任何形式的"台湾独立",支持两岸关系和平发展和中国政府为实现国家和平统一所作的一切努力。中方坚定支持哈萨克斯坦自主选择的发展道路,支持哈萨克斯坦政府为保持国内稳定、族际和谐、促进社会经济发展所采取的措施。[①]

(二) 维护国际秩序稳定

中哈均支持联合国在国际事务中发挥核心作用,推动国际秩序和国际体系朝着更加公正合理的方向发展。两国支持多边主义,支持通过政治与外交手段应对全球和地区挑战,反对单边主义、保守主义和霸权主义,反对动辄使用制裁或武力相威胁。两国均认为应严格遵循国际法准则,赞成共担责任和集体行动。例如,联合国安理会在中国倡议下于2018年11月9日举行了一场关于多边合作的辩论会,哈萨克斯坦驻联合国代表在会上发言,

---

① 《中华人民共和国和哈萨克斯坦共和国联合声明》,外交部网站,https://www.fmprc.gov.cn/web/zyxw/t1697207.shtml。

认为当今世界面临旷日持久的战争、恐怖主义、极端主义、贫困、疾病、非法移民和气候变化、不可预测的区域和全球不安全、外部干预、代理人战争以及使用大规模杀伤性武器等多种威胁和挑战，需要世界各国团结起来共同应对，在尊重国际法、联合国宪章的原则和目标的基础上，建立一个全球秩序和一个安全的世界。[1] 哈支持并致力于促进多边主义，呼吁世界各国领导人携手共建公正的国际经济和公共秩序。[2]

(三) 维护国际战略平衡

国际战略平衡即国际力量平衡或均势。主权国家通常会通过发展自身或借助与外界联合的力量来制衡潜在或现实的对手，从而实现力量均衡，达到维护国家安全的目的。因此，维护国际战略平衡是主权国家追求安全最普遍的一种手段，而战略失衡往往是地区动荡的根源之一。为维护国际战略平衡，反对霸权主义，中哈均支持国际裁军、军控和防止大规模杀伤性武器扩散，支持恪守和履行《中亚无核武器区条约》《不扩散核武器条约》《禁止化学武器公约》《禁止生物武器公约》等国际义务，反对军备竞赛，反对外空武器化。中方高度赞赏哈方为建立中亚无核区所做的努力以及为在哈萨克斯坦建立国际原子能机构低浓铀银行所做的贡献，支持哈方提出的"无核世界"倡议。

(四) 支持阿富汗稳定和重建

阿富汗是中哈两国共同面对的外部因素，其局势动荡、毒品和恐怖主义一直都是两国最大的外部安全威胁。在解决阿富汗问题方面，中哈两国密切沟通协调，实行基本一致的立场和看法，表现为五个方面：一是奉行"阿人主导、阿人所有"原则。尊重阿富汗主权独立和领土完整，不干涉阿富汗内政，支持阿富汗人民自主选择符合本国

---

[1] Казахстан выступил за продвижение многосторонности на дебатах в СБ ООН. https: // ru. egemen. kz/article/ 195529 – kazakhstan-vystupil-za-prodvigenie-mnogostoronnosti-na-debatakh-v-sb-oon.

[2] Все права защищены. https: // www. inform. kz/cn/article_a3454821.

国情的发展道路。二是支持在阿富汗建立由阿富汗社会各民族、社会和政治力量代表参与的包容性政府，实现国内稳定和团结，成为和平、安全、团结、主权、稳定、繁荣、包容以及与邻国和睦相处的阿富汗。三是支持阿富汗重建。向阿富汗提供一定的人道主义援助，促进阿富汗经济发展，协助阿富汗难民体面、安全、可持续地返回祖国。四是支持阿富汗打击各类恐怖势力，阻止暴恐和极端势力外溢，共同维护地区安全稳定。五是支持解决阿富汗问题的"伊斯坦布尔进程"这一国际合作机制。该机制是由地区国家主导的涉阿合作机制，成立于2011年。

2021年塔利班接管阿富汗政权后，哈外交部强调应对阿富汗提供人道主义援助，国际社会共同努力，维护阿富汗的稳定，塔利班应建立包容政府。哈外交部于2021年8月19日就阿富汗局势发表声明称："长期的冲突必须由阿富汗人民自己解决。哈萨克斯坦呼吁有关各方确保权力的和平移交，将其作为国内稳定的主要先决条件。我们支持联合国安理会关于建立一个具有包容性和代表性的政府、尊重少数民族和妇女的权利、防止对其他国家构成威胁的群体的存在以及遵守国际法的声明。履行这些规定应成为与阿富汗新政府开始对话的先决条件。"[①]

（五）政治解决叙利亚问题

由于叙利亚已经成为中亚国家的暴恐和极端分子的作战基地及其主要回流来源地之一，因此，尽快解决叙利亚问题、消除外部安全威胁是中哈两国的共同利益。在对待叙利亚问题上，中哈两国的立场基本一致，包括：第一，政治解决是化解叙利亚危机的唯一正确出路。军事手段不但不解决问题，反而会加剧地区紧张局势。国际社会应致力于叙利亚的和平稳定。第二，支持根据联合国安理会第2254号决议，奉行"叙人主导、叙人所有"的政治原则。叙利亚问题归根到

---

① МИД РК сделало заявление по ситуации в Афганистане. https://forbes.kz/news/2021/08/19/newsid_256970.

底需要叙利亚人自己解决，需要推进包容性政治进程，开启平等、包容、开放的政治对话。第三，支持哈萨克斯坦为调解叙利亚危机所作的努力。阿斯塔纳对话会是解决叙利亚冲突和解进程的重要平台。支持哈方在推动叙利亚问题政治解决方面发挥建设性作用。第四，重视叙战后重建和经济社会发展，帮助叙利亚人民过上和平、稳定和幸福的生活。适当提供人道主义援助。第五，打击一切恐怖主义和极端势力。

# 第七章　人文合作——民心相通

　　人文合作是国家软实力的重要资源，是国家实施外交政策有效手段之一。在全球化进程的影响下，以及新的多中心国际关系体系形成的条件下，软实力（价值观、文化、非军事的对外政策等）被视为扩大国家国际影响的工具。西方学者将人文合作定义为公共外交的形式之一，是国家之间以及居住在这些国家的人民之间交流思想、信息、艺术作品和其他文化组成，以便加强相互了解。

　　人文合作的主要任务是加强国家间关系，推动社会文化交流，促进国家利益，保障国家安全。人文合作体现在向国际社会提供信息，在教育和文化领域保持和发展与其他民族的联系，努力在国际社会树立具有吸引力的国家形象。人文合作的参与者既有政府机构，也有社会团体和个人。在相互依存的全球化背景下，现代传播技术使不同国家的人们更容易实现交流。人文合作也成为确保国际和平与稳定的极其重要的手段，因此，几乎所有国家都努力推动人文合作，将其纳入对外政策战略并合理运用。

　　与政治、经济和安全等领域合作的不同之处在于，人文合作更加注重人际沟通和思想交流，更加重视精神享受，主要涉及文化、旅游、文化遗产保护、体育、教育、卫生、科技、传媒、新闻出版、档案、青年、民间社团、智库、宗教、中医药、预防和消除紧急情况等诸多领域。人文交流是从思想和精神上潜移默化地渗透和熏陶，激发情感、愉悦身心，能够保护文化的多样性，促进跨文化交流。人文合作是精神层次的合作，也是最有效的合作。

国家之间的人文交流会影响各自国家民众的认知，人文交流也是奠定友谊基础的契机，在两国关系中发挥着重要作用。中国与哈萨克斯坦有着悠久的人文合作传统，其历史可以追溯到古代和中世纪，当时丝绸之路沿线的使者和商队交流蓬勃发展。从古至今，虽然这片土地上朝代更迭，但中国人民与哈萨克人民之间的文明和文化互动与相互影响一直没有中断。丝绸之路将中哈连在一起，中国从哈萨克斯坦那里得到马匹，哈萨克斯坦从中国得到丝绸、茶叶、银条、纸张等物

«МИР ДОЛЖЕН УЗНАТЬ НАС НЕ ТОЛЬКО ПО РЕСУРСАМ НЕФТИ И КРУПНЫМ ВНЕШНЕПОЛИТИЧЕСКИМ ИНИЦИАТИВАМ, НО И ПО НАШИМ КУЛЬТУРНЫМ ДОСТИЖЕНИЯМ».

Н. Назарбаев

哈萨克斯坦总统纳扎尔巴耶夫认为："世界对哈萨克斯坦的认识不仅仅是石油资源和对外政治倡议，还应该有哈萨克斯坦的文化成就。"[①] 纳扎尔巴耶夫 2006 年在哈萨克斯坦古米廖夫国立欧亚大学演讲时指出："哈中关系现在进入了新的发展阶段。哈萨克斯坦是中国的主要邻国，对中国周边地区的局势具有重大影响。中哈山水相连，友谊源远流长。中国与哈萨克斯坦签署的睦邻友好条约就是证明。发展对华睦邻友好关系是哈萨克斯坦外交政策的重点之一。建交以来，哈中签署了一揽子重要文件，全面深化了双边合作，包括在科学、技术、文化和人文领域的合作。"[②]

---

[①] Указ Президента Республики Казахстан от 4 ноября 2014 года № 939 "Концепция культурной политики Республики Казахстан до 2030 года", https://adilet.zan.kz/rus/docs/U1400000939.

[②] Лекция Президента Республики Казахстан Н. А. Назарбаева в Евразийском Национальном Университете имени Л. Н. Гумилева "К экономике знаний через инновации и образование". 26 мая 2006 года. https://www.zakon.kz/141562-lekcija-prezidenta-republiki.html.

品。可以说，丝绸之路的历史包含了两国人民相互关系的美好传统，不仅记载了中哈的历史交往，也记载了整个亚洲和东方的历史进程，成为中哈双边合作发展的基础。

今天的中哈关系中，人文因素起到越来越重要的作用。在地缘政治和地缘战略形势不断变化的情况下，中哈深化和拓展双边关系，在人文领域取得新突破。建交30年来，中哈人文合作始终遵循"平等、互鉴、对话、包容"原则，强调互利共赢和尊重国家主权，注重整体的协调性与个体的差异性相结合，努力实现彼此真实、立体、全面的了解和理解。两国在文化、教育、科技、旅游、环保等领域签署了多项协议。高层定期会议机制有效发挥作用，边境毗邻地区与省州市的友好关系不断深化。

## 第一节  文化交流与合作

文化有广义的"大文化"和狭义的"小文化"之分。大文化即人类创造的一切物质和精神文明产品的总和。小文化是指语言、文学、艺术及一切意识形态在内的精神产品。文化合作也有"大合作"与"小合作"之分。"大合作"与对外文化交流意义等同，涵盖所有与文化有关的交流合作；"小合作"则以两国文化主管部门的职能范围为限，合作局限在两国文化主管部门的职能交集范围内，主要涉及文艺、民间艺术和手工艺、文物、图书馆、博物馆、广电传媒、出版等，但不包括教育、科技、体育、旅游等，这些活动主要由政府其他相关部门负责。本节的研究内容属于"大合作"范畴。

中国开展对外文化交流的目的是：在平等互利的基础上，同世界各国有关机构进行交流与合作，繁荣人类的文化事业，增进中国人民与世界各国人民之间的相互了解与友谊，促进社会进步，维护世界和平。[①]根据《国民经济和社会发展第十四个五年规划和2035年远景目标纲要》第十篇"发展社会主义先进文化 提升国家文化软实力"规定，"十四五"期间要"加强对外文化交流和多层次文明对话，创新推进国际传播，利用网上网下，讲好中国故事，传播好中国声音，促进民心相通。开展感知中国、走读中国、视听中国活动，办好中国文化年（节）、旅游年（节）。建设中文传播平台，构建中国语言文化全球传播体系和国际中文教育标准体系"。根据《"十四五"文化产业发展规划》的"培育文化产业国际合作竞争新优势"，文化产业要"立足国内大循环，发挥比较优势，协同推进国内文化产业发展和国际合作，以国内大循环吸引全球文化资源要素，充分利用国内国际两个市场两种资源，以讲好中国故事为着力点，坚持经贸往来和人文交流协同推进、高水平'走出去'和高质量'引进来'并重，构筑互利共赢的文化产业合作体系，培育新形势下文化产业参与国际合作和竞争新优势"。[②]

根据哈萨克斯坦2014年11月发布的《哈萨克斯坦共和国2030年前文化政策构想》，哈实施文化政策的目的是实现精神现代化和民族意识的更新，形成国家统一文化空间，形成哈萨克斯坦人的竞争文化心态和高价值取向，发展和普及现代文化集群以使经济发展取得成就，提高国家的旅游吸引力和提升国际形象。实施文化政策的任务是：第一，形成公民精神和道德准则、新的哈萨克斯坦爱国主义、稳定的价值观，塑造全民劳动社会的建设性基础；第二，创造和推广国家象征，以便永久保护国家免受外来意识形态影响，形成自己的民族品牌；第三，进一步保护、研究和普及历史文化遗产，形成哈萨克斯

---

[①] 《中国对外文化交流协会章程》，2021年2月9日，中国对外文化交流协会网站，http://en.chinaculture.org/a/202102/09/WS6021e9fda31024ad0baa83ae.html。

[②] 《文化和旅游部关于印发〈"十四五"文化和旅游发展规划〉的通知》，文旅政法发〔2021〕40号，2021年6月3日，中国政府网，http://www.gov.cn/zhengce/zhengceku/2021-06/03/content_5615106.htm。

坦胜地的文化地理图;第四,在哈萨克斯坦人民大会的积极参与下,在保护民族多样性和哈萨克斯坦人民文化和谐发展的基础上,发展哈萨克斯坦文化空间;第五,在全球范围内推广现代哈萨克斯坦文化;第六,为集约化发展有竞争力的文化环境和现代文化集群创造条件;第七,创造生动的艺术形象,展现当今时代的最佳范例、非凡的历史事件和文物、文化遗产和传统,振兴所有类型、流派和艺术领域(电影、动画、文学、绘画等);第八,根据公民身份、精神复兴、普及"展望未来:公众意识现代化"计划的价值观,维护和加强哈萨克斯坦人民的民族认同和团结;第九,广泛利用哈萨克斯坦的历史文化景观,以民族象征性遗产和"哈萨克斯坦胜地地理"的文化地理图为基础,发展国内和入境文化旅游。[1]

## 一 文化合作

中哈两国的文化合作历程可分为三个阶段。

第一阶段(1991—2000年),即中哈建交后的第一个十年。1991年哈萨克斯坦独立后,中哈文化合作立即被提上两国关系的议事日程,双方都意识到,只有国家间文化合作的全面发展,才能让两国人民更加亲近,才能摆脱对彼此的刻板印象,为各领域众多项目的实施开辟道路。因此,中哈两国正式建交后很快就签署了有关文化合作的法律文件,具体包括:《哈萨克斯坦共和国与中华人民共和国新疆维吾尔自治区进一步发展旅游交流的协议》;《中华人民共和国政府和哈萨克斯坦共和国政府文化合作协定》(1992年8月);《中华人民共和国文化部和哈萨克斯坦共和国文化部1993—1994年文化合作计划》(1993年10月);[2]《新疆维吾尔自治区首府乌鲁木齐与哈萨克斯坦首

---

[1] Указ Президента Республики Казахстан от 4 ноября 2014 года № 939《Концепция культурной политики Республики Казахстан до 2030 года》, https://adilet.zan.kz/rus/docs/U1400000939.

[2] План культурного сотрудничества между Министерством культуры Республики Казахстан и Министерством культуры Китайской Народной Республики на 1993 – 1994 годы (г. Пекин, 18 октября 1993 года). https://online.zakon.kz/Document/? doc_id =1028896.

都阿拉木图友好合作协定》（1993年11月）；《中华人民共和国政府和哈萨克斯坦共和国政府文化合作协定》（1998年5月7日）；1998年7月5日，国家体育总局与哈教育、文化和卫生部在北京签署关于体育合作的协定。①

这一时期双方文化交流的特点，是两国有关部门建立联系，寻找合作领域，策划联合活动。尤其是1992年签署的政府间文化合作协定，成为规范两国在文化领域交流与合作的框架性文件。缔约双方同意根据平等互利的原则，鼓励和支持两国在文化、教育、社会科学、卫生、体育、出版、新闻、广播、电视和电影等方面的交流与合作。

第二阶段（2001—2012年），即中哈建交后的第二个十年。2001年，中哈文化部门批准一项扩大相互文化交流的行动计划。该文件开启了新一轮双边文化合作。两国在一系列协议和计划的框架内开始了活跃的文化交流，出现了互办文化节、举办文艺演出、体育竞技、文化产业等一系列文化交流项目。特别是2005年，为进一步加强文化和人文合作，中哈两国领导人成立了中哈合作委员会下设的文化和人文合作分委会，成为两国文化和人文交流的里程碑，这一长效工作机制的建立，有效整合了两国人文领域资源，推动了双方开展更为广泛和深入的交流与合作。

第三阶段（2013年至今）。2013年9月，中国提出共建"丝绸之路经济带"倡议，哈萨克斯坦在第一时间给予积极响应，双方战略互信日益加强。随着中国"丝绸之路经济带"倡议与哈"光明之路"新经济政策深入对接，中哈民间交往持续升温，两国积极开展文化领域的合作。作为民心相通的重要渠道，文化交往已经成为中哈两国关系发展中不可或缺的重要组成部分。两国在文化领域的交流与合作也更加活跃并造福两国人民。2015年8月，在既有政府间文化

---

① Р. М. Валеев, Л. И. Кадырова. Казахстанско-китайские культурные связи. https://cyberleninka.ru/article/n/kazahstansko-kitayskie-kulturnye-svyazi/pdf.

合作协定的基础上，两国又签署新的政府间文化合作协定。新的协定加上已有的中哈合作委员会文化和人文合作分委会，两国文化交流合作具备了更加完善的法律基础和制度保障。

随着共建"丝绸之路经济带"的深入发展，基础设施的互联互通为中哈文化交流带来更多便利。两国文化合作的形式更加多样化。除了原有的国家层面的文化节、文化周、文化日之外，大型商演、杂技、展览、电影节、旅游年、主题文化活动等层出不穷，极大地丰富了两国人民的精神生活。

（一）文化节活动

中哈文化交流首先体现在互办文化节、文化周、文化日等活动。这些活动以对等交流为原则，成为双方文化交往的重要载体，成为受众多、规模大的品牌性文化交流活动。文化节展示了中哈两国各自的民族传统文化、民俗民风，不仅让中华文化的优秀基因和精髓"走出去"，也让哈萨克斯坦的民族文化和习俗"走进来"，真正做到相互了解、民心相通，并以此促进中哈民间文化贸易的交流与合作，提升双方文化产品的竞争力，直接拉近两国人民之间的距离，对两国关系的长远发展和加强社会经济关系具有重要意义。除国家层面的文化节以外，双方还举办地方文化节，开展地方文化交流，把极具民族特色和地方特色的地方文化以不同方式展现给对方国家的民众。

例如，2013年11月6日，中国举办"哈萨克斯坦文化日"，开幕式在北京国家大剧院举行，杰出的哈萨克斯坦古典和民间艺术家、众多国家和国际奖项的获得者齐聚同台，为中国首都的客人和居民安排了一场"灵魂的假期"。由哈萨克斯坦180余名艺术家组成的歌舞团还在上海和乌鲁木齐等多个城市举行巡演。文化日期间，中国国家博物馆还举办哈萨克珍宝展，展示400余件哈萨克斯坦艺术精品。2014年9月，中国文化部主办的"中国文化日"大型演出和展览活动在阿斯塔纳和阿拉木图两地成功举办。在文化日框架内，哈萨克斯坦国家博物馆举办中国瓷器艺术展和中国生态文化图片展，展出中国独有的陶瓷工艺品、手工瓷器，以及中国生态文化和绿色乡村建设成果的照片。哈萨克斯坦国家歌剧和芭蕾舞剧院举办中国艺术家音乐会。

（二）主题文化活动

主题文化活动也是中哈文化交流的方式之一。这类活动通常围绕一个主题展开，有的涵盖范围比较广，有的时间跨度比较长，内容涉及民间艺术、高雅艺术、美术、会展、电影，甚至以"省亲"为主题的联谊活动。在哈萨克斯坦影响力较大的合作交流项目有"欢乐春节"巡演、"中华文化讲堂"系列专题讲座、"文化行"专场、丝路申遗、历史文化名人展等。

"欢乐春节"是中国文化部会同相关部委、各地文化团体和驻外机构在海外共同推出的大型文化交流项目，倡导欢乐、和谐、共享、祈福的理念，突出"欢乐春节，和谐世界"的主题，目的是与各国人民共度农历春节、共享中华文化、共建和谐世界。自2009年开始，"欢乐春节"成功地将中国的民间节日文化介绍到哈萨克斯坦，成为当地居民的一场文化盛宴。

"中华文化讲堂"是中国文化和旅游部高端思想文化交流品牌项目。2017年9月10日，由中国文化部和中国驻哈使馆联合主办，中国国家京剧院和中国对外文化集团公司联合承办的"东方戏韵——中国京剧艺术之美"专场讲座在哈萨克斯坦首都阿斯塔纳举行。哈国家科学院图书馆、国立艺术大学、阿斯塔纳歌剧和芭蕾舞剧院、国立欧亚大学等文化教育机构代表以及华侨华人和各界友人出席活动。2018年11月，"中华文化讲堂"再次在阿拉木图举办，中国文联副主席、音乐家协会主席叶小钢教授以"中国音乐文化再次面对世界的思考与实践"为题，向来宾介绍中国民族音乐的发展沿革以及面对外来音乐影响在音乐创作、表演以及民族传统音乐领域发生的巨大变化。

为更好宣传中国文化，配合"丝绸之路经济带"建设，在中国政府支持下，地方政府和企业联合举办了形式多样的各类"文化行"活动。这类活动参加人数较多，能够起到更好的宣传效果。其中较有影响的活动有"感知中国·穿越新丝路·渝新欧国际铁路文化行"和"感知中国·哈萨克斯坦行"等。例如，2013年9月，重庆市政府和阿拉木图市政府联合举办"感知中国·穿越新丝路·渝新欧国际铁路文化行"活动。重庆杂技团的演员为观众奉献杂技综艺演出，重庆的民间艺人向当地民众展示了糖画、树脉画、蜀绣、剪纸、面塑等极具中国特色的手工艺品。2016年8月26日，以"感知中国精神、感知中国文化、感知中国魅力"为主题的"感知中国·哈萨克斯坦行"系列人文交流活动在哈萨克斯坦阿斯塔纳和阿拉木图两地举行。活动由国务院新闻办公室、中国驻哈使馆、哈外交部、阿斯塔纳市政府共同主办，河南、湖北、重庆、四川四省市共同承办。活动内容主要包括开幕仪式、"丝路情长"综艺晚会、中国非物质文化遗产展、中国智造展、旅游推介会、中国馆等。

（三）对历史名人的纪念活动

在文化合作中，中哈双方还组织了对历史人物和名人的纪念活动，以此弘扬本民族文化，加深两国人民之间的友谊。例如2010年10月，中国文化部邀请中国孔子基金会专家、孔子后人孔祥林赴哈萨克斯坦，出席在阿斯塔纳举办的首届"世界精神文化论坛"并参加"历史伟人与我们同在"展览。2014年3月19日，在北京金台艺术馆举行哈萨克诗人、思想家、启蒙者阿拜·库南拜吾勒雕像安放落成揭幕仪式。

中国人民音乐家冼星海和哈萨克斯坦著名音乐家拜卡达莫夫的情谊是中哈传统友谊的象征，中哈均举行了一系列活动纪念这两位音乐家。1998年7月，时任中国国家主席江泽民与哈萨克斯坦首任总统纳扎尔巴耶夫共同为冼星海在阿拉木图的故居揭幕并题词。2018年7月，中国文化和旅游部在北京举办纪念冼星海与拜卡达莫夫专场音乐会，哈萨克斯坦拜卡达莫夫国家大型合唱团应邀来华演出。2018年

**2014年3月19日，哈萨克斯坦著名诗人、思想家、启蒙者阿拜·库南拜吾勒雕像揭幕仪式在北京金台艺术馆举行。**

9—11月，在中国国家艺术基金支持下，哈萨克斯坦知名乐团赴中国举办"丝路星海—冼星海音乐作品巡演"，在全国20多个城市演出40余场。2018年11月，中国驻阿拉木图总领事馆主办的冼星海纪念图片展和冼星海—拜卡达莫夫纪念音乐会在江布尔国家音乐厅举行。冼星海纪念图片展在阿里—法拉比国立大学、哈萨克斯坦国家图书馆

**位于阿拉木图市冼星海路的冼星海纪念碑，纪念碑上用三种文字书写：这条街的名称用于纪念一位杰出的中国作曲家、哈中两国人民的友谊和文化使者。**

等地巡展,并与广州星海纪念馆合作在国内展出。2019年5月17日,中哈首部合拍的反映冼星海生平的故事片《音乐家》在哈首都努尔苏丹中央音乐厅首映。

(四) 共同保护文化遗产

丝绸之路是东西方之间融合、交流和对话之路,近2000年来为人类的共同繁荣作出重要贡献。2014年6月,由中国与吉尔吉斯斯坦、哈萨克斯坦联合申报的"丝绸之路:起始段和天山廊道的路网"项目被正式列入世界遗产名录。此次联合申遗项目自2006年开始,历时8年,是中国首例跨国合作、成功申遗的项目。

"丝绸之路:起始段和天山廊道的路网"线路跨度近5000公里,沿线包括中心城镇遗迹、商贸城市、交通遗迹、宗教遗迹和关联遗迹5类代表性遗迹共33处,申报遗产区总面积4.268万公顷。中国境内有22处考古和古建筑等遗迹,哈萨克斯坦和吉尔吉斯斯坦境内各有8处和3处遗迹。

世界遗产委员会认为,丝绸之路是东西方之间融合、交流和对话之路,近2000年来为人类的共同繁荣作出重要贡献。中、吉、哈三国联合申报的丝绸之路段落在丝绸之路交通与交流体系中具有突出的特点。它形成于公元前2世纪,兴盛于公元6—14世纪,沿用至16世纪,分布于今中国、哈萨克斯坦和吉尔吉斯斯坦境内。丝绸之路见证了公元前2世纪至公元16世纪的亚欧大陆经济、文化、社会发展之间的交流,尤其是游牧文明与定居文明之间的交流;它在长途贸易推动大型城镇和城市发展、水利管理系统支撑交通贸易等方面是一个出色的范例;它与张骞出使西域等重大历史事件直接相关,深刻反映出佛教、摩尼教、拜火教等宗教和城市规划思想等在古代中国和中亚等地区的传播。[1]

---

[1] 《大运河、丝绸之路申遗双双成功 中国世遗总数47项》,2014年6月23日,外交部网站,https://www.fmprc.gov.cn/ce/cohk/chn/xwdt/jzzh/t1167671.htm。

2018年，中国艺术研究院亚太地区非物质文化遗产国际培训中心（亚太中心）与联合国教科文组织阿拉木图办事处在阿拉木图共同举办中亚地区非物质文化遗产师资培训班，旨在为中亚国家加强《保护非物质文化遗产公约》的履约能力而培养一批熟悉联合国教科文组织能力建设课程的培训师。来自哈萨克斯坦等中亚国家的16名学员参加了培训。同年，哈萨克斯坦国家图书馆、哈萨克斯坦国立艺术博物馆分别加入中国倡导的"丝绸之路国际图书馆联盟"和"丝绸之路国际美术馆联盟"，在联盟框架内开展一系列文化交流活动。

## 二 旅游合作

随着社会经济发展和对外开放，居民的休闲方式越来越多元化和个性化，从国内旅游日益发展到出境旅游。通常，人们在选择出境游市场时，除了出行费用，旅行目的国一般还需要满足三个条件：一是国内形势稳定，社会治安良好，能提供充分的出行安全保障；二是极具欣赏价值的自然和人文社会资源；三是相对便捷的通达条件，即有方便的交通工具抵达。

哈萨克斯坦是世界上面积最大的内陆国，横跨亚欧大陆，也是古"丝绸之路"沿线国，境内有大量历史建筑、草原风情等带有民族特色的旅游文化资源。总体上看，哈萨克斯坦的旅游业并不发达，占国内生产总值的比重不足1%。为推动国内旅游业发展，哈政府于2014年制定《2020年前旅游产业发展构想》，设定了6项任务：将哈萨克斯坦变成世界著名的旅游胜地；入境的便利性；建设必要的基础设施；建设新的旅游目的地，为本国和外国游客提供具有国际竞争力的商品和服务；建立完善的旅游管理体系；为发展旅游业培养所需的人力资源。2019年又推出《2019—2025年旅游产业发展国家纲要》，提出到2025年入境游客数量达到300万人次的目标。

中国旅游资源丰富，配套设施齐全，服务体系发达，旅游产品丰富。早在2011年，中国就将与"丝绸之路"沿线国家旅游合作列入

《中国旅游业"十二五"发展规划纲要》。中国国家旅游局专门编制了针对"丝绸之路"沿线国家制定的旅游发展战略——《丝绸之路旅游区整体规划（2009—2020年）》，确定了各地旅游产品总体布局，规划了旅游品牌。2011年，哈萨克斯坦被中国政府列入"推荐旅游国家"名单。中国共建"一带一路"倡议的提出对两国旅游业合作起到极大推动作用。

中哈两国的旅游资源具有互补性，旅游合作潜力巨大。两国政府也非常重视旅游合作。早在1998年就签署了政府间旅游合作协议，该文件成为两国发展旅游合作的基础性文件。之后两国政府签署的一系列合作协议，包括中哈《联合声明》，均将旅游业作为重点合作领域。随着"一带一路"建设的高质量发展，互联互通将为"丝绸之路"沿线国家的旅游业发展带来更多的机遇，中哈之间的国际旅游合作将成为丝路沿线国家旅游合作的典范。

总体来看，自建交以来，来中国旅游的哈萨克斯坦公民以商贸人员为主。从时间分布看，大体分为两个阶段：1994—2003年属于波动式下降阶段，即总体上来中国的人数递减。1994年哈萨克斯坦每万人仅0.6人来华旅游[1]。主要原因是哈独立后初期，经济下滑，民众收入不高，加上中哈两国经济文化合作也处于起步阶段，这些因素弱化了来华旅游需求。2003年至今，总体上属于波动式上升阶段。尽管期间来中国人数时有减少，但总体呈上升趋势。主要原因是作为哈主要出口商品的石油在国际市场价格高涨，哈国内经济出现快速增长态势，民众收入提高，加上中哈两国经济文化合作越来越密切，哈民众对中国的兴趣也日益增加。

2016年8月，中国国家旅游局和哈萨克斯坦投资发展部签署《关于便利中国公民赴哈萨克斯坦团队旅游的备忘录》，同时在乌鲁木齐启动中国公民赴哈旅游首发团活动，这标志着哈萨克斯坦成为中

---

[1] 席宇斌、赵倩：《哈萨克斯坦旅华客源市场特征与拓展分析》，《世界地理研究》2016年第3期。

国组团出境旅游目的地，是中哈旅游业发展的一件大事。2016年，赴哈旅游的中国公民达25.79万人次，同比增长3.4%。[①]

自2018年4月开始，根据哈政府颁布的法令，乘坐哈萨克斯坦航空公司经阿斯塔纳和阿拉木图国际机场飞往第三国的中国公民，在哈国境内可享受72小时免签制度。据统计，此项政策实施后，2018年当年从中国过境哈萨克斯坦的游客数量增加了60%。为进一步增加来哈中国游客数量，哈政府2020年又新增奇姆肯特、阿克套、卡拉干达和塔拉兹四座城市供中国公民中转出入境。这些措施的出台，对中哈两国的旅游合作起到极大促进作用。

根据哈萨克斯坦国家旅游公司的统计数据，赴哈旅游的中国游客数量2017年为9.48万人次，2018年为5.14万人次，2019年为7.76万人次，2020年受疫情影响，只有1.45万人次。来中国旅游的哈萨克斯坦游客数量每年约为20万人次。总体上，从赴哈旅游人数看，中国通常排在乌兹别克斯坦、俄罗斯、阿塞拜疆、吉尔吉斯斯坦、塔吉克斯坦、德国、土耳其之后，居第八位。从哈游客出境人数看，中国市场通常排在俄罗斯、乌兹别克斯坦和土耳其之后，是第四大旅游目的地国。

**哈萨克斯坦旅游人数统计** （单位：万人次）

| 年份 | 2016 | 2017 | 2018 | 2019 | 2020 |
| --- | --- | --- | --- | --- | --- |
| 总入境游客 | 650.9390 | 770.1196 | 878.9314 | 851.4989 | 203.4753 |
| 中国赴哈游客 | 11.7465 | 9.4817 | 5.1418 | 7.7621 | 1.4551 |
| 总出境游客 | 975.5593 | 1026.0813 | 1064.6241 | 1070.7270 | 286.5004 |
| 哈赴中国游客 | 21.7895 | 22.6515 | 18.9881 | 20.9155 | 6.9456 |

资料来源：Агентство по стратегическому планированию и реформам Республики Казахстан. Бюро национальной статистики. Статистический сборник 2016 – 2020. Туризм Казахстана. https：//stat. gov. kz/。

---

① Казахстан и Китай укрепляют сотрудничество в сфере туризма. https：//stanradar. com/news/full/20610 – kazahstan-i-kitaj-ukrepljajut-sotrudnichestvo-v-sfere-turizma – . html？page = 125.

### 三 体育交流与合作

国际体育合作是文化合作的重要内容之一。通过积极参加国际体育赛事，开展体育交流，拓展体育产业，既有助于提高国民身体素质，加强相互了解，也可在一定程度上补充政治经济合作的不足。体育竞技上展现的追求公平竞争精神、主办国的形象、传统赛事体现的文化内涵、与体育有关企业的经营管理等，都有助于客观传播信息，促进合作国家从器物层面到精神价值层面的相互了解与认同。

中国国家体育总局1998年与哈萨克斯坦教育、文化和卫生部签署政府间体育合作协定，2007年4月又与哈萨克斯坦体育旅游部签署新版体育合作协定，这两份文件成为中哈两国发展体育领域合作的基础性文件。总体上看，与其他领域合作相比，中哈在体育方面的交流比较滞后，交流渠道较少，在体育旅游、体育赛事、体育教育、体育文化、体育学术交流与智库建设等领域尚未展开全方位的交流与合作，官方的体育代表团和民间体育组织往来较少，以体育为主题的民间交流活动并不活跃，在该领域的合作还有广阔提升空间。

（一）中哈两国之间的体育赛事交流

中哈两国之间的体育赛事交流，旨在加强两国运动员之间的技术交流，提高其竞技水平和临场素质，增进参赛者感情，促进运动员竞技水平突破，同时也是对各自国家文化资源的宣传，促进两国民众来此旅游，进而带动两国间旅游发展。

例如，2014年7月在河南商丘举行的中哈国际男排对抗赛，2019年3月中、哈、俄在哈尔滨共同举办2019"伟大丝绸之路"速度滑冰比赛，2019年8月在青海省海东市互助土族自治县举行的"一带一路"中哈友好城市体育文化交流暨首届"河湟勇士"国际拳击争霸赛。2016年12月，驻阿拉木图总领馆与哈萨克斯坦武术协会联合举办"中国武术节暨哈萨克斯坦国际武术大赛"，把中国的武术文化介绍给哈萨克斯坦民众。

新疆各地充分利用自身地理优势，积极组织或承办体育活动。2005年新疆体育局与哈萨克斯坦阿拉木图市体育文化和体育运动管理局签署了双边体育交流意向。自2006年开始，每年举办一次中国新疆—哈萨克斯坦阿拉木图市国际青少年友好运动会，在阿拉木图市和乌鲁木齐市轮流举办。

中哈两国的赛事通常积极利用一望无际的草原资源，体现传统牧民的文化习俗。在这方面，中哈两国的边境地区，即中方的伊犁自治州与哈方的夏尔西里山地草原会经常举办牧区的传统体育大会。例如，2014年7月，中国新疆伊犁天马国际旅游节期间举办国际叼羊邀请赛，哈萨克斯坦代表队获得亚军。

（二）共同参与重大国际比赛

中国作为主办方举办一系列国际体育赛事时，哈萨克斯坦都会派代表团参加，如1996年第三届亚洲冬季运动会、2006年远东及南太平洋地区残疾人运动会、2007年第六届亚洲冬季运动会、2008年北京奥运会、2010年亚运会等。哈萨克斯坦举办国际赛事时，中国也积极支持。如2017年第二十八届世界大学生冬季运动会、2011年第七届亚洲冬季运动会等。

体育合作的内容也包括体育外交的成分。在国际社会交往日益密切之际，体育赛事也成为大国博弈的场所。在这方面，中哈始终相互理解相互支持，反对体育政治化，主张体育回归竞技的本质。例如，在有些西方国家声称"抵制"2022年北京冬奥会之际，哈萨克斯坦奥委会主席铁木尔·库利巴耶夫就表示："哈方坚决反对某些人将体育政治化的企图，毫不怀疑北京冬奥会将在现代奥林匹克史上书写新的辉煌篇章，热切期待北京冬奥会再创辉煌。"[1]

---

[1] 《哈萨克斯坦奥委会主席：坚决反对将体育政治化的企图》，2021年10月2日，新华网，http://www.news.cn/2021-10/02/c_1211390364.htm。

## 中哈合作委员会文化和人文分委会会议内容

| 时间和地点 | 会议内容 |
|---|---|
| 2005 年 | 中哈合作委员会文化和人文分委会成立 |
| 2006 年 6 月 19 日<br>北京 | — |
| 2007 年 10 月 15 日<br>北京 | 双方就在大众传媒和出版领域的合作以及在中国推广哈萨克斯坦期刊的问题进行了讨论 |
| 2008 年 10 月 20 日<br>阿拉木图 | 双方商定将在大众传媒、文化、电影、青年交往等领域进一步加强交流与合作，其中包括 2009 年在哈举办中国历史文化精品展、哈民间歌手参加 2009 年中国南宁国际民歌节、哈国家图书馆在上海图书馆开设哈萨克斯坦文化之家等 |
| 2010 年 12 月 8 日<br>阿拉木图 | 双方就进一步扩大中哈文化、体育旅游、新闻出版、广电等领域的合作与交流交换了意见，商签两国文化部间新一轮的年度合作计划，在上合组织框架内开展文化和人文合作，修缮和保护阿拉木图市冼星海纪念碑以及两国在其他人文领域的交流与合作等相关事宜进行了会谈，并达成共识 |
| 2011 年 12 月 8 日<br>北京 | 双方就分委会第六次会议以来双方在文化和人文领域的合作情况、未来重点交流合作项目、召开分委会第八次会议等问题达成共识，为分委会今后的工作规划了方向 |
| 2012 年 12 月 7 日<br>阿斯塔纳 | 双方就文化和人文领域的合作情况交换意见并签署会议纪要 |
| 2013 年 11 月 4 日<br>北京 | 中方建议哈考虑在哈开设中国文化中心事宜。两国商定 2013 年 11 月 9 日在中国举办"哈萨克斯坦文化日"，2014 年在哈萨克斯坦举办"中国文化日" |
| 2014 年 9 月 25 日<br>阿斯塔纳 | 中方建议，双方在保持现有交流模式的基础上，拓宽合作渠道，积极开展在文化产业和文化创意领域的交流，加强在非物质文化遗产保护、传承和发展领域的合作。哈方肯定自第九次会议以来双方在文化、教育、旅游、档案等领域开展的富有成效的交流与合作，并希望与中方一道，进一步推进文化和人文领域合作，巩固双方传统友谊 |
| 2015 年 8 月 21 日<br>北京 | 双方回顾了中哈文化和人文合作分委会第十次会议以来两国文化交流与合作的情况，充分肯定了文化和人文合作分委会机制在推动两国文化交流与合作方面发挥的重要作用。双方就本次分委会的议题充分交换了意见并达成以下共识：中哈双方将支持互办"文化节"等大型交流活动，鼓励两国文化艺术机构建立直接联系；推动互设文化中心工作；在文化遗产保护和管理领域加强合作；围绕丝绸之路主题共同举办国际文化活动；加强广电领域的合作，互办电影展映活动。双方商定，将于 2016 年在哈萨克斯坦召开分委会第十二次会议 |
| 2017 年 4 月 17 日<br>阿斯塔纳 | 双方回顾了中哈文化和人文合作委员会第十一次会议以来两国在文化、教育、广电、新闻出版、青年、档案、旅游等领域的交流合作情况，充分肯定了分委会机制在推动深化两国文化关系方面发挥的重要作用，并就本次分委会议题充分交换意见并达成一系列重要共识 |

续表

| 时间和地点 | 会议内容 |
| --- | --- |
| 2019年11月3日<br>北京 | 双方互相通报了分委会第十二次会议召开以来两国在文化、教育、旅游、广播电影电视、出版、档案、文学、青年政策、民间组织交往等各个领域最新合作成果，并就未来工作方向深入交换意见。双方高度评价分委会机制对推动中哈人文交流与合作、促进两国民心相通的重要作用，一致同意进一步挖掘分委会工作潜力，继续拓宽双边和在上海合作组织框架内的多边务实合作，为两国关系长远发展提供更多人文支撑 |
| 2020年12月3日<br>视频连线 | 双方互相通报2019年11月分委会第十三次会议以来两国在文化、旅游、文化遗产保护、广播电影电视、教育、出版、档案、青年政策等各领域的交流合作情况，并就分委会下步工作深入交换了意见 |

## 第二节 教育合作

教育是影响人身心发展的社会实践活动，是传播和学习人类文明成果，掌握知识、技能和社会生活经验，促进个体社会化和社会个性化的社会实践活动。由于文明具有共享性，因此教育国际交流与合作便具有促进"人才培养、科学研究、社会服务、文化传承创新"的属性，是适应全球化和本土化相辅相成的过程，是学习和借鉴国际先进理念和经验的平台，是培养具有国际视野、通晓国际规则、能够参与国际事务和国际竞争的国际化人才的良好途径，是提升国家的国际地位、影响力和竞争力的必要措施之一。

哈萨克斯坦领导人认为，教育的发展将决定未来哈萨克斯坦的经济、社会和文化进步速度以及竞争力水平。因此，发展教育成为哈国家政策的优先方向之一。2007年，哈总统纳扎尔巴耶夫发表题为《新世界中的新哈萨克斯坦》的国情咨文，强调"几乎所有成功融入世界经济关系体系的现代国家都依赖'智能经济'。为了建设'智能经济'，首先应该发展我们的人力资本"。

哈萨克斯坦独立初期，国家教育政策主要是实施教育系统的改革，包括制定法律基础、建立教育管理体系和融资体系。独立以来，哈萨克斯坦的教育体制改革可以分为六个阶段：第一阶段是1991—1994年，形成教育的立法和监管框架；第二阶段是1995—1998年，实现教育体系尤其是高等教育体系的现代化；第三阶段是1999—2000年，扩大教育机构的学术自由，下放教育管理和融资的权力；第四阶段是2001—2004年，转变高等和中等教育体制的发展战略；第五阶段是2005—2010年，以《2015年前哈萨克斯坦共和国教育体系发展构想》为基础，寻找使教育体系适应市场经济条件的最佳途径；第六阶段是2011年至今，形成以创新发展为基础的国家教育模式，加入全球教育一体化进程，培养在世界劳动力市场上具有竞争力的专业人才。2019年12月，哈萨克斯坦发布《2020—2025年哈萨克斯坦共和国发展教育和科学国家纲要》，提出加入世界教育一体化进程。由此可见，开展教育领域的对外交流，提高本国教育水平，培养更多社会经济发展需要的人才，成为哈萨克斯坦教育发展的重要方向。

中国与哈萨克斯坦在教育领域的合作具有广泛而扎实的基础。双方都非常重视教育领域的合作，不断加大教育投入，并在各区域组织框架内积极推进教育合作。实践中，双方以语言人才培养为起点，充分利用已有的平台，向相互研究对方的经济、政治、文化、科技等多方面扩展。

建交30年来，中哈始终坚持和发展教育合作，形成了一个全方位、多层次、宽领域的合作格局，涵盖基础教育、职业教育和高等教育，涉及留学、语言文化、校际合作、职业培训、智库研究等多个项目，为两国经济社会发展提供了必要的支撑。

总体来看，中哈教育合作可以分为两个阶段。

第一阶段是2003年之前。独立初期的哈萨克斯坦需要摆脱苏联影响，创建符合国情的、具有自身特色、与国际先进教育理念相适应的教育体系。由于教育领域改革需要时间，中哈两国教育部门的沟通和了解也需要一个过程。因此，这一阶段两国教育领域互动并不频繁，合作成果不多。

第二阶段是 2003 年至今。2003 年中哈签署《睦邻友好合作条约》后，两国教育部门于 2003 年 6 月 3 日签署《教育合作协议》，让教育合作更加规范有序，也具有了法律保障。双方约定继续加强教育领域人员往来和青少年学生交流，互派留学人员，开展人才联合培养，推进语言教学合作，努力推动中哈教育合作再上新台阶。2006 年 12 月 10 日，中哈两国签署政府间《关于相互承认学历和学位证书的协定》，为教育合作扫清了主要障碍。2010 年，中哈又在阿斯塔纳重新签署了政府间《教育合作协定》。2017 年 5 月 13 日，两国教育部门签署了新版《〈教育合作协议〉（2003 年 6 月 3 日签署）修改和补充议定书》。

## 一 汉语教学和孔子学院

早在 1989 年，哈萨克斯坦阿里—法拉比国立大学（当时的名称是哈萨克斯坦基洛夫国立大学）东方系就开设了汉语教学。这是哈萨克斯坦最早开设汉语教学的高等学校。不过，当时的教学内容比较简单，仅限于零起点的初级班和提高班。1997 年，在中国驻哈使馆协助下，阿布莱汗国际关系和外国语大学开设了汉语教学，不仅学生数量增多，教学内容也呈多样化，分设中级和高级两个部分。2001 年，哈萨克斯坦阿拜国立师范大学中国语言文化中心开设了汉语教学。这时的教学已有初级、中级和高级之分。此后，哈萨克斯坦—土耳其国际大学社会科学系、南哈萨克斯坦人民友谊大学语言学院、阿克托别拜什福大学、赛福林农业技术大学、哈萨克斯坦国立女子师范大学等学校纷纷开设汉语教学课程。哈萨克斯坦的汉语教学培养和培训了当地需要的师资、商贸和外交人员，大大促进了汉语的国际教育与推广。

截至 2021 年年底，中国在哈萨克斯坦共建立了 5 所孔子学院。第一所是建于 2006 年 12 月的哈萨克斯坦欧亚大学孔子学院，中方合作机构为西安外国语大学。该孔子学院是时任中国国家主席胡锦涛在 2005 年访哈期间与哈总统纳扎尔巴耶夫达成意向后建立。第二所是 2009 年 2 月成立的阿里—法拉比国立大学孔子学院，中方合作机构为兰州大学，其前身是兰州大学与该校合作建立的汉语中心。第三所是建于 2011 年 6 月的哈萨克阿克托别朱巴诺夫国立大学孔子学院，中方合作机构为新疆财经大学。第四所是建于 2012 年 11 月的卡拉干达国立技术大学孔子学院，中方合作机构为石河子大学，为对口支援石河子大学，北京大学曾为该孔子学院培养 40 名对外汉语教师。第五所是 2017 年 4 月成立的阿布莱汗国际关系与外国语大学孔子学院，中方合作机构为西南大学，该孔子学院以研发本土化汉语教学大纲和教材、培养培训本土汉语教师、做好汉学研究为宗旨，积极促进中哈人文交流。

孔子学院成立多年来，与中国高校进行了多种多样的文化交往活动，中方也向哈萨克斯坦教育与科学部赠予汉语教材。即使在新冠疫情影响下，孔子学院也克服困难，打破传统工作方式，实现创新。例如，2020 年 8 月，哈萨克斯坦 5 所孔子学院联合举办线上"丝路云端"中文夏令营，吸引来自哈萨克斯坦、俄罗斯、乌克兰、伊朗、保加利亚等 14 个国家的近 400 名中文爱好者参加。

孔子学院的设立大大促进了汉语在哈萨克斯坦的传播，在中哈两国交往中扮演了重要角色，适应了哈萨克斯坦学生学习汉语的需求，增进了哈萨克斯坦人民对中国语言文化的理解，加强了中哈教育文化交流与合作，有助于发展中哈友好关系，促进多元文化交流。

## 二 互设国别研究中心

随着中哈合作不断加强，为适应两国合作的要求，深化人才培养，更好地将哈萨克斯坦的经济、政治、文化、语言、教育等介绍到中国，中国高校纷纷成立哈萨克斯坦研究中心。截至 2021 年年底，中国教育部共登记备案了 8 家哈萨克斯坦研究中心。

2012 年 5 月，上海大学上海合作组织公共外交研究院成立中国第一家哈萨克斯坦研究中心。该研究中心为对哈萨克斯坦及其周边地区的研究提供了重要的平台和资源。

2015 年 11 月 6 日，上海外国语大学哈萨克斯坦研究中心成立，成员单位包括上海外国语大学、哈萨克斯坦驻沪总领事馆、哈萨克斯坦教育科学部国际计划中心。这是国内第一家由中哈机构共同成立的哈萨克斯坦研究中心。该中心的研究重点为哈萨克斯坦的社会与文化，并致力于促进中哈之间的教育交流与合作。

2015 年 12 月，北京外国语大学成立哈萨克斯坦研究中心，该校与哈萨克斯坦阿里—法拉比国立大学合作，招收"俄语＋哈萨克语"学制的复语班本科生，开展哈萨克语言教学、对外哈语教材的编写，哈萨克斯坦文化和国情研究，介绍哈萨克历史和民族文化，推介哈萨克文学艺术领域的经典作品以及有代表性的当代作品，推动北外与国外相关高校及科研机构开展合作，中心设有图书馆。

2016 年 1 月，大连外国语大学与南哈萨克斯坦阿乌埃佐夫国立大学合作，成立哈萨克斯坦研究中心。

2017 年 7 月，伊犁师范大学成立中国西部高校的第一家哈萨克斯坦研究中心。

2017 年 9 月，西安外国语大学与哈萨克斯坦驻华大使馆和哈萨克斯坦古米廖夫国立欧亚大学合作，成立西安外国语大学哈萨克斯坦研究中心。

2017 年 10 月，西北大学与哈萨克斯坦首任总统图书馆和哈萨克斯坦中国研究中心合作，成立西北大学哈萨克斯坦研究中心。

2018 年 10 月，浙江财经大学与哈萨克斯坦驻华大使馆合作，成立浙江财经大学哈萨克斯坦社会经济研究中心。

哈萨克斯坦对中国的研究起步较晚。2016 年 9 月，哈萨克斯坦在首都阿斯塔纳设立了中国研究中心。① 这是一个综合研究中国文化和历史、分析全球经济发展前景的现代智库，成为中哈政府间、工商界、专家与学术团体、教育机构合作和对话的平台。中国研究中心的使命是促进哈萨克斯坦和中亚国家与中国的政治、贸易、经济和文化合作，以及为"丝绸之路经济带"倡议的实施提供实际的智力援助。通过提供客观的预测和分析产品、经过验证的信息，帮助哈国各界从另一个视角了解现代中国发展以及双边和区域合作的机遇和挑战。该中心的研究领域包括：中哈关系；近代中国在世界政治经济体系中的地位；当代中国发展的战略、主要趋势和特点；收集和系统整理中国政治、社会、经济、文化全面发展和哈中关系发展历程的资料，建立现代中国数据库；从事国际和地区安全、经济、中国文化的基础和应用研究；中方参与的一体化项目和联合开发项目分析；相关基础和具体应用分析材料的准备；组织召开国际会议、圆桌会议等；为打算在中国工作或与中国合作伙伴合作的哈萨克斯坦企业家提供咨询和中介服务；发展与中国科研机构的关系。

2019年6月18日，哈萨克斯坦欧亚大学成立了以学术研究为主的中国研究所。该研究所的研究范围包括：研究中国的历史、文化、风俗习惯，分析其在历史上及当代与周边国家及伊斯兰世界的关系，了解中国的民族、宗教和社会问题及发展趋势。

### 三 留学生教育

中哈教育合作最突出的表现是留学生人数的增长。2000年，哈萨克斯坦来华留学生仅有105人。2005年以后，来华留学生人数增长速度明显加快，且学历生占比上升，硕士研究生和博士研究生的数量也增长较快。在非学历生中，进修生数量占比较大。自2008年开始，哈萨克斯坦在华留学生数量进入各国在华留学生数量前10位。

---

① 中国研究中心，https://chinastudies.kz/。

到 2017 年增至 1.4224 万人，其中学历生 8516 人，非学历生 5708 人。2018 年哈在华留学生人数为 1.1784 万人，其中学历生 7929 人，非学历生 3859 人。由此可见，愿意来中国接受教育的哈萨克斯坦学生数量很多，这证明中哈两国的高等教育合作成效显著且不断深化。

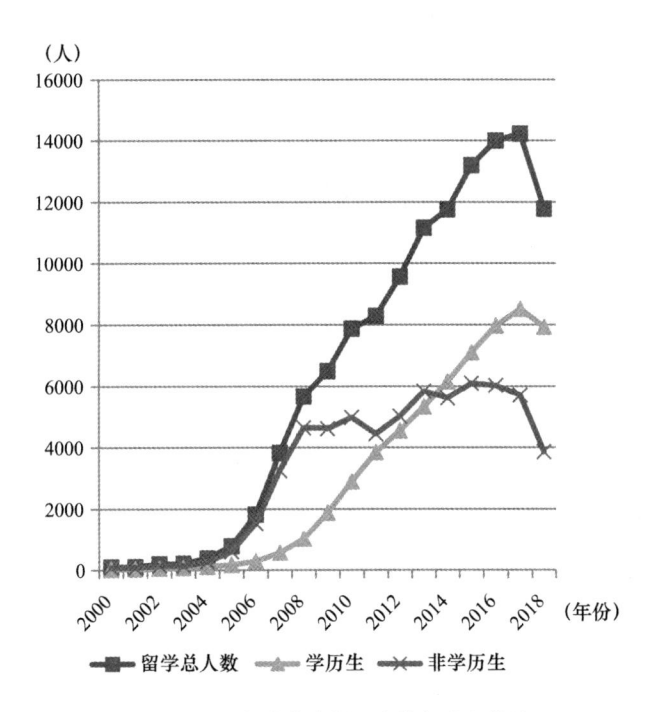

**2000—2018 年哈萨克斯坦来华留学生数量**

资料来源：教育部国际合作与交流司 2000—2018 年《来华留学生简明统计》。

哈萨克斯坦学生在中国学习最多的专业有汉语、国际经济与贸易、旅游、石油勘探开发、信息技术、金融银行、法律、市场营销和企业管理。大多数哈萨克斯坦留学生的学习地都选择在大城市，如乌鲁木齐、北京、上海、南京、武汉、西安等。

对哈萨克斯坦年轻人来说，去中国接受教育很受欢迎。这显示出中哈双边合作的前景可为年轻人提供更好的发展机会。尤其是"一带一路"倡议提出后，希望到中国留学的人每年都在增加，中国为哈萨克斯坦学生提供奖学金的名额也越来越多。另外，中国有很多高质量的高等教育机构，教学条件好，教育质量高，学费比西方国家低，生活环境也更安全。

哈萨克斯坦也是最受中国学生欢迎的国家之一。中国在哈留学人数的官方数据并不多。2018年约有1400名中国留学生在哈萨克斯坦学习。中国留学生基本上都是来自新疆维吾尔自治区的自费学生，大多数学生去哈萨克斯坦学习俄语，因为在哈萨克斯坦的学习和生活成本相对低于俄罗斯。此外，苏联时期的发达教育体系为哈萨克斯坦的教育发展奠定了良好基础，这也是哈萨克斯坦教育具有吸引力的重要原因之一。中国学生主要在阿拉木图和阿斯塔纳学习俄语、新闻、商业和贸易等人文学科。

## 四 区域组织框架内的教育一体化进程

除双边合作外，中哈还在多个国际和区域合作组织的多边框架内加强教育合作，不仅同意增加交换生人数，还在两国互认学历、举办教育领域国际会议、创建大学联盟等方面取得进展。2007年8月16日，在上合组织国家元首比什凯克峰会上，俄罗斯总统普京提出创建上海合作组织大学的倡议。在上海合作组织大学项目框架内，各国在教育领域的合作逐渐扩大。在中国有20所大学全面参与上海合作组织大学的教育合作，包括北京大学、清华大学、华中科技大学、首都师范大学、北京外国语大学、黑龙江大学、新疆大学、大连外国语大学、琼州学院、兰州大学、山东大学、东北师范大学、华北电力大学、中国石油大学、哈尔滨工业大学、兰州理工大学、吉林大学、长春理工大学、大连理工大学、新疆师范大学。哈萨克斯坦有14所大学全面参与，包括哈萨克斯坦阿里—法拉比国立大学、卡拉干达国立技术大学、萨特巴耶夫国立技术大学、巴甫洛达尔国立托赖格罗夫大学、阿布莱汗国际关系与世界语言大学、卡拉干达经济大学、国立古米廖夫欧亚大学、阿拉木图能源与通信大学、阿拉木图创新技术大学、东哈萨克斯坦谢里克巴耶夫国立技术大学、纳尔霍兹大学、哈英技术大学、南哈萨克斯坦阿乌埃佐夫国立大学、塔拉兹国立大学。这些学校在纳米技术、生态学、能源、信息技术、区域研究、教育学、经济学等领域联合培养学生。①

此外，在其他区域组织和平台框架内，中哈两国教育合作也很活跃。2015年5月，为助力"一带一路"建设，西安交通大学联合纳扎尔巴耶夫大学、哈萨克斯坦阿里—法拉比国立大学、哈尔滨工业大学、香港理工大学及其他国家的大学，发起成立"新丝绸之路大学联盟"（UANSR）。该联盟是一个非政府和非营利组织，致力于确保高等教育领域的开放性和国际合作。该联盟的主要任务是在联盟框架内完善大学之间的学生交流计划，促进文化交流和加强各国人民之间的友谊。

2018年8月，中方在"中国—东盟教育交流周"的框架内特邀哈萨克斯坦作为伙伴国参加"中国—哈萨克斯坦大学校长合作对话"，有来自10多所哈萨克斯坦知名高校（包括KIMEP大学、阿拉木图管理大学、东哈萨克斯坦国立技术大学、南哈萨克斯坦阿乌埃佐夫国立大学、东哈萨克斯坦国立技术大学等）和30多所中国高校的100余名代表参加。中国国内的十余所高校，包括贵州大学、对外经贸大学、天津大学、南京师范大学、江苏大学、贵州财经大学等与哈萨克斯坦高校签署了24份合作协议，商定在教师交流、学生交换、科研合作等方面展开合作。

**部分中哈高校的合作内容**

| 年份 | 合作学校 | 合作内容 |
| --- | --- | --- |
| 2006 | 新疆农业大学——赛福林农业技术大学 | 在科研、师生培训、双语推广和培养留学生等方面开展了多项合作，于2010年在赛福林农业技术大学成立了"哈萨克斯坦——中国科学与教育中心"，开展汉语培训 |

---

① 上海合作组织大学网站，http://www.usco.edu.cn/info/1068/1359.htm。

续表

| 年份 | 合作学校 | 合作内容 |
|---|---|---|
| 2012 | 武汉大学——阿布莱汗国际关系与世界语言大学 | 启动外交学、法学和国际经济贸易专业"1.5+2+0.5"制本科生双文凭联合培养项目 |
| 2012 | 华中师范大学——阿拜国立师范大学 | 签署校际合作协议,共同推进中哈两国在师范教育领域内的合作 |
| 2013 | 华中师范大学 | 举办哈萨克斯坦华文教师培训班,培训来自阿拜师范大学、图兰大学、国立大学、外国语大学、经济大学、农业大学、女子师范大学、苏莱曼大学、哈中国际语言学院、卡达干达中学等学校的70名哈萨克斯坦的汉语教师 |
| 2013 | 新疆农业大学——赛福林农业技术大学 | 签署教育和科学研究领域合作协议,涉及农学、草地资源、机械工程等多个领域。包括邀请对方专家在本方院校用英语开设讲座、开展实践课程和提供咨询;开展国际合作项目,联合组织人员撰写科技论文,开发教学辅助用具、课本和教材;共建联合实验室,主要在农业机械技术、节水技术研究、农业高新技术领域进行合作与交流 |
| 2014 | 沈阳化工大学——南哈萨克斯坦阿乌埃佐夫国立大学 | 签署合作协议,开展国际科技合作、学术交流、联合办学等方面的合作 |
| 2015 | 西南大学——阿布莱汗国际关系与外国语大学 | 达成两校合作建立孔子学院,联合培养东方学、汉语言文学、翻译专业本科2+2项目等合作意向 |
| 2016 | 浙江越秀外国语学院——阿拜国立师范大学 | 签署合作协议,在人才培养、学生交换、教师互派、科学研究、学术交流等领域进行合作 |
| 2017 | 新疆农业大学——哈萨克斯坦阿拉木图国立农业大学 | 签署科技合作协议,共同开展"荒漠草地退化评价和恢复"项目研究 |
| 2017 | 华北电力大学——南哈萨克斯坦阿乌埃佐夫国立大学 | 签署合作协议,内容包括:一是建立人才培养合作机制,在本、硕、博3个层面互派学生和联合办学。二是加强科研合作,建立两校专家学者学术交流和科研成果转化的长效机制。三是开展语言教学、文化艺术和体育等方面的交流 |
| 2018 | 浙江财经大学——图兰大学 | 签署合作备忘录,双方将在师生互派、联合培养、科研交流等方面加强合作交流 |
| 2018 | 北京师范大学"一带一路"研究院——哈萨克斯坦KIMEP大学中国与中亚研究中心 | 成立中哈"一带一路"联合研究中心,加强学者与学生交换,开展以研究交流为目的的实地校、企项目考察合作,促进人才与社会的直接对接 |
| 2018 | 浙江财经大学——哈萨克斯坦国立欧亚大学 | 在阿斯塔纳共同主办中哈文化交流暨"一带一路"中国书画摄影国际展,浙江财经大学共有26位学生的艺术作品入选此次展览 |
| 2019 | 对外经济贸易大学——阿斯塔纳国际大学 | 签署《关于对外经济贸易大学和哈萨克斯坦共和国阿斯塔纳国际大学联合创建中哈国际商贸学院的协议书》 |

资料来源:根据各学校网站资料整理。

## 第三节 科技合作

国际科技合作是中国科技工作的重要组成部分。国际科技合作是在开放环境下开展"互利双赢"的合作,解决人类共同面对的重大科技问题的有效途径;是推动双边和多边科技合作,服务中国现代化建设和国家外交政策的重要平台;是促进跨部门、跨地区对外科技合作统筹协调,增强科技创新能力推进国家创新体系建设的重要举措。

中国发展对外科技合作的目的在于:第一,通过政府间双边和多边科技合作协定或者协议框架,对中国科技、经济、社会发展和总体外交工作产生重要支撑作用;第二,立足国民经济、社会可持续发展和国家安全的重大需求,着力解决制约中国经济、科技发展的重大科学问题和关键技术问题;第三,与国外一流科研机构、著名大学、企业开展实质性合作研发,吸引海外杰出科技人才或者优秀创新团队来华从事短期或者长期工作,有利于推动中国国际科技合作基地建设,有利于增强自主创新能力,实现"项目—人才—基地"相结合的国际科技合作项目。

与此同时,中国政府非常重视科技成果的转化,为此出台了一系列政策法规,不仅在科技成果转化领域取得重要成果,而且促进了国家技术转化体系的建设。根据历年《中国科技成果转化报告(高等院校与科研院所篇)》,中国科技成果转化活动持续活跃,2019年,3450家高校以转让、许可、作价投资方式转化科技成果的合同项数呈增长趋势,个人获得的现金和股权奖励金额达53.1亿元。[①] 在科技成果转化这一领域,中国有很多值得哈萨克斯坦借鉴的宝贵经验和

---

① 《科技成果转化需要制度体系支撑》,《人民论坛》2021年5月15日。

教训。

多年来，中国的国际科技合作坚持"引进来"与"走出去"相结合的原则，遵循"互利互惠、合理分享"的国际惯例，以满足国家科技、经济和社会发展需求为目的，在更大范围、更广领域、更高层次积极参与对外科技合作与交流，取得了明显进展，有力地促进了国家科技发展总体目标的实现，初步形成了政府引导、民间参与、机构互动、产学研结合的对外合作架构。国际科技合作成为推进科技发展、培养创新人才、提高科技实力、促进产业升级、转变经济发展方式、改善国际关系的重要手段和支撑。

哈萨克斯坦独立后，始终将科技创新和进步视为国家发展的优先方向。随着经济社会转型，哈萨克斯坦的市场经济得到发展，哈政府调整政府机构组成，使科学与生产部门统一纳入国家经济整体发展框架内。1997年，总统纳扎尔巴耶夫在其国情咨文《哈萨克斯坦2030年战略》中指出："全球化进程和科技进步，特别是新的信息和通信技术的发展，为我们这个辽阔的、人口稀少的国家带来了独特的机会。……了解这些技术至关重要，要让它们完全进入我们的社会，支持科技人员的工作。"2006年3月1日，哈总统纳扎尔巴耶夫发表国情咨文《哈萨克斯坦进入世界最具竞争力的50个国家之列战略》，提出要"结合国家科学生活的根本变化，建立科教领域科学研究和科技创新活动发展体系，促进市场经济中固有的科技进步机制早日形成"。他在讲话中特别强调，如果哈萨克斯坦拥有高水平的具有科学和创造潜力的受教育人口，则有可能实现哈萨克斯坦繁荣的长期目标："……必须确保高等学院研究和科学创新活动的发展，使高等学院成为哈萨克斯坦科学技术综合体的一个大型子系统，能够将大规模基础研究与有竞争力的商业发展相结合，创造在世界市场上具有竞争力的科技产品。在哈萨克斯坦的高等学院组织对基础科学和应用科学优先领域的研究，应依靠近邻和远邻国家科技进步先进成果的信息数据库。保护高等学院知识产权，促进成果转化，确保科研开发与高等教育教育过程的统一。"①

建交30年来，中哈始终秉持"平等互利，注重实效，长期合作，共同开发"的原则，通过对口科研单位和机构合作，整合与统筹相关科技资源，探索出联合实验室、人才培养和技术培训、科技信息交流和数据库建设、联合科研攻关、科技论坛等多种有效合作形式，在农业、环保、地质、交通、信息、可再生能源等多个领域，形成了密切的合作关系，提高了各自的研发和自主创新能力。尽管中国的科研实力和科技成果转化能力相对较强，但中哈两国的科技合作并不是中国向哈萨克斯坦单向输出科技，而是平等互利的联合研发，中国也从哈萨克斯坦学到了很多先进的科技，尤其是农业技术，如马铃薯品种与种植、种马等。

中哈科技合作大体分为两个阶段。

第一阶段为2005年前。中哈两国于1994年12月签署政府间科学技术合作协定，约定发展科技领域合作，并共同确定合作的具体内容，包括学者交流；技术情报、资料和产品交流；鼓励和促进两国的政府机构、大学、科学研究中心、研究所、私有企业和其他组织直接签署科研合同并确定有关合作。不过，当时的中国正致力于改革开放和学习西方先进技术，哈萨克斯坦则忙于独立建国后的各项建设。发展经济和改善民生是两国的共同重任，各自的科研潜力尚未积累成熟，科技合作也未能提上日程。

第二阶段为2005年至今。2005年，中哈合作委员会框架内成立了科技分委会，这成为两国科技合作的历史性事件，标志着双方的科技合作进入规划协调的轨道。截至2021年年底，科技分委会已经召开9次会议。每次会议均确定未来2—3年的政府间科技合作项目计划，支持两国对口部门和科研机构之间联合开展项目研究。这些研究

---

① Послание президента Республики Казахстан Н. А. Назарбаева народу Казахстана. Стратегия вхождения Казахстана в число 50 - ти наиболее конкурентоспособных стран мира. https：//www.akorda.kz/ru/addresses/.

项目有益于中哈两国的科技创新和企业之间的合作，尤其促进哈萨克斯坦高新技术开发区和科技园区的建设。

## 一 农业科技交流与合作

农业是哈萨克斯坦重要的经济部门，它构成了国家的粮食和经济安全，为农村地区的劳动力就业和定居点的稳定提供保障。哈政府非常重视农业发展，制定了一系列农业发展战略，包括：《1991—1995年和2000年前农村社会经济发展纲要》《1993—1995年和2000年前农工综合体发展构想纲要》《2000—2002年农业生产发展计划纲要》《2003—2005年国家农业食品纲要》《2004—2010年发展农村地区国家纲要》《2006—2010年农工综合体可持续发展构想》《落实哈萨克斯坦共和国2006—2010年农工综合体可持续发展构想优先措施纲要》《2010—2014年农工综合体发展纲要》《哈萨克斯坦共和国农工综合体发展计划"农业经济—2017"》《2021—2030年农工综合体发展构想》和《2021—2025年国家农工综合体发展项目》等。

2019年托卡耶夫继任总统以来，延续纳扎尔巴耶夫的治国理念，也将国家农业发展视为国家经济发展的优先领域。他在2020年度国情咨文中指出：哈萨克斯坦拥有巨大的农业潜力，未来五年内要在农业方面取得真正突破，将劳动生产率和出口提高2.5倍。但灌溉系统成为农业发展的一个严重障碍，水资源流失率达到40%，这个指标对于缺水的哈萨克斯坦来说是不可接受的。因此，必须对该领域进行法律监管，并为引进现代技术和实施创新制定经济激励措施。[①]

总体来说，哈萨克斯坦农业具有良好的发展前景：油籽和肉类的出口稳步增加；在粮食和面粉方面，哈已成为世界最主要出口国之一。引进先进农业技术、发展节水农业、提高粮食和畜产品产量，是哈萨克斯坦在农业领域对外科技合作的重点和一贯任务。

---

① Казахстан в новой реальности: время действий. https://www.akorda.kz/ru/addresses/.

中国作为传统农业大国，其农业生产和农业生物技术在世界居领先地位，与农牧业资源丰富的哈萨克斯坦具有较好的互补性和互利性。中哈双方在农业方面的合作既具有良好的基础，也有强烈的合作意愿。

从合作形式看，两国农业科技合作主要包括联合科研项目攻关、组建联合实验室、举办培训班、多边机制内合作等。从合作主体看，中国科学院、中国农业科学院以及新疆的科研院所和高校是主力军。从合作的内容看，以良种培育、土壤改良、病虫害防治等项目为主。

（一）农业生物技术研发

在与哈萨克斯坦的农业科技合作中，中国科学院、中国农业科学院、新疆科研单位始终是中方的主力军，而哈萨克斯坦赛福林农业技术大学、哈萨克斯坦国立农业大学、农业部下属科研机构等则是哈方的主力军。与此同时，地方科研机构和高等教育机构也起到重要作用，尤其是新疆地区的科研院所更是凭借其独特的历史、地理和文化优势而在对哈科技合作中独树一帜，他们与哈方多家单位建立了长期而稳固的合作关系，为深入推进两国在草原生态资源保护、养殖业疫病防治、畜产品加工等领域开展合作研究和市场开发做出贡献。

中国科学院作为中国级别最高、实力最雄厚的科研机构，积极响应国家对外科技合作的号召，是较早开展对哈科技合作的机构之一。自2007年开始，其下属的新疆生态与地理研究所与哈萨克斯坦土壤科学与农业化学研究中心、哈萨克斯坦赛福林农业技术大学等科研机构开展联合研究项目，研究领域包括水资源综合管理及利用、土地覆被变化、盐渍化土壤改良、土壤质量与农田养分资源综合管理、城市生态保护等。2019年，该所在哈萨克斯坦完成"中哈联合分析测试中心"建设项目并通过验收。该实验室作为哈萨克斯坦国家认证的实验室，为哈萨克斯坦科学研究以及农产品出口提供测试；同时为政府、高校、科研院所、企业、农户等提供委托样品分析测试。除新疆生态与地理研究所外，中国科学院下属的中亚生态与环境研究中心也与哈萨克斯坦农业科学院、哈萨克斯坦农业部农业创新集团合作建立中亚生态与环境研究中心阿拉木图分中心，共同开展气候变化、农业、畜牧业、基因工程、土壤、土地高效利用、生态与环境等领域的科学研究。该中心成为中哈双方研究"一带一路"沿线生态环境及相关问题的平台，促进了中哈以及中亚多边国际合作，比如中哈边境地区蜱种 DNA 条形码数据库项目与蜱传染病原谱分析项目等。

中国新疆畜牧科学院先后与哈萨克斯坦 4 个州的多家科研所建立合作关系。早在 2004 年，该院同哈萨克斯坦国立农业大学共同开展有关青饲料栽培和饲料添加剂的研究。2011 年，新疆畜牧科学院成立"中国新疆—哈萨克斯坦阿拉木图州畜产品合作研究中心"和"中国新疆—哈萨克斯坦南哈州畜产品合作研究中心"。2012 年，新疆畜牧科学院与哈萨克斯坦农业科学院在乌鲁木齐成立"畜牧科技合作促进中心"，致力于草原生态、家畜防疫、畜产品加工等方面的联合研究工作，促进双方科技人员交流、产品推广与市场开发。2013 年，新疆畜牧科学院与哈萨克斯坦东哈萨克斯坦州农业科学研究所签署共同开展畜产品质量安全科技合作的协议书，并举行"畜产品合作促进中心"的揭牌仪式。

石河子大学是国家世界一流学科建设高校，自 2008 年开始与哈萨克斯坦国立农业大学合作研究虫媒生物及虫媒病、人畜共患病疫病检测与防控、区域动物种质资源开发与利用、新型饲料资源开发与储藏加工技术研发等。2015 年，石河子大学动物科技学院又与哈萨克斯坦国立农业大学签署合作协议，成功搭建中亚规模最大的蜱种实物数据库。

在中哈联合科研项目中，值得一提的是，中哈农业科学联合实验室。该实验室是中哈科技合作分委会第六次会议纪要的重点项目，是两国农业科学技术交流的重要平台，由中国农业科学院与哈萨克斯坦赛福林农业技术大学共建，中方具体承办单位为哈尔滨兽医所和新疆农业大学。联合实验室于 2015 年 10 月举行授牌仪式，2021 年 4 月开始正式运作，主攻马流感、小反刍兽疫等重要动物传染病的防控、棉花种植与加工，还研究和诊断可能在跨境运输过程中对两国构成威胁的动物间传播疾病，消除中哈农产品贸易中出现的技术性障碍。

（二）共建现代农业示范园

示范园既有可持续发展前景，又有可观的经济效益、生态效益和社会效益，是具有现代化农业产业链和多元化盈利模式的农业项目。其优势在于，能够全力开展新型农产品研发，以保护生态为目的，以科学技术为核心竞争力，发展有助于提高农产品附加值的种植业，全面减少土地负荷。哈萨克斯坦由于资金和技术的限制，此类园区数量较少。而中国的现代农业示范园建设已成规模，积累了丰富经验。作为响应"一带一路"倡议的举措之一，中哈合作建设的农业示范园区结合了哈萨克斯坦农业耕种的地理优势和中方的农业技术优势，在促进两国农业合作的同时，也提高了当地的农业发展质量。

图尔根尼中哈农业创新园。为深入推动"一带一路"农业科技合作，2015年5月，陕西杨凌农业高新技术示范区与哈萨克斯坦国际一体化基金会签署协议，在哈萨克斯坦阿拉木图州图尔根尼建设现代农业示范园区"中哈农业创新园"。农业园占地面积200公顷，主要开展小麦、玉米、大豆、油料、蔬菜、苗木等品种示范，以及设施大棚、节水灌溉、农资机械等技术推广工作，并与哈萨克斯坦国际一体化基金会共同出资10万美元成立合资公司，开展现代农业技术合作。西北农林科技大学选派了10名专家教授团队常年为农业创新园提供技术支持。中哈农业创新园还与哈萨克斯坦农业教育研究中心、国立农业大学、赛福林农业技术大学、农耕研究院、哈萨克斯坦农业部植物保护与检疫研究所等农业科研单位建立了广泛联系与合作，在农作物新品种引进试验，现代农业种植技术试验示范等方面取得了实质性进展。2019年1月，哈萨克斯坦前总理捷列先科参观中哈农业创新园日光温室，品尝了园区的西红柿后，点赞中国温室大棚种植技术，称赞道："蔬菜非常新鲜，口味非常可口，品相非常好看！"①

科克舍套农业科技示范园。2018 年，西北农林科技大学与西安爱菊集团、北哈萨克斯坦玛纳什·科孜巴耶夫大学联合建设科克舍套农业科技示范园，该示范园也是上合组织农业科技交流培训示范基地。中哈双方的农业专家们通力合作，通过引进品种和多点多生态区品种适应性试验研究，筛选出一批产量高、品质好的小麦、油菜、大豆、向日葵等作物良种，逐年扩大繁殖，其中西北农林科技大学两个小麦品种的种植面积达 1875 亩，为爱菊集团在哈萨克斯坦开展大规模小麦订单生产打下优质种源基础。

（三）农业技术培训援助

对外援助培训项目以更好地服务国家对外战略为出发点，帮助对象国培养人才，促进与对象国的友好关系和经贸合作。"一带一路"倡议提出以来，中国的对外援助力度不断加大，方式更加多样化，为塑造大国形象助一臂之力。培训项目通常采用理论课、实验实习和参观考察相结合的教学模式，通过现场教学、远程指导、交流培训等形式向哈方传授农技知识，培养业务骨干。中方这些培训主要由中国科技部、农业部等相关部委主办，具体科研院所承办的方式进行。

培训内容主要包括栽培和养殖技术、农业管理、节水和荒漠化防治三个方面。例如，2014 年 6 月，由国家科技部主办、安徽江淮园艺科技有限公司承办"蔬菜优良新品种新技术示范与推广国际培训班"。通过这次培训，包括哈萨克斯坦专家在内的参训人员学习了中国培育蔬菜优良品种的新技术，学习了蔬菜优良品种新技术产业化的经验。2019 年 10 月，由农业农村部国际合作司主办，农业农村部人力资源开发中心承办"中亚国家农业管理和技术人员培训班"，除安排与中国农业发展相关的宏观课程以外，还教授中国设施农业、农业

---

① 《中哈友谊的"杨"柿子红了 哈国前总理捷列先科笑了》，2019 年 11 月 21 日，中国农科新闻网，http://www.nkb.com.cn/2019/1121/329332.shtml。

物联网与精准农业等实用技术课程。2019年7月，由中国科学院国际合作局主办，中国科学院西北生态环境资源研究院承办的2019年度"丝绸之路经济带沿线各国荒漠化防治国际培训班"在兰州开班。来自哈萨克斯坦的学者、官员和技术人员与其他国家的参训人员一起接受荒漠化防治经验与技术培训，并分享自己国家的防治经验和技术。2017年3月中国农业部的国际交流与合作项目——"一带一路"倡议下中哈农业合作现代农业技术（高效节水）培训班开班，培训的内容主要包括农业高效节水工程建设及运行管理、高效节水灌溉技术及应用、滴灌节水技术及应用等。

**二 资源开发领域的科技合作**

油气和矿产资源是哈萨克斯坦国民经济的支柱产业。中哈两国科研人员围绕地质勘查、勘探开发技术与应用、冶炼与加工、设备应用、绿色矿山建设等内容，分享在地质矿产领域取得的先进经验、科研成果和先进技术，联合进行项目研究。中方多次举办援外培训班，旨在充分发挥双方在资源、资金、产业、技术和基础设施等方面的互补优势与合作潜力，推动双方在能源矿产领域的务实合作。在这方面，中国石油大学、中国地质调查局、中原油田和金陵石化等单位和机构做了大量工作。

随着油气勘探开发领域的扩展，中国在油井钻探、测量和石油炼制方面的技术不断创新。特别是改革开放40多年来，钻井技术突飞猛进，钻井科研实力和创新能力不断得到加强。中方愿意与哈萨克斯坦同行分享自己在油气行业的先进技术和经验。例如，2006年中国石油大学与哈萨克斯坦石油工业培训中心签署合作协议，为哈萨克斯坦培训钻井技术学员，2007年双方又联合举办"地质师培训班"。2017年7月，金陵石化为哈萨克斯坦阿特劳炼油厂技术人员举办催化裂化装置安全、工艺、设备等知识培训，为该厂新建的催化裂化装置安全生产提供技术支持。2018年，中原油田地球物理测井公司为哈萨克斯坦地质工程师举办生产测井技术培训。

在矿产资源的勘探、开发和评估方面,中哈双方的地质研究单位和相关企业开展了合作,这其中既有双方联合组建工作站,也有双方之间的培训与技术交流。其中比较有代表性的项目是中哈地质科技合作工作站。该工作站于2011年6月由中国新疆维吾尔自治区国家305项目办公室与哈萨克斯坦科学教育部地质科学研究所联合组建,地点在阿拉木图市。建立工作站的目的是:以中亚基础地质、矿产地质、成矿预测和勘查方法技术等研究为基础,充分利用双方科技资源,提高中亚成矿域(造山带)科学研究水平。

2017年9月,中国科学院长春应用化学科技总公司与哈萨克斯坦哈中艾利安对外贸易公司签署《利用石油资源联合开发大品种合成橡胶合作协议》。中方利用自主知识产权的合成橡胶技术和哈方丰富的石油资源副产物为原料,联合开发大品种合成橡胶及其制品;哈方负责项目建设,中方提供技术支持、培训和服务或提供完整的EPC服务。

## 三 创新科技领域的交流与合作

为应对世界科技进步挑战,中国从20世纪80年代开始就制定了新技术革命对策。随着综合国力提高,在微电子技术、电子计算机、激光技术、光纤通信、机器人、生物工程和新材料等领域取得了一系列成果,得到世界的承认,成为中哈深化科技合作与交流的坚实基础。

国家发展和改革委员会2020年7月发布《关于支持新业态新模式健康发展,激活消费市场,带动扩大就业的意见》,从生产、消费和就业三个角度,提出数字经济新业态的四个领域:线上服务(在线教育、互联网医疗、线上办公、智慧城市的数字化治理);产业数字化转型(产业平台化发展生态、传统企业数字化转型、虚拟产业园和产业集群、无人经济);新个体经济(线上就业、微经济、多点执业）；共享经济（共享数据要素、共享生产资料、共享生产、共享生活）。

哈萨克斯坦于2017年通过《"数字化的哈萨克斯坦"国家纲要》，实施期限为2018—2022年，重点是两化融合（对工业、农业、能源和交通等传统重点行业的数字化改造升级）、电子商务、电子政务、非现金支付、智慧城市、智慧教育和医疗（网上教育和医疗）等。

从中哈发布的数字经济战略看，两国在高科技和数字科技领域主要关注九大问题：数字基础设施（通信设施、产业基础设施）；智慧城市（交通卡、医疗卡、在线纳税、电子发票、在线教育、交通监控、普及宽带等）；电子政务；电子商务；电子产业（硬件和软件的产品与服务）；工业数字化改造（改进流程，降低成本）；数字规则和标准（比如数字竞争规则、电子税收、跨境数据流、知识产权、数字贸易、数字使用政策、网络安全规则等）；人才培养；信息安全（隐私保护、网络诈骗、网络犯罪等）。

技术研发、研讨会、展览会和人员培训等，一直是高科技领域合作交流的主要方式，在这方面，中国一直就是地区科技交流的推动者和积极参与方。从2000年开始，中国积极推动、中哈共同参与的中、俄、哈、蒙四国"环阿尔泰山区域科技合作与经济发展国际研讨会"成功举办7届，对深化阿尔泰地区的科技合作具有重要意义。根据2007年中哈合作委员会科技分委会的决议，中国科技部会同新疆维吾尔自治区地方政府和企业在哈首都阿斯塔纳市举办以"创新·合作·共赢"为主题的中国高新技术及产品展览会，展场设150个展位，参展项目约300个。此类研讨会和展览会为科技工作者提供最直接的交流和学习平台，为中国的高新技术和产品"走出去"创造了更多的机会。

阿拉套创新技术园经济特区是哈萨克斯坦国家级信息产业园，园区内的产业涉及信息、电信和通信技术；电子和仪器；可再生能源、资源节约和自然资源的有效利用；建筑技术和材料；石油和天然气生产、运输和加工技术等。2019年，新疆的中亚互联（国际）孵化器有限公司与该经济特区合作，成为这里首家来自中国的合作企业。双方合作成立中哈电子信息联合研究中心，旨在促进中哈在电子信息产业领域的交流与发展，中亚互联（国际）孵化器有限公司充分发挥自己的技术和业务优势，推动双方在科技成果转化方面的合作。

2019年9月，哈总统托卡耶夫抵达杭州，参观海康威视数字技术有限公司和阿里巴巴集团，对中国的人工智能、智慧城市系统、车载电子设备、智能仓库等高新技术装备表示赞赏。托卡耶夫强调"高新技术领域交流在中哈两国战略伙伴关系中发挥着重要作用"。

**科技合作分委会历次会议及内容**

| 会议 | 时间和地点 | 会议内容 |
| --- | --- | --- |
| 第一次 | 2005年3月，阿斯塔纳 | 科技合作分委会建立 |
| 第二次 | 2006年7月5日，北京 | 双方通报了各自科技发展的最新情况，以及未来科技发展的优先方向，商定将充分利用各自的优势，在节能技术、新材料和化学技术、信息技术和自动化等领域积极开展互惠互利的科技合作 |
| 第三次 | 2007年8月13—14日，阿斯塔纳 | 双方决定，将进一步支持合作研究开发和先进科技成果的产业化，鼓励和协助中哈两国对口部门以及科研机构之间建立联合研究中心和联合实验室，开展共同感兴趣的合作研究，并建立多种形式的科技合作关系。双方讨论了2006年召开的中哈科技合作分委会第二次会议上确定的13个政府间科技合作项目的执行情况，审议并批准了22个双方确定的新项目作为2008—2009年度中哈政府间科技合作计划项目。另外，双方还讨论了2007年9月在阿斯塔纳举行中国高技术及产品展览等问题。会后，双方签署了中哈合作委员会科技合作分委会第三次会议议定书 |
| 第四次 | 2008年6月，北京 | — |
| 第五次 | 2011年5月10—14日，阿斯塔纳 | 双方商定，将继续围绕两国科技发展规划中的重点领域和优先方向，开展从合作研发到成果产业化的全面合作，推动两国在相关科技领域的共同发展，深化中哈两国相关地区科研机构和企业间的互利合作，提升两国地区级科技合作的水平。此外，双方还商定了2011—2013年中哈科技合作项目计划 |

续表

| 会议 | 时间和地点 | 会议内容 |
| --- | --- | --- |
| 第六次 | 2013年12月13日，北京 | 双方商定，将充分利用中哈科技合作分委会平台，围绕两国科技合作优先领域，征集、遴选出一批有潜力的政府间科技合作项目，推动两国从合作研发到科技成果产业化的全面合作。着力打造中哈两国科技合作长效机制，支持中国农业科学院、新疆农业科学院和新疆农业大学等中方机构与哈萨克赛福林农业技术大学就在哈萨克斯坦建立中哈农业技术联合实验室等项目开展合作。中方邀请哈方共同参与"中亚科技合作中心"的建设。哈方表示将研究这一建议。此外，双方还商定了2014—2015年中哈政府间科技合作项目计划 |
| 第七次 | 2015年10月23日，阿斯塔纳 | 双方商定将继续深化双边科技合作，推动"丝绸之路经济带"建设和"光明之路"新经济计划的对接，全力支持两国相关科研机构与企业开展务实项目合作，积极落实两国元首达成的关于在哈萨克斯坦阿里·法拉比国立大学建立超算和云计算中心的合作意向，并以此为契机加强两国在云计算和大数据等领域的科研合作。中方邀请哈方共同参与"中亚科技合作中心"的建设，哈方予以积极回应。双方还商定了2016—2017年中哈政府间科技合作项目计划 |
| 第八次 | 2019年5月13日，北京 | 双方商定将继续发挥分委会机制的协调和引领作用，对部门间、地区级的合作进行指导，将双方认可的重点合作项目纳入分委会机制内。双方将创造条件支持先进科研成果应用，支持两国相关科研机构建立多种形式的科技合作关系、开展联合研发、共同实现科研成果产业化，鼓励两国重点科研机构在优先领域建立联合实验室、联合研发中心。此外，双方就密切科技人文交流，尤其是加强青年科学家之间的交流与合作达成共识。中方向哈方介绍了"国际杰青计划"，欢迎哈方青年科学家赴华进行短期科研工作，并邀请哈方科研机构参加中方主办的先进适用技术培训班，推动双方在先进适用技术方面的交流与合作 |
| 第九次 | 2021年4月15日，视频连线 | 双方就中哈两国科技创新领域政策、发展现状等交换信息，总结了分委会第八次会议纪要执行情况，讨论未来科技合作并重点就双方在政府层面共同征集并实施科技合作项目进行探讨。双方商定，将在本届会议框架内联合支持科研院所、高校和企业在农业技术、节能、新材料、化学技术、信息技术、生物学、自然资源与环境、地震学等优先领域实施有前景的科技合作项目 |

# 第八章　与邻为善，共渡难关

哈萨克诗人阿拜曾言："世界有如海洋，时代有如劲风，前浪如兄长，后浪是兄弟，风拥后浪推前浪，亘古及今皆如此。"当前世界正处于百年未有之大变局，大国博弈加剧，国际和地区形势不稳定性和不确定性增加。尽管面对诸多挑战，但和平与发展仍然是当今时代的主题。

中哈两国地理相邻，唇齿相依，世代相依为伴，是搬不走的好邻居，拆不散的真伙伴。两千多年的丝绸之路使两国人民相知相交，祖祖辈辈友好往来。建交三十年来，中哈两国一直真诚相待、互帮互助，不仅把发展双边关系置于各自外交政策的优先方向，坚定支持对方重大政治议程，还在一次次危机与紧急情况中慷慨相助，真诚合作，成为新时期邻国关系的典范，凸显中哈友谊经风沐雨、历久弥坚的旺盛生命力。在自然灾害、流行病和经济危机面前，双方都体现了高度的互帮互助情谊与合作精神。正如2020年3月24日习近平主席与哈萨克斯坦总统托卡耶夫在通话时所言："中哈相互支持体现了两国关系的高水平和特殊性，为国际社会合作抗疫树立了典范。"[①] 即使经历世界百年未有之大变局与新冠疫情持续肆虐，中哈关系仍在逆风前行，丝绸之路上传承千年的美好故事和深沉情谊，也将在新时代继续上演和延续。

---

① 《习近平同哈萨克斯坦总统托卡耶夫通电话》，《人民日报》2020年3月25日。

## 第一节 战胜自然灾害

作为亚洲大陆上幅员辽阔的两个国家，中哈两国地理环境复杂，自然灾害频发，饱受地震、洪水等灾害损失。类似的地理环境和发展境遇，慷慨好义的历史文化传统，使得中哈在面对一次次自然灾害和全球危机时真诚相待，互帮互助，在危机中积累的宝贵经验和友谊也成为两国关系友好发展的基石，不断推动两国关系向前发展。

### 一 饱受自然灾害和全球问题之苦的中哈两国

中国所处的东亚地区和哈萨克斯坦所处的中亚地区是全球灾害频发的重灾区。这些地区的地形、地貌、地质条件等具有复杂性和多样性，多火山、地震、洪水、塌方、雪灾等自然灾害，并且地区之间的灾害能够产生"溢出效应"，相互影响。例如，发生在中国新疆的地震往往会给哈萨克斯坦的边境地带带来一定的余震风险。在应对灾害的过程中，两国都建立起了较为完善的灾害应对体系，也成为两国在危机中合作的基础。

（一）全球范围内自然灾害的增加

随着全球气候变暖形势日益严峻，全球范围内自然灾害，如地震、海啸、洪涝、干旱等频发，极端天气和气候事件（极端降雨、雪灾、干旱等）的变化也引起学者的广泛关注。IPCC 第六次评估报告（AR6）第一工作组报告《气候变化2021：自然科学基础》显示，自1850—1900年以来，全球地表平均温度已上升约1℃，从未来20年的平均温度变化来看，全球温度上升预计将达到或超过1.5℃。除非立即、迅速和大规模地减少温室气体排放，否则将升温限制在接近1.5℃或甚至是2℃都将是无法实现的。报告显示，全球升温1.5℃

时,热浪将增加,暖季将延长,而冷季将缩短;全球升温2℃时,极端高温将更频繁地达到农业生产和人体健康的临界耐受阈值。气候变化正在给不同地区带来多种不同的组合性变化,而这些变化都将随着进一步升温而增加,包括干湿的变化,风、冰雪的变化,沿海地区变化和海洋的变化。①

除气候变化带来的危机外,全球范围内的自然灾害和人为造成的灾害不断给人类带来重大损失,危及个人、社区以及世界各国的安全和福祉。2010—2020年,全球超过15亿人受到灾害的各种影响,其中,妇女、儿童和处境脆弱群体受到的影响尤为严重。经济损失更是难以统计,灾害严重阻碍了联合国可持续发展议程的实现。例如,2020—2021年,新冠疫情流行、美国德克萨斯州寒潮、亚马孙雨林山火、越南九场强风暴等事件达到过去从未有过的严重程度。联合国大学环境与人类安全研究所(UNU-EHS)2021年9月2日发布的报告《相互联系的灾害风险(2020/2021)》(Interconnected Disaster Risks 2020/2021)显示,人类造成的温室气体排放、灾害风险管理不足,以及在决策过程中低估环境成本和效益这三个因素是影响大多数事件的根本原因。②

应对灾难的国际合作的重要性也被提高到了前所未有的高度,正如世界气象组织(WMO)秘书长、减少灾害风险特别代表马米(Mami Mizutori)所言:"早期预警系统可以挽救更多的生命,但由于易受灾地区人口有所增长以及天气事件的强度和频率不断增加,面临灾害风险的人数也在增加,这也是事实。为应对每年因洪水、风暴和干旱而造成大量人员流离失所这一长期问题,需要开展更多的国际合作,需要加大对全面灾害风险管理的投资,确保将适应气候变化纳入

---

① 《IPCC 最新气候报告:气候变化广泛、快速并不断增强》,2021 年 11 月 16 日,中国气象新闻网,http://www.zgqxb.com.cn/zt/2021zt/20211115/2020010301/202111/t20211116_587490.html。

② The mission of the Institute for Environment and Human Security (UNU-EHS), Interconnected Disaster Risks 2020/2021, https://interconnectedrisks.org/.

国家和地方减少灾害风险战略。"

(二) 中国的地理环境与自然灾害

中国陆地面积约为 960 万平方公里，位于亚欧大陆东部，地势呈现西高东低、阶梯状分布特点，地形多种多样，既有山区也有高原和平原，面积广大。多种多样的地形为因地制宜发展农、林、牧、副多种经营提供了有利条件，同时也给许多自然灾害埋下隐患。地形地貌的复杂性、海陆差异和垂直差异显著，以及东西跨经度广、南北跨纬度大的特点也使得中国气候类型多种多样，气候区域分布明显，冬季寒潮、大风和低温霜冻以及干旱灾害多发，夏季则多遇暴雨洪涝、高温伏旱和台风灾害。

中国应急管理部将自然灾害分为七种类型，其中较为常见的灾害类型包括地震、极端气候变化、洪水、风暴、风暴潮、森林火灾、干旱、虫害、山体滑坡和崩塌。尤其是地震、干旱和飓风往往会造成重大损失。[①] 如 2008 年"5·12"汶川地震以及西部和西南部的暴雪与大面积冰冻天气；2012 年的"文森特""苏拉"和"海葵"三个超级台风；2013 年的雅安地震和超级台风"菲特"，更是给生产和生活带来重大影响。一直以来，中国都是亚洲地区自然灾害比较严重的国家，2020 年由自然灾害造成的直接经济损失达 3701.5 亿元，比上年增加 430.6 亿元。[②]

面对自然灾害所带来的人员伤亡和经济损失，中国政府十分重视灾害和应急管理体系建设，应急管理成为国家治理体系和治理能力的重要组成部分。2018 年 3 月，《国务院机构改革方案》提出组建应急管理部，4 月 16 日，应急管理部举行挂牌仪式，正式对外履行职责。2019 年 11 月 29 日，习近平总书记在主持中央政治局就国家应急管理

---

① Asian Disaster Reduction Center (ADRC). Information on Disaster Risk Reduction of the Member Countries: China [EB/OL]. https://www.adrc.asia/nationinformation.php?NationCode=156&Lang=en&NationNum=22。

② 《应急管理部发布 2020 年全国自然灾害基本情况》，2021 年 1 月 13 日，气象局网站，http://www.cma.gov.cn/2011xwzx/2011xmtjj/202101/t20210113_570056.html。

体系和能力建设的第十九次集体学习时指出，中国是世界上自然灾害最为严重的国家之一，灾害种类多，分布地域广，发生频率高，造成损失重，这是一个基本国情。同时，我国各类事故隐患和安全风险交织叠加，易发多发，影响公共安全的因素日益增多。加强应急管理体系和能力建设，既是一项紧迫任务，又是一项长期任务。[1] 与此同时，在地方层面，也有例如《省级国土空间规划编制指南（试行）》和《市级国土空间总体规划编制指南（试行）》等配合施行，形成从中央到地方较为完备的灾害应急管理体系。[2]

（三）哈萨克斯坦的地理环境与自然灾害

哈萨克斯坦位于亚欧大陆中部，约在东经50°—85°，北纬40°—55°范围内，国土面积为270万平方公里，是世界上最大的内陆国。境内地形地貌复杂，呈现出东南高、西北低的地形走向，其中大部分领土为平原和低地。南部是天山，东部是阿尔泰山。西部的里海是世界上最大的湖泊。湖的周围是沙漠、平原和丘陵。哈萨克斯坦深居内陆的特点也决定了其大部分区域属于温带大陆性干旱半干旱气候，1月平均气温为-19℃——4℃，7月平均气温为19℃—26℃，冬冷夏热，降水少且季节分配不均。

复杂的地形地貌以及气候条件决定了哈萨克斯坦的主要灾害有干旱、风暴、滑坡和斜坡塌陷、洪水、地震和森林火灾等，其中最严重的是地震和洪水。据统计，哈萨克斯坦每年有约30万人受洪水影响，造成约30亿美元（年均）损失，每年有约20万人受地震影响，造成约10亿美元（年均）损失。[3]

例如，2003年5月23日，哈萨克斯坦江布尔州发生了里氏6—

---

[1] 《充分发挥我国应急管理体系特色和优势　积极推进我国应急管理体系和能力现代化》，《人民日报》2019年12月1日。

[2] 《自然资源部办公厅关于印发〈省级国土空间规划编制指南〉（试行）的通知》，2020年1月17日，自然资源部网站，http://gi.mnr.gov.cn/202001/t20200120_2498397.html。

[3] Global Facility for Disaster Reduction and Recovery, "Disaster Risk Profile: Kazakhstan", https://www.gfdrr.org/en/publication/disaster-risk-profile-kazakhstan.

6.5级地震。3.6626万人受到影响，房屋和社会基础设施严重倒塌。2008年2月21日至22日，由于大雨和气温突然升高导致雪迅速融化，哈萨克斯坦南部部分地区受灾，有2383所房屋被淹没，298所房屋被毁，超过1.3万人（约1800个家庭）流离失所。[①] 除此之外，由于多蚊虫等原因，哈萨克斯坦境内容易多发克里米亚—刚果出血热、肝炎、利什曼病、蜱传播的脑炎传染病。这些灾害给哈萨克斯坦带来较大经济损失，因此无论是防范风险还是紧急救援，都成为哈萨克斯坦国际合作的重要内容。

哈萨克斯坦建立了相应的应急体系以应对各类紧急状况，设立了紧急情况部门，旨在对全国的灾害进行管理和开展应对工作，比如政策制定和审批、监督管理和监测、组织协调和跨部门调配、报告建议和通知、宣传教育和培训以及国际合作。除此之外，能源部门以及其他部门也协助进行紧急情况应对。在硬件基础设施建设方面，哈萨克斯坦配备了相应的应急救援设备，建立了有效的专业救援队，信息网络中心和指挥中心，及时开展灾情收集、辅助决策和信息发布等。

## 二 中哈紧急情况合作

面对自然灾害频发的现状，出于对应急管理国际合作的重视，经过三十年的合作，中哈两国在该领域取得了扎实的成绩。两国在双边条约和联合声明中也多次强调，希望提升紧急情况合作在中哈关系中的地位，同时积极采用新理念、新技术，不断强化紧急情况合作的效果。随着各类自然灾害越来越呈现全球性、综合性、长期性的特点，中哈紧急情况合作也朝着不断深化和扩展的方向发展。

第一，中哈两国均十分重视对灾害紧急互助与合作，并通过官方法律文件形式对合作进行强调与巩固。2002年签署的《中华人民共

---

[①] Asian Disaster Reduction Center（ADRC）, "Information on Disaster Risk Reduction of the Member Countries: Kazakhstan", https://www.adrc.asia/nationinformation.php? NationCode = 398&Lang = en&NationNum = 05.

和国和哈萨克斯坦共和国睦邻友好合作条约》第十条规定:"缔约双方将依据相关国际条约,采取必要措施,防止环境污染,合理利用自然资源,并在制定和具体实施中亚次大陆可持续发展政策方面采取切实措施。双方将在环境保护,包括生物多样性、沙尘暴防治、生态监控、消除生态灾害及其对环境影响,以及在中哈有关双边协定基础上合理利用和保护跨界河流方面开展合作。"在 2005 年 7 月的《中华人民共和国和哈萨克斯坦共和国关于建立和发展战略伙伴关系的联合声明》中,双方"高度评价中哈利用和保护跨界河流联合委员会取得的各项成果,特别是有关双方紧急通报跨界河流自然灾害信息的协议,并将在现有机制下继续合作,包括通报自然灾害情况,以保证合理利用和保护两国跨国界河流水资源"。2011 年 6 月的《中华人民共和国和哈萨克斯坦共和国关于发展全面战略伙伴关系的联合声明》对两国"在双边基础上和上海合作组织框架内开展紧急情况领域合作表示满意。在当前重大自然和技术灾难威胁不断增长的情况下,双方将共同积极努力,进一步加强两国紧急救灾部门的合作"。

第二,中哈两国通过"双边 + 多边"形式推进紧急情况合作。一方面,中哈两国之间紧急救灾部门的具有良好的合作基础,无论是中国的应急管理部,还是哈萨克斯坦的紧急情况部,均履行着在自然灾害与突发事件发生之时与其他国家开展国际紧急合作的职责。哈萨克斯坦紧急情况部代表团曾于 2009 年 10 月和 2011 年 4 月访华。2014 年 5 月,时任中国民政部副部长姜力与哈紧急情况部部长博什科分别代表本国政府签署了《中国—哈萨克斯坦紧急情况应急预案》,约定当发生紧急情况且无法单靠一方力量处置时,两国可协同处理。[①] 除法律基础外,中哈双方还不断完善合作的内容、范围、方式,如完善人员互访机制、专家会议机制、救援机制等。另一方面,中哈也在多边机制框架内进行合作,尤其是围绕上海合作组织开展了一系列行

---

① 罗楠、张耀东、赫长平等:《哈萨克斯坦环境应急体系研究》,《世界环境》2018 年第 1 期。

动。上海合作组织自成立起,就尤为强调减灾救灾领域的合作,签署了《上合组织成员国政府间救灾互助协定》,举行成员国紧急救灾部门领导人会议(每两年举办一次)等,讨论交流的内容涉及各国的自然灾害情况、灾害管理体制机制、防灾减灾救灾的新理念和新举措等。中哈积极参与上合组织框架内的各类培训和联合演练。例如,2015年6月3日在哈萨克斯坦阿拉木图州塔姆卡垒塔斯景区的"岩石城—阿斯塔纳"基地,代表中国的57名新疆消防总队官兵与来自哈萨克斯坦、俄罗斯、吉尔吉斯斯坦、塔吉克斯坦的救援队一起,参加上海合作组织国际救援联合演练。

第三,中哈紧急情况合作不断采取新技术,提高救灾与应急能力。例如,采取无人机参与紧急行动,可识别森林和山区的火灾,用于早期识别洪水威胁,雪崩、泥石流和山体滑坡的区域测绘,在受紧急情况影响的地区提供临时移动通信,为紧急合作带来了许多高效与便利之处。2021年9月,哈萨克斯坦的紧急情况部门、紧急情况和减灾中心同中国应急管理部国家减灾中心开展线上会议,交流应急管理和减少灾害风险系统方面的经验,分享在紧急情况下使用无人驾驶飞行器的成果和经验教训。[1]

### 三 2008年千里驰援汶川地震

作为同处于地中海—喜马拉雅火山地震带的国家,中国和哈萨克斯坦都受地震的影响。2008年5月12日发生在中国汶川的里氏8级大地震是新中国成立以来破坏力最大的地震,也是继1976年唐山大地震后伤亡最惨重的一次,共造成40余万人的伤亡和8400多亿人民币的经济损失,当地基础设施和生态环境等遭到严重破坏。

地震发生后,境内外纷纷提供援助,其中就包括中国的西北邻国

---

[1] United Nations International Children's Emergency Fund, "Kazakhstan and China: exchange of experience on using drones to reduce disaster risk in the best interest of children", https://www.unicef.org/eca/press-releases/kazakhstan-and-china-exchange-experience-using-drones-reduce-disaster-risk-best.

哈萨克斯坦。作为与中国有着传统友谊的国家,汶川地震灾情时刻牵动着哈萨克斯坦人民的心。时任哈总统纳扎尔巴耶夫得知这一消息后,第一时间对四川发生地震灾害表示深感悲痛,向所有遇难者家属和受灾群众表示诚挚慰问,并承诺哈萨克斯坦随时准备尽力向中方提供帮助。[①] 时任哈政府总理马西莫夫立即约见时任中国驻哈大使张喜云,递交了哈政府致中国人民的慰问信,并表示哈方将向中方提供援助物资。马西莫夫表示,灾情发生后,哈方一直密切关注中国的受灾情况及救援工作的进展。灾难造成大量人员伤亡,许多人失去亲人,哈方对此深表痛心。

2008年5月23日,在纳扎尔巴耶夫总统的指示下,哈政府宣布将动用政府储备,向中国提供一批帐篷、食品、御寒物资、药品等抗震救灾物资,价值超过4.3亿坚戈(约361万美元)。哈交通运输部门紧急调拨22节铁路机车运输。5月27日,首批援助的抗震救灾物资通过铁路运送到中国新疆的阿拉山口口岸,并在当日办理完毕入境手续后运往甘肃天水。该批物资共有9个车皮,计109.6吨,包含被褥、药品等物资。[②] 5月30日,又有10车救灾物资陆续抵达甘肃天水,包括帐篷300顶、被子5000条、枕头2.51万个、枕套4.21万个,衣物1.1716万套、褥子1.098万件、床单3.2万件,药品2.72万支,牛肉罐头共26.7808万听。这些物资全部被分配给受汶川地震波及的甘肃陇南、甘南、天水等灾区。[③]

随援助一同来到中国的还有时任哈萨克斯坦紧急情况部灾害预防司司长加巴索维奇、哈驻华使馆领事卡伊尔江等一行四人。他们抵达天水后,马不停蹄来到天水医院看望了在地震中受伤的孩子,并来到受灾严重的校舍走访。在医院中,加巴索维奇看望了受伤的高一学

---

① 《就中国四川地震灾害,国际社会继续向我表示慰问和提供援助》,《人民日报》2008年5月16日。
② 《哈萨克斯坦首批援华救灾物资入境运往甘肃》,2008年5月27日,凤凰网,https://news.ifeng.com/special/0512earthquake/rollnews/200805/0527_3410_564390.shtml。
③ 《哈萨克斯坦援助的抗震救灾物资抵达甘肃省天水市》,2008年5月31日,中国政府网,https://www.gov.cn/jrzg/2008-05/31/content_1000791.htm。

生,看到她虽身负重伤但仍然有着坚强的意志,想要继续学习。加巴索维奇深受感动,鼓励老师和学生们早日渡过难关,重建家园。

除官方提供的援助以外,在华东师范大学举行的抗震救灾捐款活动中,来自哈萨克斯坦的志愿者在对外汉语学院的募捐点向过往的留学生们介绍灾情,募集善款,许多已经得知消息,心系灾区的留学生纷纷驻足为受灾的中国人民捐款。[1] 2008年7月25日,联合国在纽约发起呼吁支持中国汶川地震灾区早期恢复,来自哈萨克斯坦的代表也在会上发言,并表示支持中国汶川地震灾区的早期恢复重建努力,愿意认真研究灾区需求,对呼吁给予回应。[2]

汶川地震后,应对地震等自然灾害作为中哈的共同利益,促使两国就这一领域展开合作。据新疆地震局介绍,中哈地震科技合作方面,该局与哈萨克斯坦地震研究所长期以来友好合作、相互助力、互通互鉴互访,共商合作、共谋科研、共享成果。每年互派专家进行培训学习、交流,定期交换地震观测资料数据用于地震预报和震情判定研究。2016年,新疆地震局援助哈萨克斯坦10套地震仪器,圆满完成哈萨克斯坦西部石油天然气田小震群的异常活动监测任务。2017年中哈交界处哈方发生5级地震,新疆地震局应哈方请求收集相关信息,积极协助哈方精确定位、及时掌握灾情信息。2017年6月2日,新疆地震局与哈萨克国际地震观测与研究中心首次召开视频会议,共商共谋地震科技合作,共享共建防震减灾成果。[3] 2018年,中哈双方续签《地震科技合作协议(2018—2022年)》,推进更为务实有效的合作。[4] 2021年8月,新疆地震局通过视频会议的形式,举办了"中

---

[1] 《本市教育系统继续积极开展募捐等各类救助活动》,2008年5月22日,上海教育报刊总社,http://edu.sh.gov.cn/web/zfhf/zfhf_detail.html? article_id=43022&area_id=1005。

[2] 中国常驻联合国代表团:《联合国在纽约发起支持中国汶川地震灾区早期恢复呼吁》,2008年7月25日,外交部网站,https://www.fmprc.gov.cn/ce/ceun/chn/xw/t478102.htm。

[3] 《中哈定期召开视频会议,创新优化沟通机制,共绘"一带一路"防震减灾合作蓝图》,2017年8月10日,西藏自治区地震局网站,http://www.xizdzj.gov.cn/a/4736.html。

[4] 《新疆地震局积极推进"一带一路"地震安全合作》,2019年9月10日,中国新闻网,https://www.cea.gov.cn/cea/xwzx/mtbb/5490501/index.html。

亚防震减灾技术与管理"培训班,邀请哈萨克斯坦等国的科研人员参加,致力于减轻地震灾害风险,推动双方进一步深化地震科技合作。①

## 第二节　共克时艰:反经济危机合作

对于21世纪来说,2008年注定是特殊的一年。这一年全世界目击了一场巨大的"金融海啸",被认为是全球金融枢纽的华尔街风雨飘摇,经历了一次"世纪洗牌"。美国联邦储备委员会前主席格林斯潘说,美国陷入"百年一遇"的金融危机之中,这是他职业生涯中所见过的最严重的一次金融危机。与此同时,危机迅速从美国向全球其他地区蔓延,从发达国家传导至发展中国家,从金融领域扩散到实体经济。欧洲主要金融机构相继发生风险,被迫由政府救助或被其他机构兼并。惠泽全球多年的经济扩张期戛然而止。国际货币基金组织数据显示,2009年新兴经济体发展急剧减速,GDP增幅只有2.8%,而发达工业国家出现负增长,增速为-3.4%。危机也对中国和哈萨克斯坦的经济带来了较大冲击,两国都出现了出口下降,实体经济受损,部分中小企业倒闭,金融市场波动加大等问题。面对严峻的形势,中国和哈萨克斯坦及时出台反危机计划,并借机推动本国经济转型进程。中国制定了拉动经济的"反危机计划",很快稳定了本国经济形势。哈萨克斯坦同样出台了旨在稳定金融市场、激活房市、支持中小企业、发展农业、促进工业增长和加大基础设施建设力度的反危机计划,努力减少金融危机对国内经济的消极影响,自信地应对金融

---

① 《新疆地震局举办"中亚防震减灾技术与管理培训班"开班仪式》,2021年8月27日,地震局网站,https://www.cea.gov.cn/cea/xwzx/xydt/5604482/index.html。

危机的挑战。① 同时两国相互支持，团结互助，不仅维护了本地区经济形势的稳定，也合力推动了国际经济治理体系的转型。

## 一 2008年国际金融危机冲击下的中哈两国

2008年冬，美国经济陷入全面衰退，随着金融机构流动性短缺的持续，全球股市创下"9·11"恐怖袭击以来的最大跌幅。2008年1月，为了减缓经济下滑，美联储将基准利率下调了3/4个百分点，这是25年来最大的一次降息。9月，雷曼兄弟倒闭。美国失业率达到10%，大约380万美国人因丧失抵押品赎回权而失去家园。国际主要金融市场动荡加剧。欧洲、日本和新兴市场股市大幅下挫，不少市场跌幅超过50%。国际油价急剧波动，在当年7月创历史新高后，随后几个月又急速下滑，跌幅超过60%。部分新兴市场货币大幅贬值，个别央行被迫动用外汇储备进行干预。在国际金融危机的严重冲击下，世界经济增长放缓。按照国际货币基金组织的预测，发达经济体将陷入全面衰退，新兴经济体也面临严重冲击。

### （一）危机对中国的冲击与中国的应对

中国经济对出口高度依赖，世界需求下降对中国意味着经济放缓。2007—2014年，中国经历了一段棘手的经济转型，经济增速从14%跌到7%左右。同时，中国的债务风险也在加剧。国际金融危机发生后，中国政府一直密切关注这场危机的发展态势和国内经济形势的变化，针对金融危机带来的最新变化，实施灵活审慎的宏观经济政策，密集出台一系列政策措施。这些措施既是对中国面临的国际和国内经济挑战所作出的回应，同时也是加强国际合作、确保世界经济稳定和增长的具体行动。

特别是在2008年11月国务院常务会议召开后，中国出台了进一

---

① 《哈萨克斯坦总统纳扎尔巴耶夫：祝中国更繁荣昌盛》，2009年4月14日，中国政府网，http://www.gov.cn/jrzg/2009-04/14/content_1285158.htm。

步扩大内需促进经济平稳较快增长的措施,实行积极的财政政策和适度宽松的货币政策,加快民生工程、基础设施、生态环境建设和灾后重建,提高城乡居民特别是低收入群体的收入水平,促进经济平稳较快增长。具体包括:加快建设保障性安居工程;加快农村基础设施建设;加快铁路、公路和机场等重大基础设施建设;加快医疗卫生、文化教育事业发展;加强生态环境建设;加快自主创新和结构调整;加快地震灾区灾后重建各项工作;提高城乡居民收入;在全国所有地区、所有行业全面实施增值税转型改革;加大金融对经济增长的支持力度。

中国促进经济增长的举措,再次提振了民众对世界经济发展的信心。澳大利亚总理陆克文认为,中国的经济促进计划"非同凡响",不仅对中国经济,对东亚经济和世界经济来说也是非常好的消息。[①]

(二) 危机对哈萨克斯坦的冲击与哈的应对

这次国际金融危机对哈萨克斯坦产生影响的传导机制主要表现为三个途径。第一,由于投资了西方的国债或其他资产,直接或间接地购买了美国的次贷,导致资产价值迅速缩水。第二,由于流动性短缺,外资撤离,导致外部投资锐减,很多建设项目被迫下马。第三,由于需求降低,导致生产和出口疲软,财政收入大幅减少。哈萨克斯坦是油气等资源性产品的出口大国,经济在很大程度上靠能源出口拉动。从统计数据看,国际金融危机确实给经济对外依存度较高的哈萨克斯坦带来比较严重的影响,主要宏观经济指标均呈现下降趋势,包括股市大幅下挫、货币贬值、外资大量撤离、外汇储备减少、工业生产和 GDP 增幅下降、失业增加等。2008 年哈 GDP 增幅只有 3% (2007 年为 8.5%),36% 的国内企业亏损,本币坚戈贬值 20%,物价上涨近 30%,证券市场指数下跌 66%。哈商业银行的外债危机迅

---

① 《全球携手应对国际金融危机纪实:震撼世界的60天》,2008 年 11 月 17 日,中国政府网,http://www.gov.cn/jrzg/2008-11/17/content_1151420.htm。

速爆发，包括国家第一大商业银行——图兰—阿列姆银行在内的多家大型银行几近破产。此外，高度依赖银行贷款的房地产业也一片惨淡。

2008年11月底，哈政府、中央银行、金融监管局颁布《哈萨克斯坦共和国2009—2010年稳定经济和金融体系计划》，旨在缓解国际金融危机对哈萨克斯坦社会经济带来的不利影响，为实现经济进一步有效增长创造必要条件。该计划确定了哈政府2009年的工作重点：稳定金融领域；解决房产市场问题；支持中小企业；发展农工综合体和落实创新、工业和基础设施项目。[①] 2009年年初又通过了该计划的实施细则，决定从国库和其他渠道调拨2.2万亿坚戈（约合180亿美元），以抵御国际金融危机的不利影响。此外，国家通过降税、降低小企业注册资金等措施扶持实体经济，央行通过坚戈主动贬值25%来保证哈出口商品的竞争力和国家外汇储备规模，通过数次下调银行基准利率等措施增加资金的流动性。在各项综合措施的作用下，哈经济下降趋缓，工农业指标企稳，投资规模扩大，财政收入增加，房地产市场开始解冻，通胀压力减小。

## 二 中哈合作应对2008年国际金融危机

在2008年爆发的国际金融危机这场国际性危机面前，没有一个国家能够独善其身。对于边界相邻的中国和哈萨克斯坦而言，合作度过金融危机、避免本国遭受更大的损失成为两国的共同利益。因此，在危机来临之际，两国在采取针对性措施应对国内金融危机的同时，还积极加强金融和投资合作，以提高彼此对危机的预防和管控能力，实现经济的进一步发展。[②]

---

① ［哈］伊克拉姆·阿德尔别科夫：《哈萨克斯坦应对金融危机的措施》，《俄罗斯中亚东欧市场》2009年第4期。

② 《中哈官员及学者呼吁加强合作抵御金融危机》，2008年12月23日，搜狐网，http://news.sohu.com/20081223/n261381659.shtml。

（一）"石油换贷款"

2008年10月底，时任中国国务院总理温家宝访问哈萨克斯坦并出席上海合作组织成员国总理理事会第七次会议，已经感受到经济危机的哈方希望中方提供100亿美元资金援助，帮助其稳定金融市场，应对资金短缺的局面，于是双方达成"石油换贷款"意向。[①] 2009年4月15—19日，哈总统纳扎尔巴耶夫访华并参加博鳌论坛期间，中哈签署关于中国进出口银行与国家开发银行向哈萨克斯坦提供两批总额为100亿美元的贷款协议。这笔资金数额庞大，自然在两国乃至国际社会都产生强烈反响。要知道，所谓的金融危机就是因为资金链断裂而造成，当时世界各国都缺乏资金，中国本身也在经受经济危机的考验，企业资金也同样短缺，但中国依然拿出100亿美元贷款帮助哈方，真可谓雪中送炭。

这笔贷款资金中，有50亿美元用于哈萨克斯坦的能源工业和基础设施建设，包括三家哈萨克斯坦石油加工企业的现代化改造项目（每家企业可获得至少10亿美元），以及在阿特劳建设天然气加工综合体项目（至少10亿美元）。这些项目的建设工程施工由中国石油负责，还要引进中国生产的设备，或者聘请中方技术人才参与施工。另有50亿美元是中国进出口银行（具体执行方是中国石油）向哈萨克斯坦国家石油天然气集团注资，成立合资公司，联合收购哈萨克斯坦曼吉斯套油气公司的部分股权。曼吉斯套油气公司成立于1995年，在哈境内拥有36处油气田，可采储量约1.94亿吨。从1997年开始，印度尼西亚的中亚石油公司逐渐掌握曼吉斯套油气公司100%股权。哈政府一直有意收回该油气公司，但苦于资金不足。这次趁国际油价大跌的良机，哈政府借助中国贷款，与中国石油合作，联合收购了曼吉斯套油气公司，并获得控股权。

---

① 瞭望：《上合组织携手应对金融危机》，2009年6月16日，中国新闻网，http://www.chinanews.com/gn/news/2009/06-16/1736365.shtml。

中国的 100 亿美元贷款让哈萨克斯坦有效完善了本国的能源产业链，从上游的开采到下游的运输和油气加工，国家的能源安全保障水平得到极大提升。另外，国家的石油资源不仅没有因油田亏损而更多地被外资占有，反而收回很多，这让哈政府和国民高兴不已。中国石油也获得了更多的海外份额油和工程承包项目。可以说，这是典型的互利双赢合作。中国没有乘人之危，没有 100% 收购哈国油气资源。哈萨克斯坦也不忘利益共享，不是单纯的借款，而是将产业和金融相结合，利用中国资本将中哈两国的产业链条紧紧捆绑。2008 年国际金融危机不仅没有冲垮两国经济，反而让中哈合作得更加紧密，危急时刻的相互提携使双方的互信互利愈加牢固。正如 2011 年的《中华人民共和国和哈萨克斯坦共和国联合公报》所指出，"在金融危机期间，双方采取及时有效的措施，共同应对国际金融危机的影响。2010年的中哈双边贸易总额达 204 亿美元，大幅超过危机爆发前的两国贸易额水平（2008 年为 175 亿美元，2009 年为 141 亿美元）"。[①]

（二）合力推动国际"游戏规则"的改变

在贷款合作的同时，中哈双方还意识到，正是因为国际金融体系存在缺陷，才导致 2008 年的国际金融危机。中国驻国际货币基金组织执行董事葛华勇认为："改革现行的国际货币和金融体系，并不是要将一切推倒重来，而是要使其能够反映已发生巨大变化的世界经济格局，能够适应未来国际经济和金融不断发展的需要。"而且这次金融危机源自主要发达国家，对广大发展中国家而言，却要承担金融危机带来的种种后果。长期以来，国际金融体系的"游戏规则"主要由发达国家主导，忽视了广大发展中国家的利益，这种局面必须要改变。因此，2008 年 4 月的《中华人民共和国和哈萨克斯坦共和国联合声明》专门指出，"为遏制金融危机的继续扩散和蔓延，国际社会

---

[①]《中华人民共和国和哈萨克斯坦共和国联合公报》，商务部网站，http://policy.mofcom.gov.cn/pact/pact-Content.shtml?id=2043。

应通力合作,加强国际金融监管合作,推动国际金融组织改革,提高发展中国家在国际金融组织中的代表性和发言权,鼓励区域金融合作,改善国际货币体系"。《联合声明》高度评价中哈彼此应对国际金融危机采取的及时有效措施,并确定将继续密切在该领域的合作,加强金融监管,相互交流经验和信息,提高抵御风险的能力,通过积极推进落实双边经贸、能源等领域具体合作项目,促进两国经济平稳较快发展,为维护世界金融形势稳定做出应有的贡献。①

(三) 借鉴成功经验

哈萨克斯坦独立后的发展过程伴随"发展—危机—发展"这样一个螺旋式上升的循环往复的经历,可谓在不断总结经验教训的基础上逐渐成熟。哈萨克斯坦首任总统纳扎尔巴耶夫曾指出:"哈萨克斯坦独立后曾面临四次挑战。在苏联的废墟上,我们创建了一个现代化市场经济国家。在1997—1998年亚洲金融危机紧张时期,我们不仅制定了'2030战略',还开始了新首都阿斯塔纳的建设,这不仅是哈萨克斯坦最大的基础设施项目,也是展望未来的国家象征。在2008—2009年国际金融危机期间,我们用'加速工业创新发展纲要'应对挑战。结合2012—2017年全球实际情况,我们制定了'2050战略',用'光明之路'这一大规模基础设施发展计划、'五项改革'和'第三次现代化'来应对挑战。完全有理由相信,哈萨克斯坦建立了独一无二的国家建设和发展模式。如果说国家是一个活生生的机体,那么哈萨克斯坦模式就是形成这一机体的母体,使这一机体沿着明确规定的目标方向,充分发挥每个环节的作用而平稳运行。"

哈萨克斯坦首任总统基金会执行总裁穆罕默德扎诺夫在接受中方媒体联合采访时指出,中国在应对金融危机方面的经验值得借鉴,在应对危机的过程中,中国并非仅仅扶持金融产业,而是将重点放在加

---

① 《中华人民共和国和哈萨克斯坦共和国联合声明》,2009年4月17日,外交部网站,http://www.mfa.gov.cn/ce/cegv//chn/xwhd/t557862.htm。

强基础设施建设和扩大内需上,同时注重提高居民收入和购买力。与其他国家相比,中国在金融危机背景下实现的国内生产总值增幅非常可观,其制定的相关政策经验值得哈萨克斯坦认真研究。①

2011年2月纳扎尔巴耶夫总统访华时,非常激动地表示:在应对国际金融危机中,中国向哈方提供了有力支持,带动了哈中务实合作取得丰硕成果。深化哈中全面战略伙伴关系意义重大。哈方愿与中方密切配合,本着友好互信的精神,利用两国总理定期会晤等机制,规划和指导两国各领域合作,进一步提高两国经贸、能源、核能、科技、交通等领域合作水平,加强两国毗邻地区合作,实现共同发展。②

## 第三节 合作抗疫

2020年初暴发的新冠疫情肆虐全球,中哈两国也不例外。"疫情给全人类上了一课。世界是一个有机整体,无论一个国家经济如何发达,在危机面前都离不开其他国家的帮助。世界各国命运与共,人类战胜危机、实现发展的唯一出路在于合作与相互支持。"人类只有携手并进,才能应对当前以及未来可能出现的各种全球性危机。③中哈联手抗击疫情,有助于增强人类命运共同体意识,完善全球治理,是对逆全球化暗流的反击,也是两国民心相通的又一次明证。④

抗击疫情是中哈两国的共同利益。本着"共克时艰、守望相助"

---

① 《穆罕默德扎诺夫:中国应对金融危机经验值得研究》,2010年3月1日,中国政府网,http://www.gov.cn/jrzg/2010-03/01/content_1544922.htm。
② 《温家宝会见乌兹别克斯坦、哈萨克斯坦和伊朗总统》,2012年6月6日,中国政府网,http://www.gov.cn/ldhd/2012-06/06/content_2155085.htm。
③ 张梦旭、周翰博:《"为构建人类命运共同体携手前行"》,2020年9月27日,人民网,http://jx.people.com.cn/n2/2020/0927/c186330-34319404.html。
④ 钱镇:《光明时评:互援互助 共防共治 推动构建人类命运共同体》,2020年3月9日,光明网,https://guancha.gmw.cn/2020-03/09/content_33632265.htm。

的精神，两国开展了一系列抗疫和医疗卫生合作，不断丰富中哈永久全面战略伙伴关系的内涵。除互赠医疗用品外，中方还派出医疗队伍，线上线下交流抗疫和医疗卫生经验，培训交流对象，全方位支持哈国抗疫。[①] 抗疫合作将中哈两国关系提到了一个新高度。两国携手共同应对全球公共卫生安全风险，加强国际公共卫生合作，两国人民守望相助，展现出人类在重大灾难面前的勇气、决心、关爱，照亮了至暗时刻。

## 一 哈萨克斯坦雪中送炭

在新冠疫情的防控中，哈萨克斯坦可以说是世界上少有的及早重视并行动起来预防疫情的国家。在中国宣布疫情暴发的一周之内，2020年2月初，哈萨克斯坦就开始从中国组织陆续撤侨。同时，宣布中断与中国之间的航空、客车联系，切断可能的传染源。这一阶段哈萨克斯坦主要防控对象是当时全球疫情最严重的国家。当然这是为了防止病毒扩散到本国的合理举措，针对的只是病毒，并没有针对特定国家和国民。在中国防疫形势取得根本性好转之后，哈萨克斯坦就在第一时间将中国从疫情最严重国家名单中去除。此外，哈萨克斯坦没有像某些国家那样对中国指责干涉和污蔑，反而还是第一批向中国提供人道主义援助的国家之一，派专机向中国运送了13吨医疗物资。在中国疫情最严重的时刻，这无疑是雪中送炭之举。

（一）高度评价中方抗疫

哈萨克斯坦总统托卡耶夫多次高度评价中国抗疫，并表达哈方将与中方共同抗御这一全球性威胁的意愿。早在疫情暴发初期的2020年2月1日，托卡耶夫便致信习近平主席，高度评价中国领导人和中国政府为防治疫情扩散而采取的一系列卓有成效的措施，同时强调指

---

① 《对外投资合作重点国别（地区）新冠肺炎疫情应对指南：哈萨克斯坦》，https：//fdi. swt. fujian. gov. cn/uploadfiles/file/20201222/1608601380463303. pdf。

出，如果中方有需要，哈萨克斯坦随时愿意提供力所能及的人道主义援助，另外还向中方介绍了哈萨克斯坦方面为防止新冠疫情进入哈萨克斯坦而采取的相关措施。[①] 3月24日晚，习近平主席同哈萨克斯坦总统托卡耶夫通电话。托卡耶夫表示，中国人民在疫情防控方面取得杰出成就，为世界各国人民注入了信心和希望；全世界都目睹了中国医疗体系的高超水平和中国医护人员的高度敬业，中国再次展示了应对复杂困难挑战的高效治理能力，哈方对此高度评价并表示祝贺；当新冠疫情在世界范围蔓延之际，哈萨克斯坦也不能独善其身，哈方希望同中方加强合作，尽快战胜疫情。[②]

哈萨克斯坦学界与媒体也高度认可中国的抗疫成绩。哈萨克斯坦外交部国际关系委员会成员、"一带一路"专家俱乐部成员阿依达尔·阿姆列巴耶夫在接受记者采访时表示，作为中国的亲密朋友，哈萨克斯坦人民与遭受疫情的中国人民"感同身受"。在新冠疫情下，没有哪个国家能够独善其身。中国政府采取的预防措施和治疗措施是积极有效的，疫情的防控工作向好的方向发展。[③] 哈萨克斯坦首任总统基金会中国和亚洲研究计划首席专家安东·布加延科说，中国政府及时采取措施阻止病毒蔓延，在短短几天内组织动员全国人民抗疫，令人印象深刻；中国政府疫情信息发布的透明度值得赞扬，采取的措施对遏制病毒传播很有效，相信会达到预期效果[④]。《哈萨克斯坦实业报》2020年2月7日发布整版专题报道《加油中国！加油武汉！》，以图片报道的方式介绍中国抗击新冠疫情情况。《哈萨克斯坦实业报》社长科尔茹姆巴耶夫说，哈国媒体一直关注中国采取的抗击新冠疫情措施，相信伟大邻国定能战胜疫情。

---

① 《托卡耶夫总统致信习近平主席》，2020年2月1日，哈萨克国际通讯社网站，https://www.inform.kz/cn/article_a3610049。

② 《习近平同哈萨克斯坦总统托卡耶夫通电话》，《人民日报》2020年3月25日。

③ 《哈萨克斯坦专家：疫情不会影响"一带一路"建设实施》，2020年2月28日，商务部网站，http://fec.mofcom.gov.cn/article/fwydyl/zgzx/202002/20200202939730.shtml。

④ 《综合消息：多国专家学者积极评价中国抗击新冠肺炎疫情举措》，2020年2月8日，新华网，http://www.xinhuanet.com/2020-02/08/c_1125547868.htm。

## (二) 雪中送炭

中国发生新冠疫情后，哈政府共向中国提供了 13.6 吨抗击疫情急需的医疗援助（100 万双医用手套和 50 多万只口罩）。首批 10.6 吨物资于 2020 年 2 月 1 日直接运至武汉，第二批物资于 2 月 3 日到达北京机场。[①] 对于处在抗疫初期的中国而言，哈萨克斯坦的援助物资无疑是雪中送炭。2020 年 2 月 10 日和 12 日，哈萨克斯坦民航局两次派出飞机，免费将滞留在哈的 43 名中国公民送至北京。

除政府部门外，哈萨克斯坦的社会组织也积极行动，为中国疫情助力。2020 年 1 月 31 日，哈萨克斯坦的东干族社团向中国捐赠医用口罩、防护服和药品等急需医疗物资。哈萨克斯坦东干协会主席安胡塞指出："哈萨克斯坦和中国是近邻、是好友。作为哈萨克斯坦共和国公民，我们东干族人记得我们的根、我们的起源、我们的历史故乡。我们深切体会到武汉遭受了巨大损失，赞扬中国举国为抗击疫情所作的努力，并希望为此做出一点贡献，我们将对华提供人道主义援助，捐赠医用口罩和防护服。"[②]

2020 年 2 月初，哈萨克斯坦中国贸易促进协会会长哈纳特在阿斯塔纳发起了"援助友好邻邦防控新冠疫情爱心募捐活动"，最终共筹得 300 万坚戈（约 6 万元人民币）。所有款项委托中国驻哈大使馆转交中国红十字总会。筹款活动伊始，便得到会员企业的积极响应，累计有 126 家企业捐款捐物，很多与中国没有业务往来的企业也纷纷捐款捐物，真正体现了一方有难八方支援的无疆大爱。哈萨克斯坦中国贸易促进协会会长哈纳特表示，在这个特殊的时期，哈萨克斯坦愿意和兄弟般的朋友中国一起，共克时艰，患难与共，提供力所能及的帮助。[③]

---

[①]《哈萨克斯坦援助中国 100 万双医用手套和 50 万多个口罩》，俄罗斯卫星通讯社，https://sputniknews.cn/society/202002041030578671/。

[②]《哈萨克斯坦、其他中亚国家及俄罗斯东干族向中国捐赠防护服与口罩提供人道主义援助》，2020 年 1 月 31 日，丝绸之路新闻社，https://silkroadnews.org/cn/news/-ad443。

[③] 周翰博:《我们愿与中国朋友患难与共》，2020 年 2 月 12 日，人民网，http://world.people.com.cn/n1/2020/0212/c1002-31583762.html。

与此同时，哈萨克斯坦各界也通过多种方式表达对中国的支持。哈萨克斯坦沙卡里姆大学校长、"一带一路"国际合作发展（深圳）研究院沙卡里姆大学分院院长梅尔先生向深圳大学发来慰问信，对中国人民在抗击新冠疫情斗争中表现出来的迅速应对、坚毅勇敢和团结表示深切的敬意、钦佩和兄弟般的支持，坚信中国这个伟大的国家和勇敢坚毅的中国人民一定能够战胜此次疫情。[1] 2020年3月哈萨克斯坦国家科学院给中国科学院发来慰问信，对中国遭受的疫情表示关切，对因病逝世人员及亲属表示慰问、祝患病人员早日康复，并愿意提供力所能及的协助。[2]

此外，哈萨克斯坦自媒体人士玛拉比制作的为武汉加油的视频也在哈社交媒体上引起广泛关注。玛拉比曾多次到过中国，用自己的镜头向哈民众展现中国各地的经济发展、自然风光和文化习俗。玛拉比还通过中国驻阿拉木图总领馆向武汉捐助口罩和巧克力。他说："武汉的疫情也牵动着哈萨克斯坦民众的心，希望能尽一点心意，为武汉人民捎去我力所能及的帮助。"玛拉比在视频中向中国人民表达祝福："乌云总会散去，晴天总会到来；封闭的道路被打开，欢声笑语会如期而至。"[3]

很多哈萨克斯坦民众，包括中小学生和大学生自发组织以各种形式为中国抗疫加油。武汉方舱医院医生跳哈萨克族舞蹈、武汉医护人员摘口罩庆祝抗疫情胜利的短视频，也在哈国内社交媒体中广泛传播并获得赞扬。

## 二 中国驰援哈萨克斯坦

在中国疫情稍有好转之际，哈萨克斯坦疫情却越发严峻。2020

---

[1] 《哈萨克斯坦沙卡里姆大学校长、一带一路国际合作发展（深圳）研究院沙卡里姆大学分院院长梅尔先生向深大和我研究院发来慰问信》，2020年2月14日，一带一路国际合作发展（深圳）研究院网站，http://www.brri.org.cn/? p=16733。

[2] 《哈萨克斯坦》，2020年3月31日，中科院网站，https://www.cas.cn/jh/202003/t20200331_4739296.shtml，访问时间：2021年9月11日。

[3] 《哈萨克斯坦媒体：疫情无法阻挡中国发展》，2020年2月9日，中新网，http://www.chinanews.com.cn/gj/2020/02-09/9084440.shtml。

年3月13日是一个转折点,哈萨克斯坦正式由非疫情国转为疫情国。哈卫生部于2020年3月13日发现国内首个病例,系3月9日和12日从德国归来的两名阿拉木图公民。从此,哈国内的新冠疫情开始蔓延。哈政府于3月15日宣布全国进入紧急状态,实施封闭管理措施,疫情逐渐得到控制。接下来,哈政府迅速采取了一系列的升级防控措施。哈总理马明在会见中国驻哈大使张霄时也表示,愿意借鉴中国抗击疫情的相关经验。

3月16日,托卡耶夫总统对全国民众发表电视讲话,宣布为了防止疫情扩散,国家正式进入为期一个月的紧急状态。紧急状态期间全国停止各类公共和人员聚集的活动,全国停办各类婚丧嫁娶,大型商场关停,中小学停课,大学改为网课。3月19日,哈又对首都阿斯塔纳和全国最大城市阿拉木图进行封城隔离,因为这两个城市是当时全国仅有的出现确诊病例的城市。

哈萨克斯坦的疫情牵动着中国人民的心。2020年3月21日,中国建设银行向阿斯塔纳国际金融中心、哈卫生部下属的萨姆鲁克药业公司和哈萨克斯坦红新月会捐赠医疗物资,这是中方向哈提供的首批人道主义援助物资。

3月24日,习近平主席与哈萨克斯坦总统托卡耶夫通电话,指出在应对这场全球公共卫生危机的过程中,唯有团结协作、携手应对,国际社会才能战胜疫情,维护人类共同家园。中方愿同包括哈萨克斯坦在内的世界各国一道,加强国际抗疫合作,共同维护全球公共卫生安全。[①]

(一) 紧急援助

根据两国元首关于加强抗疫合作的共识,中国政府提供的抗疫物资和医疗援助于2020年4月2日运抵阿拉木图,包括热像仪、试剂盒、护目镜等医疗用品和防护用品。

---

[①] 《习近平同哈萨克斯坦总统托卡耶夫通电话》,《人民日报》2020年3月25日。

2020年4月9日，中国向哈萨克斯坦派出抗疫医疗专家组，成员包括呼吸、重症、感染、中医、护理、公共卫生等领域十名专家。专家组由国家卫健委组建、新疆维吾尔自治区选派，其成员分别来自自治区人民医院、新疆医科大学第一附属医院、自治区中医医院、伊犁哈萨克自治州友谊医院、伊犁州疾病预防控制中心。医护人员奋勇争先，都想用自己的专业能力援助哈萨克斯坦人民抗疫。医疗队出发时，还随机携带了新疆维吾尔自治区捐赠的医疗物资，包括4.96万只一次性医用口罩、4800只医用N95口罩、2000套医用防护服、两台无创呼吸机等抗疫医疗物资及一批救治药品。中方专家组与哈方同行一道，深入一线，到访哈公共卫生中心紧急行动中心、国家科学心脏外科中心、定点隔离场所等地开展工作，与哈卫生部、公共卫生中心、医学院校等部门以及5000多名医务人员进行交流，分享中方在病例筛查、临床诊疗、重症监护、疫情防控等方面经验。专家组还同在哈中资企业员工、华侨华人、留学生进行了视频连线。[①] 据哈政府统计，专家组为1.079万人次举办35场培训讲座。15天的援助活动结束后，专家组还将课件和资料全部交给哈方。哈政府和民众对中国抗疫专家团队给予高度评价，哈卫生部为中国专家组颁发荣誉奖章。

(二) 各界纷纷响应

哈萨克斯坦疫情暴发后，山东省捐赠10万只口罩和6000件防护服；乌鲁木齐市捐赠的18万只口罩经霍尔果斯口岸运往防疫一线。中国土木工程集团有限公司哈萨克斯坦分公司向江布尔州50个贫困家庭捐赠物资；新疆三宝实业集团、陕哈实业集团协助哈方从乌鲁木齐、西安运送医疗物资；国内公益基金会、江西铜业、中国十五冶金建设集团有限公司哈萨克斯坦子公司等企业向哈方捐款捐物，携手抗

---

① 《2020年4月16日外交部发言人赵立坚主持例行记者会》，2020年4月16日，外交部网站，https://www.fmprc.gov.cn/web/wjdt_674879/fyrbt_674889/t1770418.shtml。

疫。……从政府到企业,纷纷伸出援助之手。

2020年4月23日,一批从中国采购的医疗物资运抵东哈萨克斯坦州。据东哈萨克斯坦州政府新闻处消息,载有总计14吨物资的专机于23日当地时间18：20时由中国抵达奥斯卡曼市机场。这批采购自中国的医疗物资包括10万套快速检测试剂、1.8万件防护服、8万份面罩和1万只医用口罩。值得一提的是,如此大量的物资能够在短时间内完成采购和运输,是由于中国新疆三宝集团提供了重要的支持和帮助。该企业此次还出资1000万坚戈,为东哈萨克斯坦州支援了2200套Alena-310牌防护口罩和20万套用于采血的一次性针头和刻度滴管。国内公益基金会援助的抗疫物资包括医用口罩、医用防护服、医用手套及非接触式温度计等,重量超过4.5吨。

2020年9月,中国石油与哈萨克斯坦国家油气集团共同向奇姆肯特市和阿拉木图州捐赠100台制氧机。12月,中国石油与哈方合作伙伴一道,为哈萨克斯坦人民慈善基金会捐赠抗疫资金40亿坚戈,用于购买MRI扫描仪、计算机断层扫描仪、X射线机、超声和内窥镜诊断设备,以及用于诊断治疗新冠病毒感染的呼吸机。除此之外,中国石油在哈萨克斯坦各地的项目公司积极行动,对接当地政府,累计捐赠物资与资金超38亿坚戈。

对于中国企业的善举,哈总统托卡耶夫在其社交媒体上感谢中国企业家们的慷慨援助,表示在"极其困难的情况下,团结是非常重要的。我们一起抗击疫情,就一定能够成功战胜疫情"。[①]

哈外交部副部长阿希克巴耶夫2020年4月曾表示："这不是中国伙伴第一次向我们提供援助。前不久,中国政府首批援助物资在阿拉木图完成交接。中国地方政府、企业等也积极开展援哈行动。我对中

---

[①] 《哈萨克斯坦总统感谢中方援助抗疫物资》,2020年4月11日,新华网,http://www.xinhuanet.com/world/2020-04/11/c_1125842924.htm。

国政府和人民表示感谢。"① 哈卫生部长阿列克谢·崔在 2021 年 5 月与驻哈大使张霄举行会见时，由衷地感谢中国专家组作出的贡献和中国提供的人道主义援助，认为中国的援助极大缓解了哈萨克斯坦的燃眉之急。②

据哈萨克斯坦财政部国家收入委员会统计，在 2020 年新冠疫情暴发期间，哈萨克斯坦累计从其他国家获得总价值约 1900 万美元的人道主义援助，其中来自中国的援助占一半以上，约 1000 万美元。③ 2021 年 6 月 1 日，中国向哈萨克斯坦提供的首批 50 万剂新冠疫苗运抵哈萨克斯坦，这也是两国成功的抗击疫情合作的延续。④

**哈萨克斯坦援助的医疗物资抵达中国**

### 三 后疫情时代中哈友谊新蓝图

疫情期间，中哈两国的经济合作不仅没有受疫情重挫，反而有了一定程度上扬。2020 年，中国对哈直接投资额 5.8 亿美

---

① 《中国医疗专家组抵达哈萨克斯坦》，2020 年 4 月 11 日，国家国际发展合作署网站，http://www.cidca.gov.cn/2020-04/11/c_1210553855.htm。
② 《驻哈萨克斯坦大使张霄会见哈卫生部长阿列克谢·崔》，2021 年 5 月 7 日，外交部网站，https://www.fmprc.gov.cn/web/gjhdq_676201/gj_676203/yz_676205/1206_676500/1206x2_676520/t1873983.shtml。
③ 《中国是向哈萨克斯坦提供抗疫援助物资最多的国家》，2021 年 2 月 10 日，商务部网站，http://www.mofcom.gov.cn/article/i/jyjl/e/202102/20210203038595.shtml。
④ 《首批中国产新冠疫苗运抵哈萨克斯坦》，2021 年 6 月 2 日，商务部网站，http://kz.mofcom.gov.cn/article/t/202106/20210603067395.shtml。

**国内企业捐赠的医疗物资抵达哈萨克斯坦**

元，同比上涨44%。① 这彰显了中方"丝绸之路经济带"倡议与哈方"光明之路"新经济政策相得益彰，为地区经济注入了一剂强心针。回顾这场轰轰烈烈的抗击疫情行动，中哈两国在合作抗疫的同时，也将公共卫生危机转化为中哈合作的新契机。在疫情期间，两国在医疗技术、公共卫生、科技、文娱产业等新兴领域都展露出广阔的合作前景，这些由疫情催生或加速的新领域必将打开中哈合作与中哈友谊的新大门。②

此外，受新冠疫情的影响，中哈两国传统的供应链格局也发生改变，这使得过境哈萨克斯坦的中欧班列得到长足发展，这也为中哈两国的经贸发展提供了重大机遇。随着海上航线受疫情影响而运力大降，运价飙升，过境哈萨克斯坦的铁路集装箱运输需求大增。据中国国家发展和改革委员会数据，为稳定国际供应链产业链，中欧班列2020年大力承接海运、空运转移货物，全年开行1.2406万列，同比增长50%，首次突破"万列"大关，是2016年开行量的7.3倍，其

---

① 《2020年中哈经贸合作简况》，2021年3月21日，商务部网站，http://kz.mofcom.gov.cn/article/zhhz/202103/20210303048784.shtml。

② 《面对疫情，中哈合作信心从何而来？——驻哈萨克斯坦大使张霄在哈媒体发表署名文章》，2020年5月13日，外交部网站，https://www.fmprc.gov.cn/web/gjhdq_676201/gj_676203/yz_676205/1206_676500/1206x2_676520/t1778319.shtml。

中经霍尔果斯站进出境中欧班列达4652列,同比增长37%。[①]

在经历新冠疫情冲击后,中哈两国都有着伤痛的记忆,但是更多的是两国在艰难时期互帮互助、攻坚克难、风月同天的感动与坚守。新冠疫情无异于是一场灾难,然而,坚强勇敢的中哈人民在灾难中展露出对两国友谊的珍视,是艰苦岁月中像金子般美好的东西。在经过痛苦磨砺后,中哈两国友谊愈发显露出其历史底蕴与蓬勃的生命力,中哈两国在共同抗击疫情中展露出的可合作领域也必将促进两国古老且深厚的友谊进一步巩固和加深。

---

① 《增长50%!2020年中欧班列全年开行12406列》,新华网,http://www.xinhuanet.com/fortune/2021-01/19/c_1127001191.htm。